八戸本

Contents

Hachinohe Complete Guide

※本書に掲載した情報は2022年12月現在のものであり、
料金や各種データは変更になることがあります。
※新型コロナウイルスの感染拡大防止のため、
営業時間、定休日、営業形態などが変更になる場合があります。
※商品・メニューの価格表示は、特別な記載がない限りすべて税込です。

八田グループを紐解く4つのキーワード

お別れの時間に寄り添い、葬家の心の支えとして親身なサポートを行う『八田グループ』。八戸で歩んできた歴史や「報恩感謝」の想いを取材した。

写真＝蜂屋雄士　文＝大津愛

報恩会館 柏崎の式場「レトワール」は240名収容可能。アーチ状の天井には天の川を模したブルーのアクセントが。壁面から流れる癒しの水の音を感じながら、大切な家族の旅立ちを見守りたい

話を聞いた人

報恩会館
中里郁子さん
長年八田グループに勤務し、現在は報恩会館でお別れのサポートを行う。お客様へ心を込めた接客、おもてなしが働き甲斐

典礼部
川合ひとみさん
主に本部の事務全般や電話対応を担当。パンフレットを製作するなど広報も担う。「お気軽にご相談下さい」

故人との物語を紡ぐ お別れの、その先へ

大切な家族とのお別れ。人生の最期を、温かい思い出とともに送り出したい……。残された家族はそんな気持ちでいるのではないだろうか。同時に、悲しみや喪失感の中、限られた時間で目まぐるしく葬儀の準備を進めなければならない。準備が十分に整わないうちに当日を迎えることになってしまっても、やり直しはできない。ましてや、知識や経験不足から、手順や必要な準備までまったく分からないという人も少なくないはずだ。

そんな時、近くに頼れるプロがいてくれるのはなんともありがたい。創業から200年以上、八戸の人々の心に寄り添ってきた『八田グループ』は、葬儀の相談から葬儀後のサポート、仏壇・仏具の紹介まで一連して任せられる。随所で真心を込めた〝おもてなし〟を感じられるのも、八田グループならではだ。家庭によって葬儀のかたちは大きく異なり、葬儀形式、予算、参列者の人数などにより選択肢は無数に存在するが、それらを一つひとつヒアリングし、疑問や不安を解消。グループ内の部署が連携し合い、各分野のプロがサポートする。遺族と故人に寄り添いながら想いを尊重し、遺族にとってベストなお別れのかたちを叶えてくれるのだ。ほんの少しでも、悲しみを癒し、前へ踏み出すお手伝いを。八田グループはこれからも八戸の人々と共に歩んでいく。

KEY WORD 1

歴史を辿りながら知る 八田神仏具店の歩み

1806年	ろうそく、漆器類を扱う問屋として現在の八戸市荒町で創業。その後、十三日町に移る。
1935年	合資会社八田宇吉商店を設立。仏壇・仏具の取り扱いを始める。
1955年	「八田神佛具店」に店名変更。
1972年	互助会事業を開始。
1986年	自社運営の多目的ホールが完成。
2001年	多目的ホールを葬儀専門会場に改装。
2005年	「八田神仏具店」として株式会社化。
2010年	八田グループ本部の機能を八戸市諏訪に集約。

株式会社報恩八田
株式会社報恩互助会
有限会社ハチレイ
代表取締役
八田守立

KEY WORD 3

郷土愛が詰まった 南部おもはな膳

新鮮な魚介類のお造りや、ウニを贅沢に使用したいちご煮をはじめ、地元の食材を惜しみなく盛り込んだ「南部おもはな膳（9,400円）」。和と洋を組み合わせた料理は、年配の方も食べやすい

故人の思い出を話すきっかけにと、会話に華を添える御膳が誕生。南部の郷土料理や食材をふんだんに使った、味だけでなく目にも楽しい逸品だ。調理部の職人だけでなく、あらゆる社員が何度も試食を重ね、意見を出し合いながら納得がいくまでクオリティを追求。意見をすぐ反映できる点や、安定した品質で提供し続けられるのも、志がひとつになっているから。この御膳を囲みながら、故人を想って語り合えば、その時間が特別なものになるだろう。

KEY WORD 2

八田グループの信念 報恩感謝の心

「報恩感謝」とは、あらゆる自然の恵みはもちろん、自分を生んでくれた両親（祖先）と貴重な自分の命、そしてお客様や一緒に働く仲間たちとのご縁に感謝し、その「ご恩」に報いること。一度しかない人生、生まれてきたからには人のため、社会のために役立つ人間を目指していこうという意味をもつ。一人ひとりが意味を理解し、地域の人々にこの想いを伝えていくことが同社の使命だ。

右）葬儀の打合せを行う典礼部、式場を彩る生花部、葬儀後のサポートを行う報恩サービスなど、各部署のプロが連携し合う。左）葬家に寄り添い、その家庭に一番最適なお別れのかたちを提案する

KEY WORD 4

八戸圏域8施設を展開する 葬祭ホール

最も規模が大きい

• 報恩会館 柏崎

所 八戸市青葉1-18-7
☎ 0178-22-8788　MAP：P125 A-2

右）八田グループのメイン葬祭ホール。八戸のほぼ中心に位置し、市内外からのアクセスも容易。左）式場「ベルジュ」は木の温もりを感じられる空間に

いちばん新しい

• 報恩会館 新井田

所 八戸市新井田西3-15-3
☎ 0178-25-3588　MAP：P125 A-4

右）京風をイメージした外観。左）祭壇をなくし、ご遺骨や遺影モニター、祭壇装飾花を平面的に設置することで式場の空間を広々と活用可能

• 報恩会館 根城　所 八戸市根城7-16-3　☎ 0178-71-1088

• 報恩会館 白銀　所 八戸市大字白銀町字左新井田道1-1　☎ 0178-31-2088

• 報恩会館 南部　所 三戸郡南部町大字平字広場22-2　☎ 0178-76-1588

• 報恩会館 下長　所 八戸市下長4-22-12　☎ 0178-20-5180

• 報恩会館 五戸　所 三戸郡五戸町字天満12-1　☎ 0178-62-5228

• <小規模葬祭施設>諏訪ハウス　所 八戸市諏訪1-15-52　☎ 0178-22-0721

八戸の教科書

海や川に囲まれた豊かな自然の中で、豊富な水産業の恩恵を受けられる八戸市。八戸の誇れるポイントをまずは見ていこう!

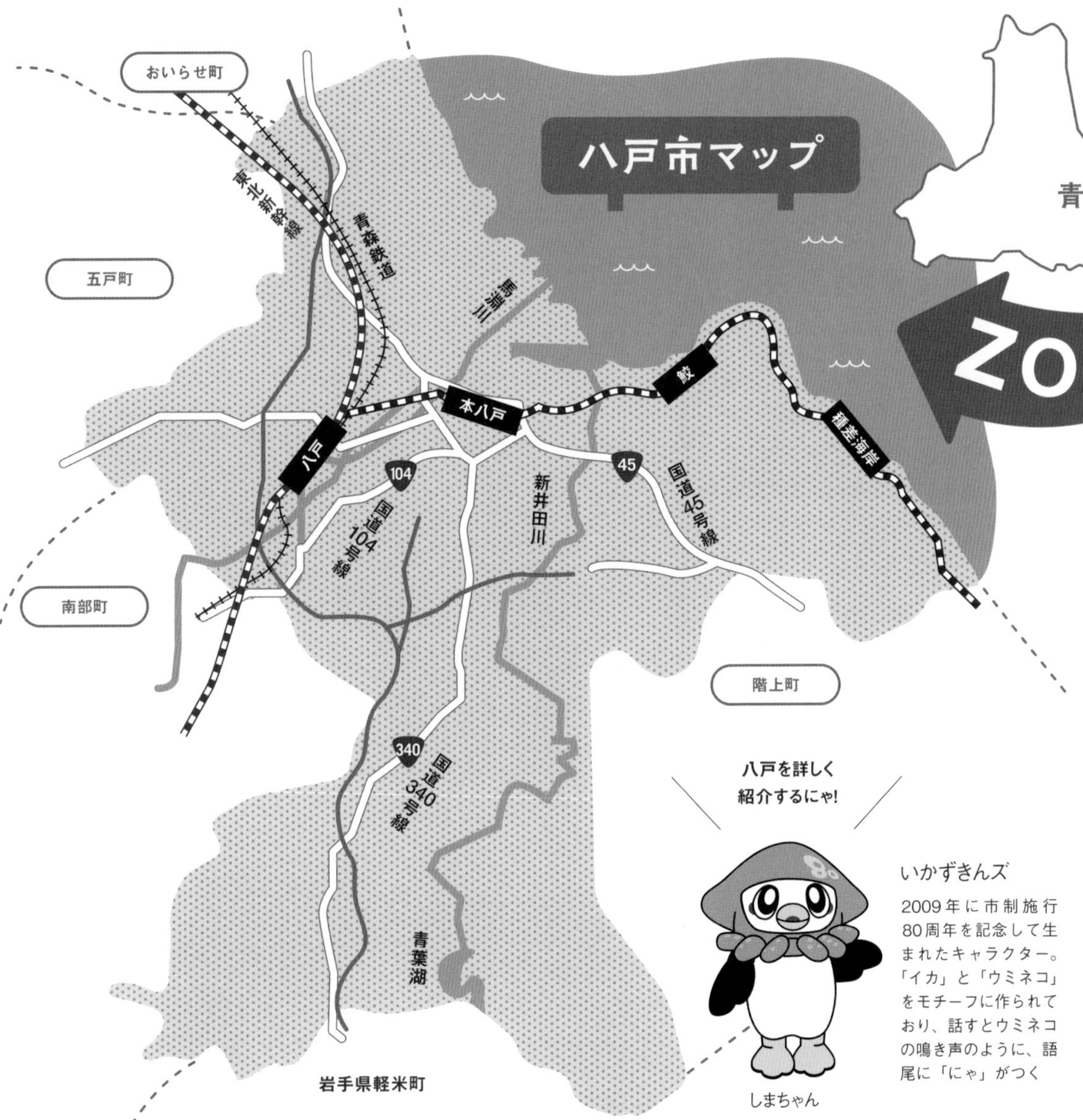

しまちゃん

いかずきんズ

2009年に市制施行80周年を記念して生まれたキャラクター。「イカ」と「ウミネコ」をモチーフに作られており、話すとウミネコの鳴き声のように、語尾に「にゃ」がつく

太平洋に面した自然と共存できる八戸

青森県の南東部に位置し、太平洋が望める八戸市は、青森県主要3市のひとつ。市内の中心を流れる新井田川の上流にある青葉湖は、世増ダムとして青森県南部地域の上水の役目を果たし、ダムの周辺は四季折々の景色が楽しめる。

八戸の令和3年の平均気温は11・3℃。また日照時間が2008・2時間と、青森県の平均である1785・7時間よりも長い。降雪量は青森県内でも比較的少なく、暖かく住みやすい地域と言える。

そんな八戸市の「八」の由来をご存知だろうか。岩手県と青森県では三戸や五戸など、一から九の数字に「戸」が付く地名が残されているが、八戸市もそのひとつ。平安時代後期に青森県東部から岩手県北部にかけて置かれた「糠部郡《ぬかのぶぐん》」を、9つの地区に分けたことが始まりだ。

市民の主な交通網は、市営バス、南部バス、東北新幹線とJR八戸線、青い森鉄道が挙げられる。青い森鉄道は2002年の東北新幹線の八戸延伸開業に伴い、JR東日本から東北本線を引き継いで開業した、第三セクターの鉄道である。いまでは八戸市内の重要な交通網になり、市民にとってなくてはならない存在だ。

八戸駅付近を走る「青い森701系」。線路は青森県が安全面の管理を行い、電車は青い森鉄道が管理

八戸市の基本データ

人口	221,712人（令和4年9月30日時点）
面積	305.56㎢
平均気温	11.3℃
市民の花・木・鳥・さかな	花：菊 木：イチイ（オンコ） 鳥：ウミネコ さかな：いか

※出典：「令和4年八戸市ポケットデータ」（八戸市総合政策部広報統計課）

こうみちゃん

八戸はココが自慢！

食や自然、文化まで自慢できるところが盛りだくさん！

世界酒蔵ランキング1位 「陸奥八仙」の「八戸酒造」

国内外で開催された有力な日本酒コンテストの受賞実績をポイント化し、上位50位の酒蔵を格付けする「世界酒蔵ランキング」。買い手側が試飲して投票するというような人気投票ではなく、日本酒の専門家がブラインドで審査を行うため、日本酒ファンだけでなく国内中の酒蔵が注目する。国内外の643酒蔵、2044の商品が対象となった2021年の世界酒蔵ランキングでは、『八戸酒造』が1位を受賞。青森県産の米と八戸市蟹沢地区の水を使って仕込んだ美味しい酒は、国内外で大きな評価を得ている。

こかぶくん

TOPIC 2

青森県を代表する八戸酒造の「陸奥男山」や「陸奥八仙」

八戸の「加賀美流騎馬打毬」 全国で3例のみ！

馬に乗って毬杖（きゅうじょう）と呼ばれる杖を使い、毬を拾ってゴールを目指す騎馬打毬。現在は宮内庁と山形の豊烈神社、八戸の長者山新羅神社の3カ所で開催されている。八戸で行われる「加賀美流騎馬打毬（かがみりゅうきばだきゅう）」は、平安から鎌倉時代に甲斐国加賀美郷（現在の山梨県）を治めていた武将「加賀美次郎遠光」の弓馬法術を使うこと。八戸では、1827年に八戸藩主・南部信真公によって新羅神社改築を祝って奉納したことが始まりで、青森県無形民族文化財にも指定されている。毎年、三社大祭の中日に行う行事だ。

写真提供＝VISITはちのへ

TOPIC 1

騎士たちが毬を奪い合って戦う様子は、思わず息をのむ迫力だ

国内唯一のウミネコ繁殖地「蕪島」

日本で唯一、ウミネコの繁殖の様子を観察できる場所として国の天然記念物に指定されている「蕪島」。毎年3月になると、3～4万羽のウミネコが訪れる。7月にはウミネコの親子が空を飛ぶ練習を始めるため、「ミャアミャア」という鳴き声であふれ、8月になると蕪島を後にする。ウミネコは、八戸市のイメージキャラクターのモチーフとして使われたり、路線バスの車内では鳴き声が流れるなど、八戸市の「市の鳥」としてふさわしい、市民に最も愛されている動物である。

黄色い口に、赤く囲んだ目が特徴のウミネコが飛ぶ蕪島には漁港もある

TOPIC 4

八戸市はデコトラ発祥!?

デコレーションされたトラックといえば思い出すのが、1970年代にヒットした映画『トラック野郎』。トラックドライバーの趣味や嗜好が華やかに表現された「デコトラ」は、八戸が由来とされている。たくさんのライトなどで車体を装飾し、運転席にも派手で豪快なインテリアを施したインパクトのあるトラックは、まさに男のロマン。八戸でデコトラを始めた夏坂照夫さんのトラックは、夏坂さんの独自の感性が表現されている。

写真＝蜂屋雄士

TOPIC 3

派手に装飾されたデコトラは1台だけでも抜群の存在感を放つ

八戸市民は風呂が好き？ 約30軒の銭湯が早朝から営業！

かぶさん

TOPIC 6

人口10万人あたりの一般公衆浴場数が最も多い青森県。八戸には約30軒の銭湯があり、その多くが朝5時の早朝から営業している。銭湯が多い理由として、地元の漁師が朝の仕事後に銭湯に行く習慣が由来しているとか。朝風呂文化が根付く八戸の銭湯は、市民だけでなく、全国の銭湯マニアにも愛されている。

写真＝蜂屋雄士

どこでもさっぱりできる八戸市。レトロな暖簾をくぐって、ひとっ風呂浴びよう

「全国ご当地どんぶり選手権」で2年連続グランプリ！

TOPIC 5

全国から集まった丼が順位を競う「全国ご当地どんぶり選手権」。2016・2017年大会で2年連続グランプリを受賞し、殿堂入りを果たしたのは「八戸銀サバトロづけ丼」だ。脂が日本一のっているという「八戸前沖サバ」、その中でも特に大型の銀サバを使用している。特製のタレに漬けたサバと薬味たくさんが盛られた漬け丼は、絶品だ。

タレ漬けのサバはご飯がすすむ。最後は出汁をかけて食べるのも◎

8つの市町村解説!

**青森県の南東部に位置し、
北東北の中核都市圏の「八戸圏域」。
8つの市町村の特産品や
おすすめスポットを解説します!**

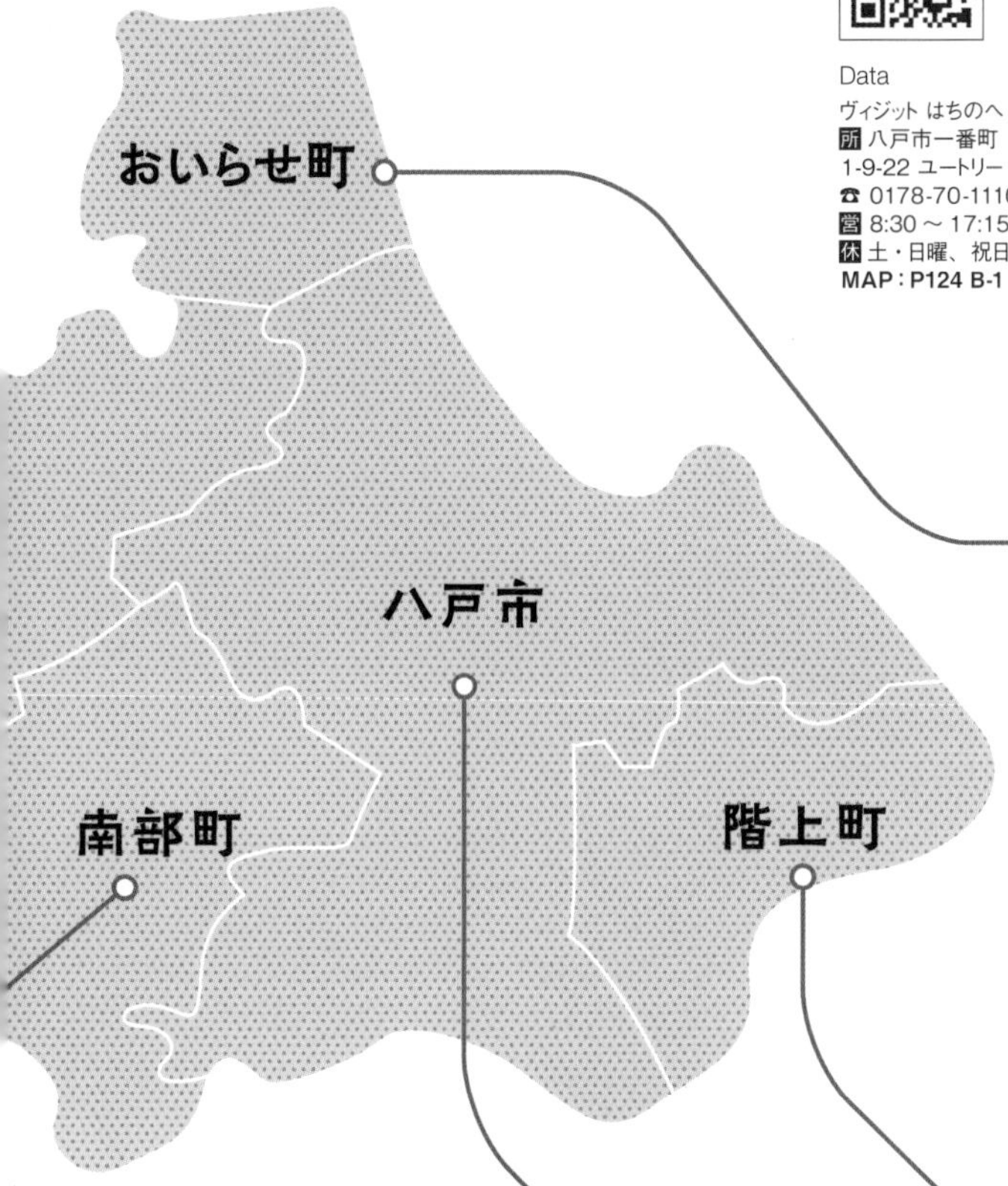

解説してくれたのは

VISITはちのへ
佐藤真伊さん

Data
ヴィジット はちのへ
所 八戸市一番町
1-9-22 ユートリー 3F
☎ 0178-70-1110
営 8:30～17:15
休 土・日曜、祝日
MAP：P124 B-1

VISTはちのへとは?

八戸圏域の魅力を国内だけでなく海外に向けても発信し、来訪者増加と地域ブランド向上を目指す『一般財団法人 VISITはちのへ』は、2019年4月に発足。八戸市内で行われるお祭りやイベントの運営を手掛けるほか、八戸圏域にある企業のPRやイベント開催のサポートも行っている。目指すのは、新しいビジネスの創出と交流人口の拡大だ。

おいらせ町

ニューヨークと同緯度!日本一の自由の女神像を見に行こう

面積は小さいながらも青森県内の町村で一番人口の多い、おいらせ町。ニューヨークと同緯度の、北緯40度40分で結ばれていることから建設された「自由の女神像」がシンボルだ。2020年には建立30周年を記念してお色直しが行われ、リニューアルされた。

自由の女神像の名前は「ももちゃん」。建てられた当時、町名が百石町（ももいしまち）だったことに由来している

八戸市

日曜朝限定の激アツスポット館鼻岸壁朝市

毎週日曜の早朝にだけ出現する朝市、館鼻岸壁朝市は、全長約800mで300以上の店舗が軒を連ねる。イカやサバなどの新鮮な魚、野菜や果物、骨董品や雑貨など、見ているだけでも飽きない、八戸市名物の巨大な朝市だ。

お盆や連休中は県外からも人が集まる。いつも行列ができる人気飲食店もある

三陸復興国立公園に指定された風光明媚な種差海岸

ウミネコの繁殖の様子やキレイな砂浜、青々とした天然の芝生地などの多彩な景観を楽しめる、種差海岸。四季折々に咲き誇る植物など、色々な表情を見せる自然に包まれた種差海岸では、心安らぐ時間を過ごせる。

天然の芝生と海岸は、鮮やかな青と緑に目を奪われる。海風を感じながら散策しよう

階上町

みんな大好き!「いちご煮」の発祥はここ

郷土料理のいちご煮は、階上町が発祥の地。ウニやアワビなどが入った贅沢なお吸い物は、漁師たちがウニやアワビなどを浜で煮て食べていたことが始まり。大正時代には料亭の料理としても登場していたが、いまでは市販の缶詰もあり、気軽に食べられるのが嬉しい。

祝いの席やお正月などで出されることが多いいちご煮。階上町では毎年7月下旬に「いちご煮祭り」が開催される

画像提供＝VISITはちのへ　写真＝蜂屋雄士　文＝高橋さくら

八戸圏域

地域の活性化を目指す「八戸圏域」とは

青森県の太平洋側の南東部に位置している、八戸市、三戸町、五戸町、田子町、南部町、階上町、新郷村、おいらせ町の８つの市町村を八戸圏域と呼び、八戸市を中心に圏域全体の経済力の向上と市町村間の交流、他県からの移住による人口増加を目指している。圏域住民に取り組みを周知し、PRすることが必要と考えた八戸市は、これらを「八戸都市圏スクラム８」と呼び、圏域全体がスクラムを組んで地域作りを行っている。

五戸町

馬肉を楽しむなら「義経鍋」を堪能あれ

牛肉や豚肉に比べて脂が少なく、あっさりとして食べやすい馬肉は、あっという間に完食してしまう

五戸町のご当地グルメといえば馬肉料理。その中でも義経鍋は、源義経一行が兜を鍋の代わりにしていたという説に由来している。言い伝えには、野鳥などを捕獲してジビエ料理を楽しんだとか。馬肉で焼き肉と水炊きを同時に楽しめる鍋だ。

新郷村

キリストの墓があるって本当なの?!

実は密かに日本に渡ったキリストが、新郷村で106歳の天寿を全うした」という竹内古文書の記述をもとに、お墓が発見された。毎年6月の第１日曜には「キリスト祭」が行われ、お墓を囲んでお囃子と共に盆踊りや獅子舞の奉納舞が行われる。

墓は２つあり、ひとつはキリストの墓「十来塚」もうひとつは弟の墓「十代墓」という

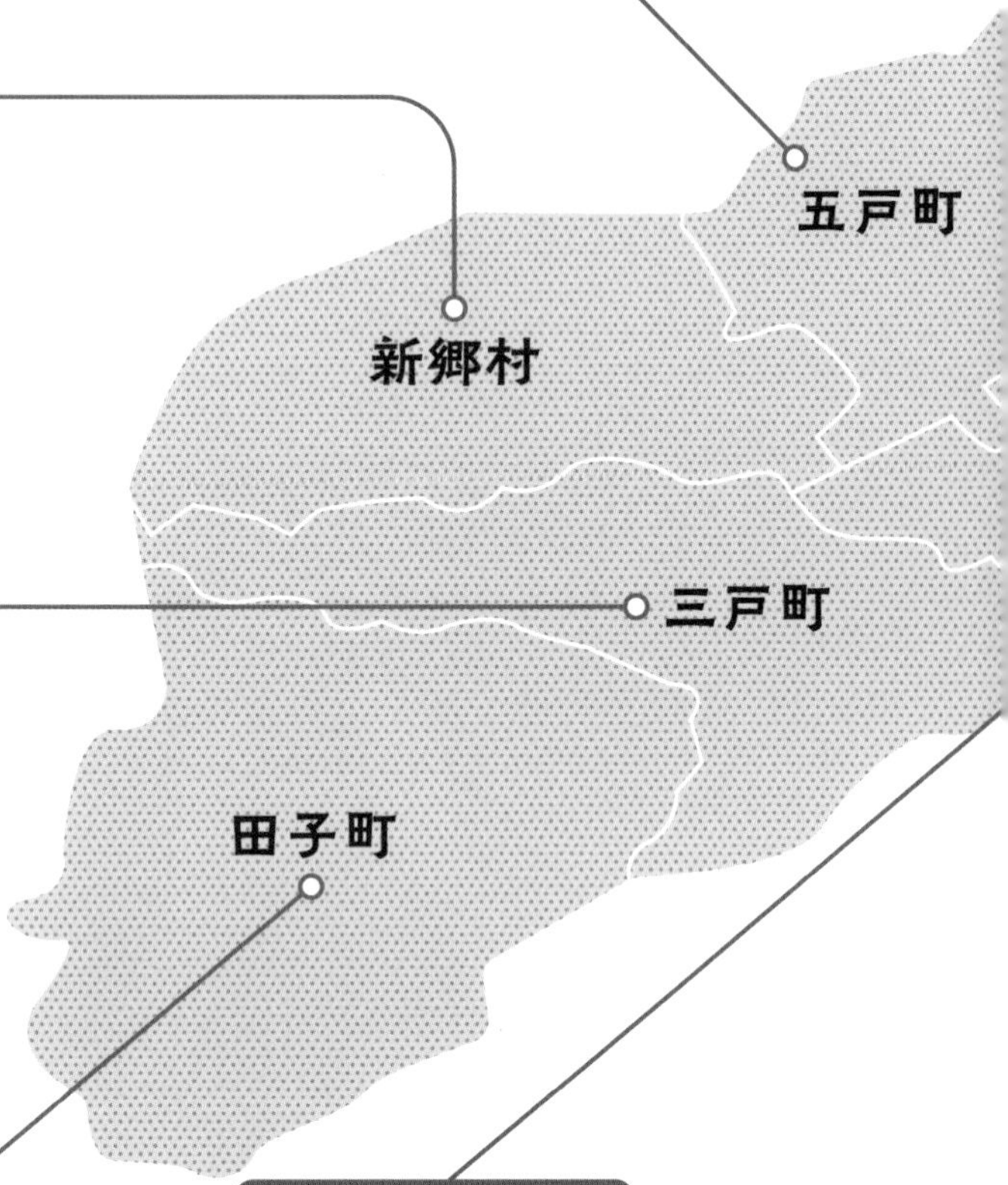

三戸町

ファン必見！町にあふれる『11ぴきのねこ』

1967年に発表した絵本『11ぴきのねこ』の著者、馬場のぼる氏の出身は三戸町。その偉業を称えて、町内には『11ぴきのねこ』の石像や店頭幕、ラッピングされたバスや電車も走るなど、ファンにとってはまさに聖地のような場所だ。

三戸町ではふるさと納税の寄付金を活用し、『11ぴきのねこ』のまちづくりを進めている

田子町

品質とにんにくにかける情熱は日本一「たっこにんにく」

田子町の基幹産業は農業で、稲作や畑作、畜産の複合経営が主だ。その中でも、知名度が高いのが「たっこにんにく」。東北初の地域ブランド認定を受けたニンニクは、１片が大きく、実がしっかり締まっていて品質日本一の評価も得ている。

田子町のご当地グルメ、田子ガーリックステーキごはんにももちろん使用されている

南部町

まさにフルーツ王国！旬の果物が目白押し

南部町の代名詞、さくらんぼ。昼夜の寒暖差が大きいため糖度が増しやすく、味の良いさくらんぼだ

北のフルーツ王国とも呼ばれる南部町は、一年を通してたくさんのフルーツが収穫できる。高級洋なしとして名高い「ゼネラル・レクラーク」や桃の一種「ネクタリン」の他、さくらんぼは「佐藤錦」や「紅秀峰」などの人気品種の栽培が盛んだ。

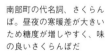

青森県民の心の友である十日市秀悦さんは、長年、東京と青森を行き来しながら活動している。東京の人が八戸に来た時によく連れていくのが、種差海岸の天然芝生地だという。

「海のすぐそばに芝生が生えているのが珍しいって喜ばれます。実はここ、僕が人生初めてのデートをした場所なんです。中学2年の時、3年生の先輩と、手つこつないで遊歩道を歩いたの。海が見えるベンチに座って、先輩が作ったお弁当を食べました。懐かしいなぁ」

八戸弁が飛び交う元気な漁師町。一度出て良さに気づいた

十日市さんの実家があったのは長横町。いまもたくさんの飲食店が軒を連ねる繁華街だが、かつてはもっと賑わっていた。

「八戸は漁師町で。あの辺りは漁師さんたちが夜遊びする場所でした。うちは食堂で、よく出勤前のホステスさんたちが食べに来ていました。幼かった僕は、彼女たちにウィンクや投げキッスの仕草を教わったよ（笑）」

　近所には映画館が7軒もあったそう。その環境が十日市さんを役者の道へと向かわせた。

八戸 LOVERS

俳優・タレント 十日市秀悦さん

イサバのカッチャ

「イサバのカッチャ」でお馴染みの十日市さん。
東京と八戸を股にかけて活躍するローカルスターに、
生まれ育った八戸市の思い出と魅力を伺った。

写真＝中村佳代子　文＝吉田真緒

「子どもの頃は、映画館に入り浸っていました。映画に喜劇役者が出てくると嬉しくてね、俺もああいう人になりたいと思った。その頃から人を笑わせるのが好きだったからね」

高校卒業後に上京し、梅宮辰夫さんの付き人を経てデビューを果たした十日市さん。青森にも軸足を置くようになったのは、なぜだろう。

「芸能界で自分にしかできないことを探したら、南部弁があった。僕とカミさんは幼馴染で、東京にいても家ではずっと八戸弁を話していたんです。方言は、外から見たら微笑ましくて、場を明るくするもの。ずっと大事にした方がいいよね」

そして、南部弁を話すキャラクターとして誕生したのが、イサバのカッチャだ。

「子どもの頃に見ていた、市場にいる元気なおばちゃんたち。子どもが魚を触ろうとしたら怒鳴ったり、いいことしたらお小遣いをくれたり。その姿を演じたかったんです」

最初は東京で演じていたが、2002年の東北新幹線開通を機に、地元に逆上陸。青森のテレビやラジオに出演し、人気に。

「八戸にはイサバのカッチャがいるし、南部弁もある。一度外に出たからこそ、そのよさがよくわかります。地元の人たちにも気づいてもらいたいですね」

Profile

とおかいち しゅうえつ

1959年生まれ。役者やお笑い芸人、ナレーターなど幅広く活躍。八戸特派大使。2012年からRABラジオ「十日市秀悦のサタデー横丁」のパーソナリティー。八戸で毎年「南部弁の日」を開催し、八戸弁のよさを伝えている。

JR八戸線「陸奥白浜」駅を降り、種差海岸遊歩道を「種差海岸」駅へ向かって約2kmほど歩くのが、当時の十日市さんのデートコースだった。芝生には放し飼いの馬がいたそう

八戸愛で意気投合するマスターの須藤清文さん。店は2022年7月に、創業の地である番町に移転してきた。人々の憩いの場になっており、中学生が勉強で長居することも

なお店

SPOT
1

地元を想うマスターの
アイデアが光る老舗喫茶

みな実古琲店

みなみコーヒーてん

1973年に創業し、三世代に渡って訪れるお客もいるという老舗の喫茶店。コーヒーについては独学で学んだというマスターが自由な発想で生み出すメニューは、地元愛に溢れている。「みな実焼き」というワッフル生地の人形焼が元々店の名物で、10年ほど前に「イサバのカッチャを型取りたい」と、マスターが十日市さんに持ちかけた。以来、十日市さんも一服しに通っている。コーヒーはサイフォン式で淹れており、器にもこだわりを見せる。壁には地元のアマチュアによるアート作品が展示してあり、向かいにある八戸美術館と併せてめぐるのもいい。

Data

所 八戸市番町23-1
☎ 0178-47-4373
営 10:30～20:00、
日曜、祝日11:00～19:00
休 火曜
MAP：P126 D-2

表情や立体感
まで本物に
そっくりでしょ

右）「みな実焼き カッチャ（230円）」はマスター自ら石膏で見本を作って特注。中身はあんこ、チーズ、カスタードの3種類。「塩辛味はどうかなって、俺もアイデア出したんだけどね」と十日市さん。左）年季の入った銅板で一つひとつ、こんがりふっくら焼き上げる

右）「カプチーノイタリアン（580円）」は、カプチーノにシナモンとすったレモンの皮をふりかけたマスターのオリジナル。後味さわやか。左）十日市さんがいつも注文するのはアイスコーヒー。ビールジョッキのようなグラスで出てくる

最近どやって
らっきゃ?
まんず呑むべ～

実は二人は「シュウちゃん」「トオルくん」と呼び合っていた幼馴染。十日市さんが店に来ると一緒に乾杯。シャイだけど話し出すと面白い大将は、お客と盛り上がると客席に混ざることも

SPOT 2

ディープな南部弁を話す名物大将に会える店

馬のすけ

うまのすけ

馬肉をはじめ八戸の味が楽しめる居酒屋。大将の小野寺亨さんは、十日市さんが「俺の知らない言葉まで知っている」と唸るほどの南部弁の話者で、お客を「おんでやんせ」と出迎える。十日市さんが毎年開催している「南部弁の日」の第1回目にも“南部弁の神様”として登壇した。店で提供している馬肉は、脂が多いのが特徴。地元の食材を鮮度にこだわって使っており、その日入荷していなければ出ないメニューも。また、裏メニューとして大将が釣ってきた魚を出す日もある。

Data

所 八戸市六日町10 いわとくパルコ2F
☎ 090-1497-9704
営 18:30～24:00
休 日曜　**MAP：P127 B-1**

十日市さんは毎回、ボトルキープしている焼酎を飲みながら「馬刺し（1,200円）」をつまむ。分厚い馬肉は、ほおばるとジューシー

右）「馬肉鍋（2人前2,600円）」。ゴボウや凍り豆腐など昔ながらの具と、脂ののった馬肉がこんもり。左）田舎味噌の汁に馬肉の旨味が行き渡る。ここに南部せんべいを入れても美味しい

十日市さんが LOVE

八戸の新鮮な魚介類で舌が肥えているので、「東京では刺身は食べない」という十日市さん。行きつけの店では、美味しいグルメはもちろん個性豊かな店主と会うのも楽しみだとか。人情味あふれる3店舗をご紹介。

SPOT 3

古きよき昭和の雰囲気にどっぷり浸かる

昭和小舎 ガロ

しょうわごや ガロ

小ぢんまりとした店内に、昭和のポスターやブロマイドがところ狭しと貼られ、当時の歌謡曲が流れている。「初めて入った時、タイムスリップしたみたいで感激したよ」と十日市さん。昭和をよく知る世代はもちろん、20～30代もノスタルジックな雰囲気を楽しみに訪れる。また、シンガーソングライターなどの音楽関係者が集い、時には店内に置いてあるフォークギターで即興のセッションが始まるという。「カッチャラップ」を歌っている十日市さんも、ともに音楽談義に花を咲かせる。

Data

所 八戸市六日町38
☎ 0178-79-4321
営 12:00～14:00、17:00～22:00頃
休 日曜　**MAP：P127 A-2**

上）店内の昭和の品々は、すべて物持ちのいいマスターの私物。下）店名の由来である「月刊漫画ガロ」が10年分揃う。独創的な漫画家たちが連載していた伝説の雑誌で、サブカル好きにはたまらない

GARO

あっさり煮干し出汁のスープに細いちぢれ麺が絡む「支那そば（600円）」。食事メニューはこのほか丼などがあり、どれもお手頃価格

カウンターで黒ホッピーを飲むのが十日市さんの定番。マスターの小笠原茂さんは十日市さんと同世代で、共通の思い出を語り合える。「けどマスター無口だから、いつも俺ばっかりしゃべってるね」

あの頃を
思い出して
懐かしいねぇ

食材に恵まれた
八戸の美食をご覧あれ

知ってた!?
実はラーメン大国

新鮮な食材が生きる実力派揃いのグルメ、
誇るべき歴史や文化、大自然。
そして、郷土愛にあふれた温もりある人々……。
この街には自慢したいものが
山ほどあるんだ。
さあ、ページをめくって一緒に叫ぼう。
やっぱり、地元が最高!

お気に入りの
お店を
探してね

八戸

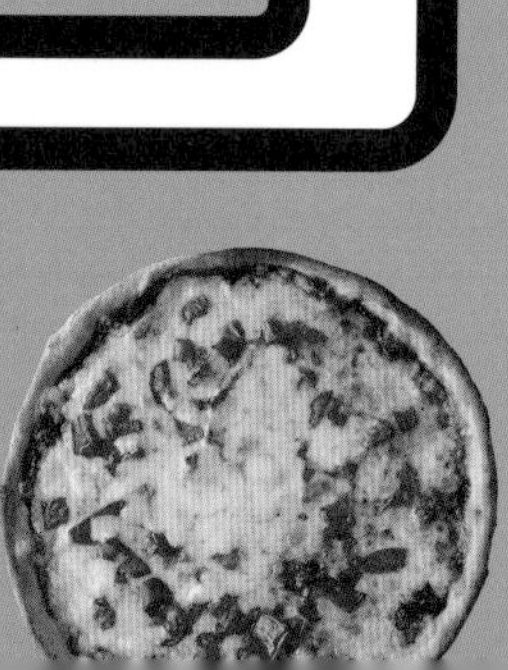

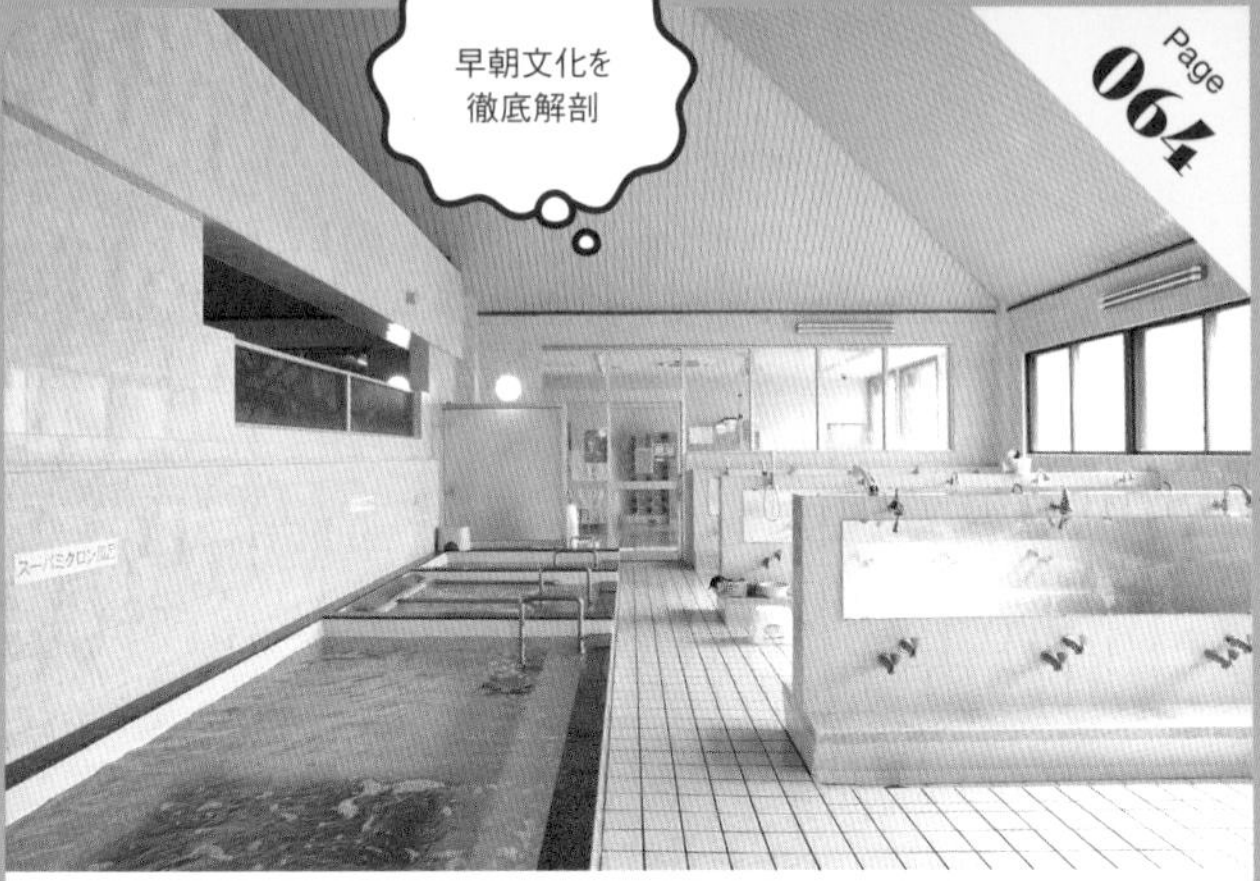

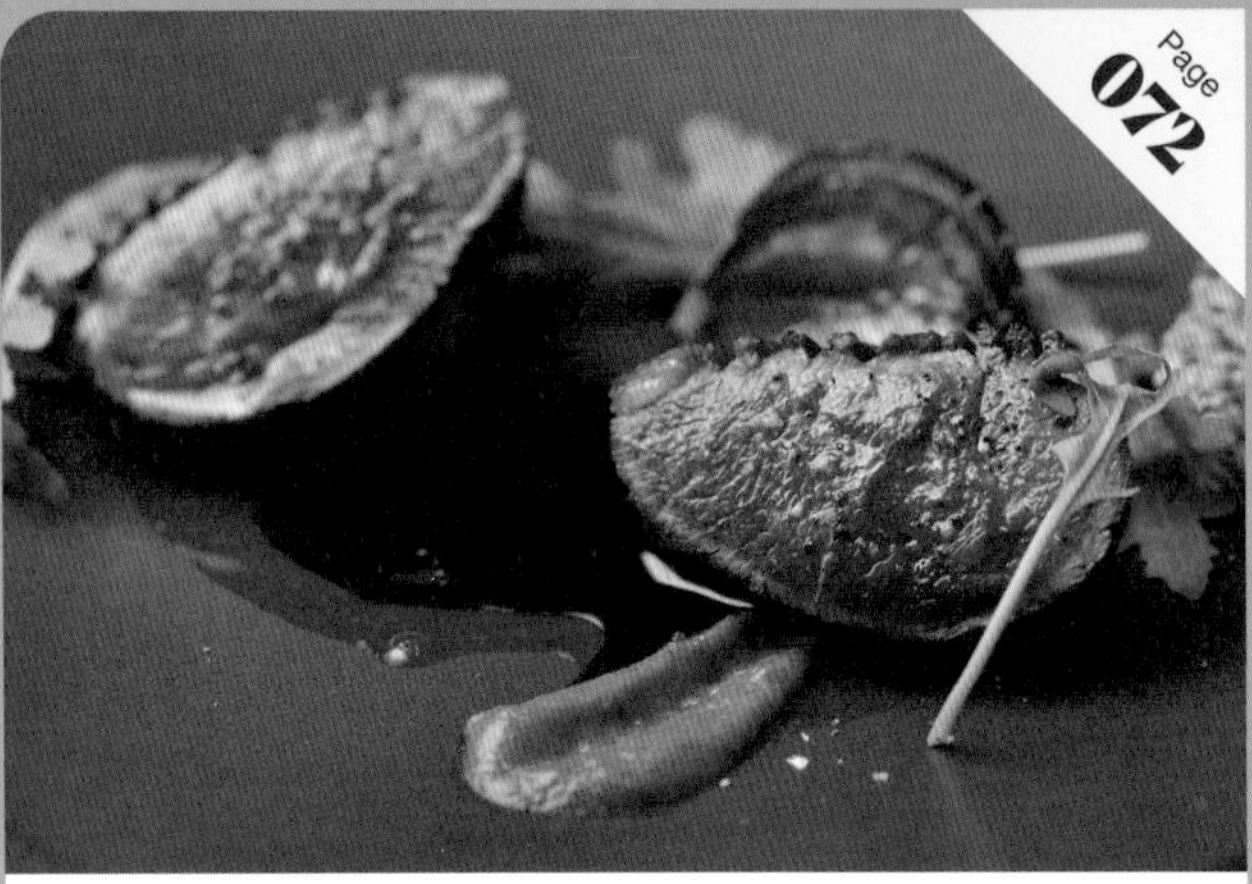

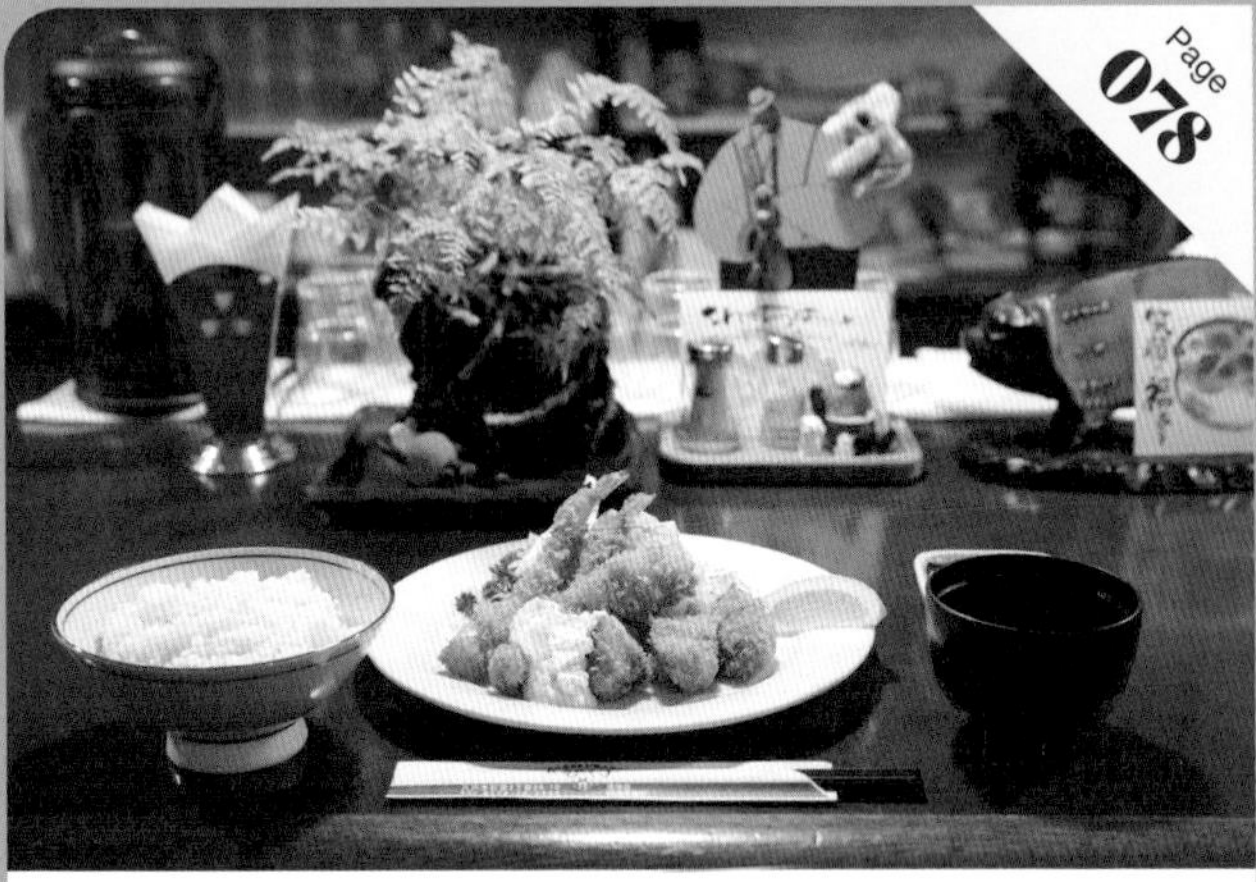

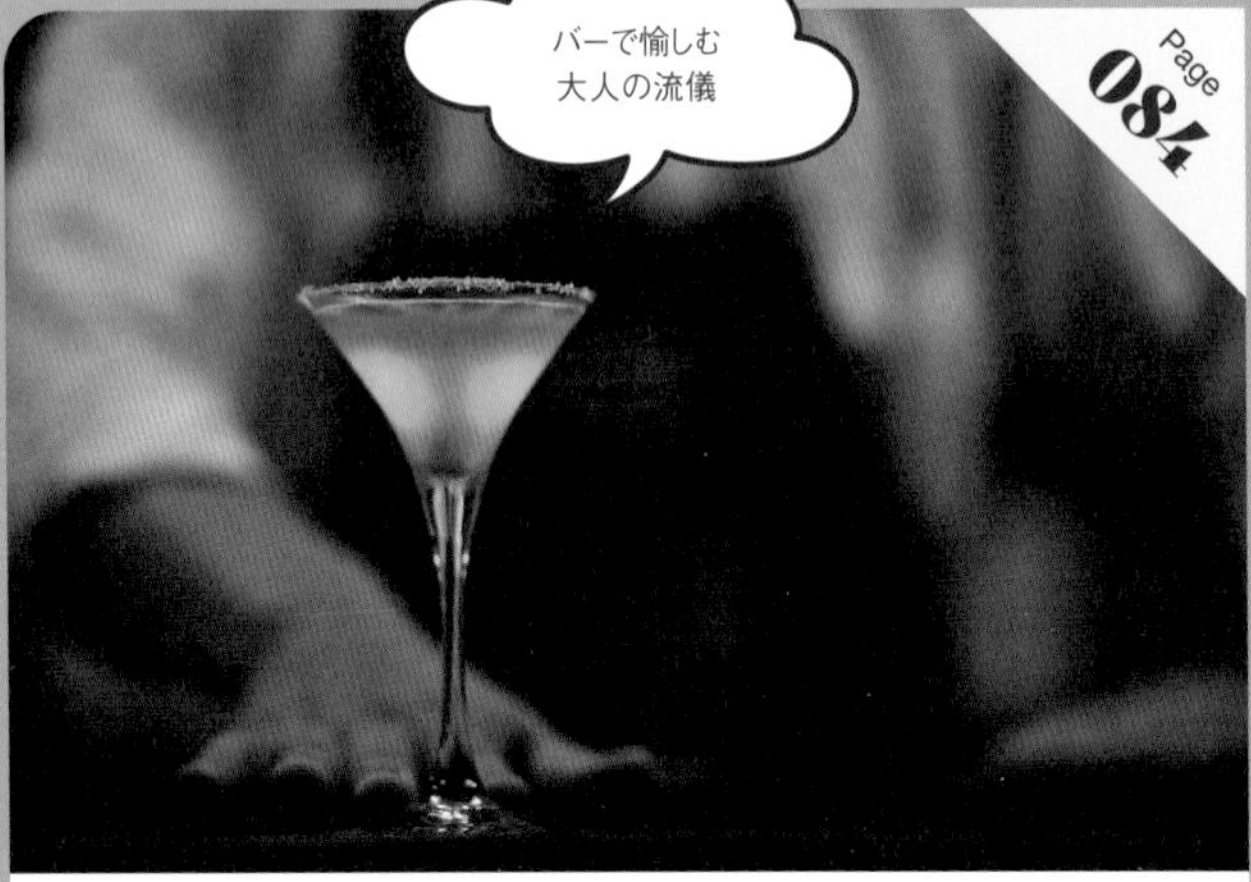

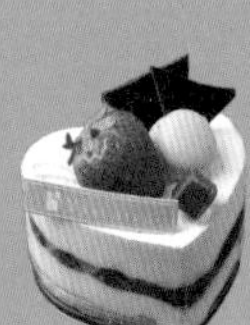

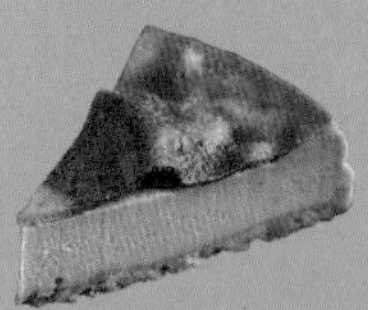

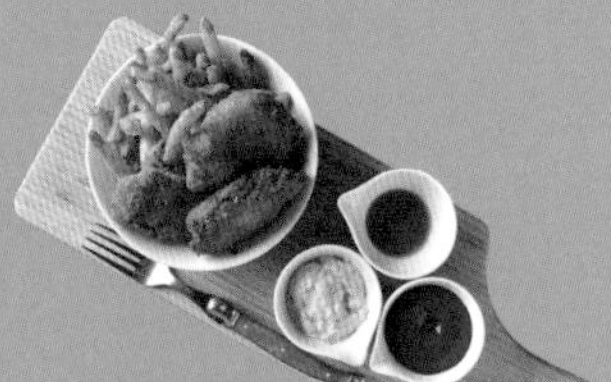

八戸の本気、
見でってけろ！

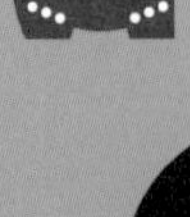

Best of

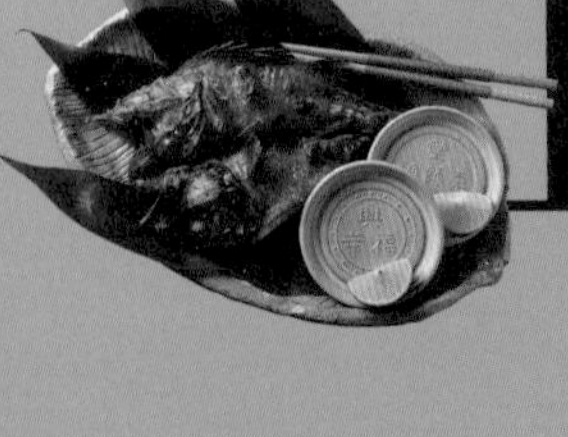

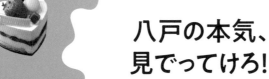

Best of 八戸 1

八戸 屈指の名店

八戸屈指の名店

個性際立つ食材を使い未知なる食体験を創出する。

海山の幸に恵まれた八戸には、その風土と食に魅了された腕利きの料理人が集まり結果、レベルの高い店が揃う。いま、この街を語る上で外せない、個性豊かな10軒を紹介しよう。

写真＝加藤史人　文＝岡村一葉

料理はディナーコースより一例。八戸産ミズダコの旨味と食感の軟らかさを楽しむ前菜「タコのアフォガート」。タコとドライトマトでとった出汁のスープを注ぐと、華やかな香りが立ち上る

1

八戸屈指の名店

Casa del cibo

カーサ・デル・チーボ

Data

所 八戸市湊高台1-19-6　☎ 0178-20-9646
営 12:00 ～ 15:00（12:15食事一斉スタート）、18:45 ～ 22:00（19:00食事一斉スタート）
※完全予約制。ランチは土曜のみ
休 日・月曜　casa_del_
MAP

1）カウンター、個室2室、写真の半個室1室が備わる。子ども連れの場合は個室を利用。2）池見良平シェフはエコール・キュリネール国立（現エコール 辻 東京）在学中に渡仏。フランス・イタリア料理の基礎を学び、帰国後、横浜のフレンチを経て、イタリア料理に転向。都内有名店にて研鑽を積んだ。奥様の悦子さんはソムリエールとして店に立つ。3）オープンキッチンのライブ感を楽しみたい。4）絶妙な火入れで、津軽産鴨肉の旨味とコクを引き出す

異彩を放つ 八戸イタリアンの雄

イタリア語で〝美味しい食べ物の家〟を意味する『カーサ・デル・チーボ』。閑静な住宅街に溶け込み、外観もごく普通の一軒家だが、一歩足を踏み入れれば、そこには美食の世界が広がっている。

オーナーシェフの池見良平さんは神奈川・相模原の出身。奥様の故郷である八戸へ移住し、2011年に自身の店をオープンさせた。イタリアの伝統料理を元に、旬の地元食材、シェフがこれまで培った技術や発想のエッセンスを加えた、ここでしか食べられないひと皿が、食べ手に驚きと感動をもたらす。

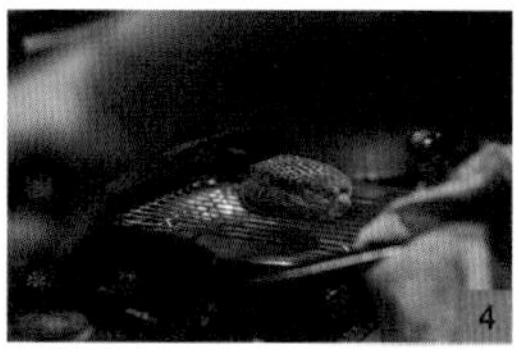

例えば、イタリア・ナポリの郷土料理「タコの溺れトマト煮」をベースに考案されたシェフのスペシャリテ「タコのアフォガート」。「八戸に来て、最も感動した地元食材のひとつ」とシェフが絶賛するミズダコの旨味と肉質の軟らかさを生かした、絶妙な火入れをほどこす。噛むとほろりと崩れる、この繊細な火入れ方法を確立するまでに、約10年を要した。

シェフはまた、より良質な地元食材を追い求め、漁港や市場に通い、時に生産者を訪ねることも欠かさない。

「全国のあらゆる食材が集まる東京と比べ、ここには種類こそ限られてはいるけれど、新鮮で個性的な食材があります。地元の生産者の方々が丹精込めて作られた素晴らしい食材。これを目の当たりにしたら、美味しく料理しないと申し訳ないですよね。骨や内臓なども余すことなく使い切るようにしているのも、食材への感謝の気持ちです」

ディナーコースは9900円と1万3200円の2種類。ワインは、コースの料理に合わせたペアリングセット（6150円〜）がおすすめだ。驚きに満ちた唯一無二の味を心に刻みたい。

5）丁寧に取り出した八戸産ヒラガニの身をパスタ生地で包んだ「ヒラガニのトルテッリ」。噛むとカニの濃厚な風味が広がる。6）地元食材の探求に余念がない池見シェフ。7）「鮑の肝を練りこんだフェットゥッチェ」。アオサのフレッシュな香りがアクセントに。8）「鴨のアッロースト」は黒ニンニクのソースで

地元の食材を贅沢に使用した記憶に残る料理

八戸市の玄関口、八戸駅から目と鼻の先。一枚板の看板に書かれた「炭火焼とめし ほむら」の文字が目に飛び込んでくる。市内随一の和食店の呼び声高い同店の料理は、時季や仕入れで内容が変わるおまかせコース（6000円〜。予算に応じて提供）のみ。

「自然の恵みが育んだ東北、八戸の旬の食材をふんだんに使い、様々な味覚をお客様にたっぷり楽しんでいただきたいです」。こう話すのは、生まれも育ちも八戸という店主・小笠原一芸《かずき》さん。店名の由来である炎《ほむら》を駆使しながら、ひと皿ごとに食材が持つ力強さと繊細さを引き出す。美しい盛り付けとともに五感に響かせる、地元を代表する料理人の一人だ。店主の腕に惚れ込み、その時季に一番美味しい旬の味覚を求めて、遠方からわざわざ足を運ぶ常連客も多い。

店のコンセプトのひとつであり、名物として君臨するのが、コースの〆を飾る季節の土鍋ご飯。店主が厳選した、粘りが強くやや甘みのある富山県産コシヒカリを使い、例えば春はタケノコやウニ、夏はトウモロコシやアナゴ、秋は松茸や鮭、冬はカキやサワラなど、四季折々の地元食材とともに贅沢に炊き上げる。蓋を開けた途端に目を奪われてしまう彩りと、炊きたての芳醇な香り、そして深い滋味。香ばしいおこげのおまけ付きなのも、また嬉しい。

きめ細やかで丁寧な仕事は、料理にとどまらない。伝統工芸として知られる津軽塗の器がさりげなく使われていたり、食後には南部鉄瓶で淹れたまろやかな味わいのほうじ茶が提供されたりと、行き届くおもてなし。温かい時間が流れる店内で、郷土の豊かさをあらためて感じられるはずだ。

小笠原さんは調理師専門学校を卒業後、東京や仙台の懐石料理店で研鑽を積んだ

2

八戸屈指の名店

ほむら

ほむら

料理はおまかせコースより一例。1）お造りは下北半島の西側、仏ヶ浦で知られる佐井村で水揚げされた本マグロの中トロ。華やかな旨味と力強い味わいが光る。2）青森・小川原湖産の生のシラウオと地物のタコを使い、菊花の酢の物とともにさっぱりと仕上げた「シラウオとタコの菊花和え」（写真右）、地物のウニを贅沢にのせた「枝豆のムース」。3）「陸奥八仙」や「田酒」など地酒も充実。1合1,000円〜。4）店主の小笠原さん、スタッフの長谷川貴子さんが笑顔で迎えてくれる

5）一流料理人も指名買いするという最高レベルの鴨肉、青森・新郷村産「銀の鴨」を使用した鴨すき。ジューシーな肉質で豊かな風味が広がる。6）すき焼きの具材には岩手県北部の山形村産の松茸や、シャキシャキ感と独特の粘りがクセになる地物の山菜、ミズも。7）カウンター5席、奥には座敷8席を配する

土鍋の中で織り成される
海山の幸の共演に
五感の歓喜が止まらない。

Data

所 八戸市一番町1-1-30
☎ 0178-27-2632
営 17:00～22:00（L.O.20:00）
※完全予約制
休 不定休　homura710
MAP：P124 B-1

土鍋ごと運ばれる「鮭といくらの炊き込みご飯」。舞茸、炭火で香ばしく焼いた秋鮭とともに炊き上げる。鮭の旨味と風味、イクラの上品な味わいを堪能

特製ケチャップソースの中には、コク出し用にウスターソースや粉チーズが入る。さらに数種の隠し味も

王道か、変化球か。楽しくも悩ましい2色のナポリタン。

八戸屈指の名店

3 食堂トンガリボウヤ

しょくどうトンガリボウヤ

ひと口食べたらヤミツキの名物ナポリタン

もっちりとした太麺に、よく炒めた特製ケチャップの香ばしく甘酸っぱい香り。巷では、若い世代の間で「昭和レトロ」がブームになっていると話題に上ったこともあったが、この『食堂トンガリボウヤ』の名物ナポリタンも、どこかノスタルジーを感じる昭和の空気をまとっている。フライパンでハム、玉ネギ、ピーマンを炒めたら、数種類の調味料をブレンドした濃厚な自家製ケチャップソースをたっぷりと。茹でてひと晩寝かせた太麺のスパゲッティを加え、水分をとばすようによく炒めたら出来上がり。楕円形の銀色の皿と、こんもりと盛られた赤いスパゲティとのコントラストにも、思わず胸が高鳴る。

堀井隆之さん・操輝《みさき》さん夫婦が切り盛りするこの店は、外観からナポリタン愛にあふれている。建物の壁にはナポリタンの写真の特大看板が掲げられ、ある名言をオマージュした「遠くから見れば、大抵のものはナポリタンに見える。」と書かれたベンチも置かれている。

「幅広い年齢層の方が気軽に立ち寄れる店にしたいと、看板メニューには誰もが親しみのある料理をと考えていたんです。そこで頭に浮かんだのが、妻が家で作ってくれるナポリタン。昔から私の好物なんです（笑）」と隆之さん。さらに基本のケチャップベース〝赤〟に対し、アレンジ版として大葉を使ったジェノベーゼ風〝緑〟をメニューに追加。大葉が香る風味豊かなソースもまた絶品だ。

ユニークな店名には、「常識にとらわれず、子どものような純粋な心を持って挑戦する」という夫婦の決意が込められている。２０２２年の夏より、昼は食堂、夜は居酒屋『酒場Ｔｏｎｇａｒｉ』として営業をスタート。２つの顔を持つ新感覚店に、熱い視線が注がれている。

1）ナポリタンには太さ2.2㎜の太麺スパゲッティを使用。ソースがしっかり絡み、食べ応えも満点。2）店内には小さい子ども連れでも安心してくつろげる座敷席も用意。3）調理を担当する奥様の操輝さん。「お客さんに喜んでいただきたい」と新メニューの開発にも力を注ぐ

「トンガリプレート 赤・緑（各1,300円）」は、ナポリタンに特製タルタルソースを添えたエビフライ、ハンバーグ、タコウインナーが一堂に会する“大人のお子様ランチ”

Data
所 八戸市柏崎4-12-1
☎ 0178-79-1584　営 11:00～15:00（『酒場Tongari』は17:30～22:00頃、土・日曜～23:00頃）　休 月・火曜（『酒場Tongari』は月曜）
tongari_bouya　**MAP：P126 E-1**

店主の堀井さん夫婦は、自身も子育て中という親の立場から「子ども連れでも、周囲に気兼ねなく気軽に楽しく利用できる場所にしたいんです」と話す

右）北東北地方で生産されているブランド鶏肉「あべどり」のもも肉を使用した「鶏の唐揚げ定食（1,200円）」。醤油ベースの濃厚な特製ダレで下味をつけていて、ご飯がすすむ。左）「メロンクリームソーダ（600円）」。メロンのほかカシス、コーラもあり。食事とセットでオーダーすると50円引きに

4

八戸屈指の名店

旬菜 一颯

しゅんさい いぶき

Data

所 八戸市十八日町35　☎ 0178-20-0755
営 11:30～14:00、18:00～22:00
※土曜はディナーのみ
休 日曜、祝日　takeyuki.suzuki.526
MAP：P126 E-2

揚げ油は、江戸時代から続く伝統製法で作られ、甘みと旨味の強い玉締め絞りゴマ油を使用。これに最後まで飽きずに食べられるよう少量の菜種油を加えている

上）青森の小川原湖産シラウオのかき揚げの天茶漬け。シラウオの旨味と煎茶の香りが溶け合う。下）一颯コースより天ぷらの一例。甘みと旨味のバランスが良い長崎産の車エビ、クリーミーで濃厚な味が楽しめる宮城産の真ガキ、風味豊かな岩手産松茸など1種ずつ提供される

揚げたての天ぷらをカウンター席で

〝美食の宝庫〟八戸にあっても、実は天ぷら専門店はあまり定着せず、天ぷら不毛の地とも言われている。そこに鳴り物入りでオープンしたのが、正統派のカウンター天ぷら専門店『旬菜 一颯』だ。店主の鈴木健之《たけゆき》さんは福島県郡山市出身。東京の割烹料理店、天ぷら専門店などで修業し腕を磨いた。結婚後、奥様の出身地である八戸に移住し、市内の飲食店での勤務を経て、独立。2019年6月にこの店を開いた。店名には「旬の食材を使った天ぷらで、季節の風を感じてもらいたい」という店主の想いが込められている。

店主自ら吟味した旬の素材を用いた天ぷらは、軽やかな衣をまとい、その滋味が存分に引き出されている。中でも、大葉で巻いたウニの天ぷらは人気の一品。取材当日は、地元青森・階上産のウニを使用。揚げたてを口に運べば、サクサクで軽やかな衣、トロトロで濃厚なウニの食感のハーモニーが楽しく、さらに天にも昇るような甘みがふんわりと広がる。大葉の香りもアクセントにひと役買う。

料理はアラカルトでもオーダーできるが、おすすめは一颯コース（8000円）。前菜、お造り、天ぷら10種（魚介・野菜

料理は一颯コースより一例。右）旬の鮮魚を盛り込んだお造り。写真右から、脂の旨味がほとばしるブランド魚「八戸前沖さば」の〆サバ、北海道産ホタテ、甘みと歯ごたえを堪能する八戸産マダイ、脂がのった八戸産ブリ、宮城・気仙沼の本マグロ赤身。左）この日の焼物は、青森のブランド牛「あおもり倉石牛」トモサンカクのステーキ

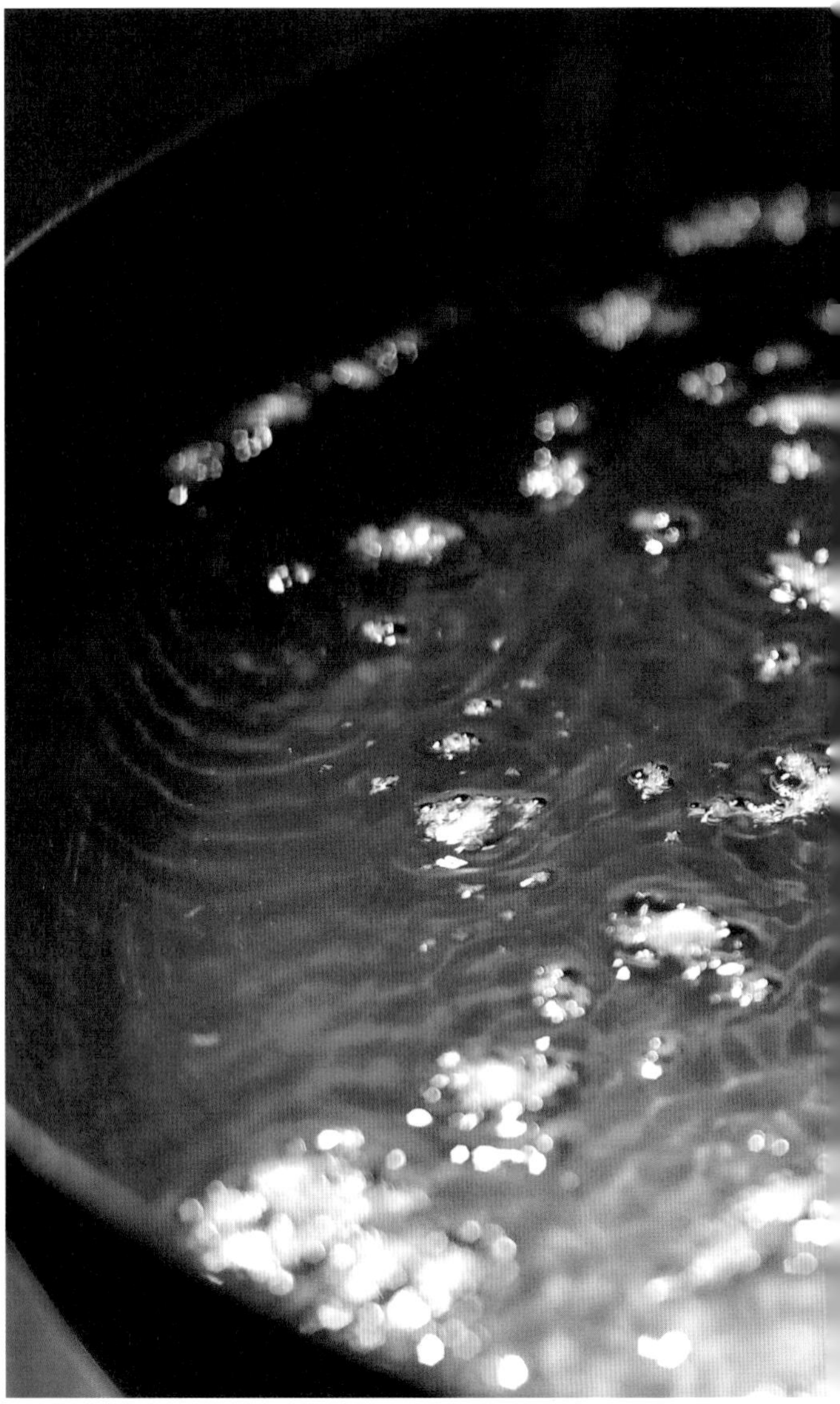

八戸に現れた新星！カウンター天ぷらで季節の移ろいを知る。

1）八戸産ミズダコの白子の酢味噌和え。爽やかな旨味が◎。2）前菜は写真右上から時計回りに、冬瓜と鶏の煮物、根菜の白和え、鶏の八幡巻き、有頭エビの塩茹で、サツマイモの甘露煮、ミョウガの酢漬け、磯ツブ貝の酒蒸し、ホヤのわさび漬け。3）カウンター6席、奥にはテーブル席も。4）旬の野菜や山菜の天ぷらも絶品

各5種）、口替わり、食事、デザートという充実した内容で、コストパフォーマンスの高さに驚かされる。アルコールは天ぷらに合うラインナップで、東北地方を代表する地酒（1合750円～）のほか、八戸の澤内醸造が手がける自然派ワインやシードル（ハーフボトル2000円～）も取り揃える。

「ゲストの表情や反応を直に見られるカウンターの仕事に憧れていた」という店主。天ぷらが揚がる音や香りを楽しめるのも、カウンター席ならでは。この特等席で、洗練された職人の技と味に酔いしれよう。

5

八戸屈指の名店

鮨 瑞穂

すし みずほ

Data
所 八戸市岩泉町5-1
☎ 0178-51-6244
営 17:00 ～ 23:00 (L.O.22:30)
休 日曜
sushi_mizuho
MAP：P127 C-2

八戸で花開く
江戸前寿司の姿が、
一期一会を生む。

ヒノキのカウンターで居住まいを正したら、大将の手からつまみと握りが供される幸せな時間の始まり。握りの醍醐味、本マグロには旨味や香りを最大限に引き出す熟成がほどこされる

真摯に技を尽くした握りとつまみのコース

高級店から気軽な町寿司までがしのぎを削る八戸において、異彩を放つのが『鮨 瑞穂』である。特徴である赤酢のシャリを使った江戸前寿司を出す店は市内では珍しく、青森県内でも数えるほどだという。

1987年より本八戸の朔日町で営んでいた『鮨 大磯』が、2021年4月に屋号を変え、移転リニューアルしたのがここ。先代である父から店を引き継いだ磯 洋介さんが、現在二代目として暖簾を守っている。高校卒業後、東京の寿司屋で14年修業。その経験を生かし、さらに自分の寿司を追求するため、あえて江戸前寿司で勝負する道を選択。その覚悟は相当なものだったと想像に難くない。

こだわりの赤シャリには、粘りが少なく、ほのかな甘みが特徴の黒石産の寿司専用米「ムツニシキ」を使用。特注の羽釜で炊き上げたら、赤酢2、米酢1の割合で混ぜ合わせ、やわらかい酸味の中に赤酢特有の旨味を引き出していく。

ネタを仕入れるのは主に豊洲と八戸の市場からだが、特に八戸では、他にはほぼ出回らない地物の魚介にお目にかかれることもしばしばだという。例えば、極上の甘みがあふれ出る、獲れたての殻付きキタムラサキウニ。取材当日は、八戸でもほぼ見かけないという、青森県沖産のニタリクジラの希少部位、尾の身（クジラの尾の付け根の肉）が登場。口に入れるだけで、まったりとした脂がスッと溶けてしまう。素材との一期一会の出合いもまた、店を訪れる楽しみのひとつだ。

コースは8800円と1万3200円の2種類。選りすぐりの地酒（1合800円〜）とともに、心ゆくまで堪能したい。

右）左上から大間産本マグロの大トロ、八戸産ヒラメの昆布〆、本マグロ中トロ、熊本・天草産コハダ、エンガワ、青森産キタムラサキウニ、八戸産〆サバ、本マグロ赤身、岩手・陸前高田産イシガキ貝、千葉・銚子産クロムツ、長崎・対馬産アナゴ。左）青森・大間で水揚げされる天然本マグロの旬は12～1月。取材当日はまだ“走り”の状態で脂が薄いので、あまり寝かせずフレッシュな味わいを楽しむような仕込みをほどこしていた

1

5

6

4

3

2

1）生まれも育ちも八戸という二代目店主の磯 洋介さん。「地元で活躍する同級生の姿も良い刺激になっています」と話す。2）写真の一品料理はすべて13,200円のコースより一例。深い味わいを楽しめる「ニタリ鯨の尾の身」。3）磯の香りが際立つ「蒸し鮑の肝ソース」。軟らかく蒸し上げられたアワビがたまらない。4）粋なスペシャリテ「鮨屋のシュウマイ」は魚のすり身とカニ身を合わせて蒸した逸品。細切りにしたワンタンの皮のあしらいが華やかさに彩りを添える。5）大きく立派なカウンターは9席、個室は6名まで利用可。6）店舗に馴染むアサクラ社の木製冷蔵庫を愛用する

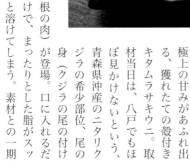

6

八戸屈指の名店

Voila

ボワラ

気鋭シェフが手がける料理で地域活性も

特別な日に大切な人と訪れたいレストラン。でも気取らず、本当に美味しい料理が食べられる。フランス料理店『ボワラ』は、地元にとってそんな存在の場所。完全予約制のランチ、ディナーも、あっという間に席が埋まってしまうほどの人気ぶりだ。

オーナーシェフの清水桂さんは横浜出身。東京の焼肉店、高級フレンチなど幅広いジャンルを経験。その後スイスへ渡り、高級山岳リゾート地として知られるクラン・モンタナにて、世界の要人を迎えるレストランで5年半勤務した。帰国後、奥様の地元である八戸にて店をオープンさせた。

開店から10年。シェフが大切にしているのは、地元とのつながりをそのひと皿に宿すこと。八戸港の市場には毎日のように足を運び、野菜も農家の畑を訪れて自身でも収穫する。生産量の少なさから〝幻の和牛〟とも言われる岩手県久慈市山形村の短角牛もコースのメインに登場。さらに、狩猟ライセンスも有するシェフが自ら猟に行くこともあり、とりわけジビエには造詣が深い。青森県内や岩手などから仕入れる鹿や鴨、熊、イノシシは骨や内臓まで余すことなく使う。店の裏手にある熟成小屋ではニホンジカの自家製生ハムを作るほどのこだわりだ。

店では毎年恒例のグルメイベント「八戸ブイヤベースフェスタ」に参加するなど、地域活性にも力を入れる。

「同業のシェフの方々と切磋琢磨し刺激し合いながら、料理を通して地元の食文化の魅力を発信していきたいです」。八戸の食を追求するシェフの旅はまだまだ続きそうだ。

料理はディナーのボワラコース（5,500円）より一例。1）鹿肉から出たスジなどを煮詰めた「ニホンジカのコンソメスープ」。クリアな喉越しに奥深さが広がる。2）「八戸魚介のパイ包み焼きブイヤベース」。3）「ナツナシのコンポート」。野生梨として知られるナツナシの香りと瑞々しい食感を楽しむデザート。4）岩手県久慈市の柿木畜産が育てた「いわて山形村短角牛」のランプ肉は、低温で火入れし、最後に表面を炙ってこんがり焼き上げる

Data

所 八戸市湊高台3-1-9
☎ 0178-80-7558
営 12:00～13:30（L.O.）、18:00～21:00（L.O.）
※完全予約制。月曜はディナーのみ
休 日曜、ほか不定休あり
voila_hachinohe
MAP：P125 C-3

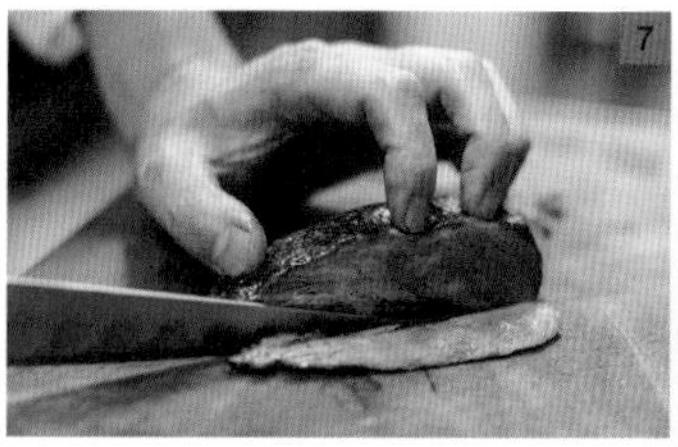

5）山小屋を思わせる一軒家は、思い出深いスイスをイメージ。店内には温もりのある木のインテリアが配され、居心地の良い空間に。6）清水桂シェフと、ソムリエールを務める奥様の伸江さん。店では奥様が厳選した、希少なスイス産ワイン（グラス1,050円～）も楽しめる。7）生産者への敬意を忘れず、素材と向き合う

赤ワインソースやニンジンピューレなどとともに味わう「いわて山形村短角牛のグリル」。コブミカンの果実のパウダーを雪に見立て、八戸の大地を表現。しっかりとした旨味の肉と合わさり、噛むたびに至福が訪れる

テロワールに根ざした 地元の食文化を 伝える求道者。

スパイスカレーは愛だ。そこかしこに見える店主の想いに刮目せよ。

八戸屈指の名店

7 Captain & The Bros

キャプテン アンド ザ ブロス

Data

所 八戸市白銀町右岩渕通22-6
☎ 080-9634-3807
営 11:00～14:00、17:00～22:00（売切次第終了）
休 水・日曜 captain_and_the_bros
MAP：P125 C-1

18種のスパイスを使い風味豊かに仕上げた「チキンカレー（1,000円）」（写真上）、旨味の強いエビの出汁に辛味を利かせたスープがたまらない「トムヤムクンカレー（1,000円）」

カレー愛あふれる店主による至極の一杯

食欲をそそる香ばしい香り、クセになる刺激的な味、そしてまるでアートのような華やかなビジュアル。大阪で火が付いたスパイスカレーブームは、いまや全国各地に広がりを見せている。そしてここ八戸にも、注目の新星が誕生した。

JR八戸線の白銀駅と陸奥湊駅のちょうど中間に店を構える『キャプテン&ザ ブロス』。コンセプトは「カレー・ラーメン・アルコールの店」だが、スパイスカレーの完成度の高い本格的な味わいがクチコミで評判を呼び、食通やカレー好きを筆頭に、地元住民の舌を喜ばせている。

前職はごく普通のサラリーマンだった店主の櫻井堅太さん。ひょんなことからこの物件を譲り受け、当初はタイ料理店を出す予定も、櫻井さんがカレー作りの研究に没頭するあまり、スパイスカレーを看板メニューにすることになったという。

定番カレーのひとつ「チキンカレー」は、クミンやカルダモンなどのスパイスを多用。そこに「味噌汁をイメージ」して昆布出汁を加え、日本人の味覚に合うよう調整する。ライスにもこだわりがあり、「シャバシャバ感のあるカレーと相性が良い」というタイ米のジャスミンライスを選択。付け合わせの2種類のアチャールは、そのまま食べても良いが、カレーと混ぜて食べても味変になってまた美味しい。

店主による気まぐれメニューも度々登場。現在、新メニューとして中華風カレー「麻婆キーマ」を試作中だ。

1)「ガパオライス（800円）」。甘辛く仕上げた鶏そぼろに自家製フレッシュバジルを添え、爽やかな香りをプラス。2)「にぼしラーメン（800円）」。八戸産の煮干しを1日かけて水出しし、クリアな出汁をとる。煮干しベースの醤油スープは滋味深い味わい。3）夜はバーとしても楽しめる。「レモンサワー（600円）」。4・5）本場のスパイスや調味料を独自に配合し、複雑味に富んだ仕上がりに

6）お酒のボトルを並べたカウンター上の棚、壁のアート、店内に飾られたドライフラワーなど、センスあふれる内装はそれぞれ店主の知り合いが制作した。7）店主の櫻井堅太さんと、ともに店を切り盛りするスタッフの濱浦ミツ子さん。8）店内にはカウンター席、小上がりのテーブル席を備える

麻婆豆腐は旨辛を引き出すのがポイント。仕上げに鍋をゆすりながら、表面にうっすら油が浮いてくるまで火入れする。油の膜が蓋の代わりになり、豆腐にしっかり味が入るという

8 八戸屈指の名店 中国料理 庄屋

ちゅうごくりょうり しょうや

Data

所 八戸市田向5-21-1
☎ 0178-96-6888
営 11:00 ～ 19:00（L.O.18:30）、
金・土曜11:00 ～ 14:30（L.O.14:00）、
17:00 ～ 20:00（L.O.19:30）
日曜11:00 ～ 14:30（L.O.14:00）、
16:30 ～ 19:30（L.O.19:00）
休 月曜、第3木曜、その他不定休あり
MAP：P125 A-4

1）広々と開放感あふれる店内。個室も3室備わる。2）店主の小田島重勝さんは高校卒業後、東京都内の中華料理店で約8年修業し帰郷。父の跡を継いだ。3）写真の「四川麻婆豆腐（1,140円）」に加え、花椒の麻味を抑えた「麻婆豆腐（1,140円）」もある

特製ラー油をたっぷり使う麻婆豆腐は必食！

創業は1970年。八戸市内の三日町、沼館を経て、現在の地に移転したのが2014年のこと。本格中華が家庭的な雰囲気で気軽に味わえると、50年以上にわたり地元住民に愛されている老舗だ。

先代の父から店を受け継いだ二代目店主の小田島重勝さんは、自身の味を極めようと試行錯誤を繰り返し、その末にたどり着いたのが、自家製のラー油だった。油は植物性の菜種油と牛脂からとった動物性油脂をブレンド。中国唐辛子を筆頭に、香味野菜、陳皮や八角、花椒など数種類の香辛料を使い、無添加で作られる。もっとも本人は「こだわりはないんです」と笑って謙遜するが、香り豊かで辛味と旨味のバランスが秀逸なこのオリジナルラー油は、店の中核をなす存在と言えよう。店内の各テーブルにも置かれていて、〝追いラー油〟しながら食べる常連客も少なくないとか。

自家製ラー油の味わいを存分に堪能するなら、やはり麻婆豆腐だろう。名物「四川麻婆豆腐」の主な具材は合挽き肉、木綿豆腐、ネギ、ニラなどごくシンプルだが、ラー油をたっぷり使い、コクのある味わいが特徴。ラー油の辛さの中に花椒がフワッと香り、後から旨味が追いかけてくる。重層的で奥深い味わいは、食べるほどクセになる。

期間限定の変わり種メニューも登場。店主をはじめスタッフが考案した一品を楽しみに通う馴染みのお客も。

「インパクトも大切ですが、何よりお客様に美味しいと喜んでいただけることが一番です」。そう語る小田島さんの想いを乗せた味は、地元住民のハートと胃袋をしっかり掴んでいる。

激辛マニアも思わず唸る「辣辣麺(ラーラーメン 1,195円)」。辣辣麺専用に調合して作られた麻辣醤、ラー油、大量の中国唐辛子が、濃厚で強烈な辛味をもたらす。加えて、牛肉やシイタケ、セロリなど具材から出た出汁の旨味もしっかり感じられる

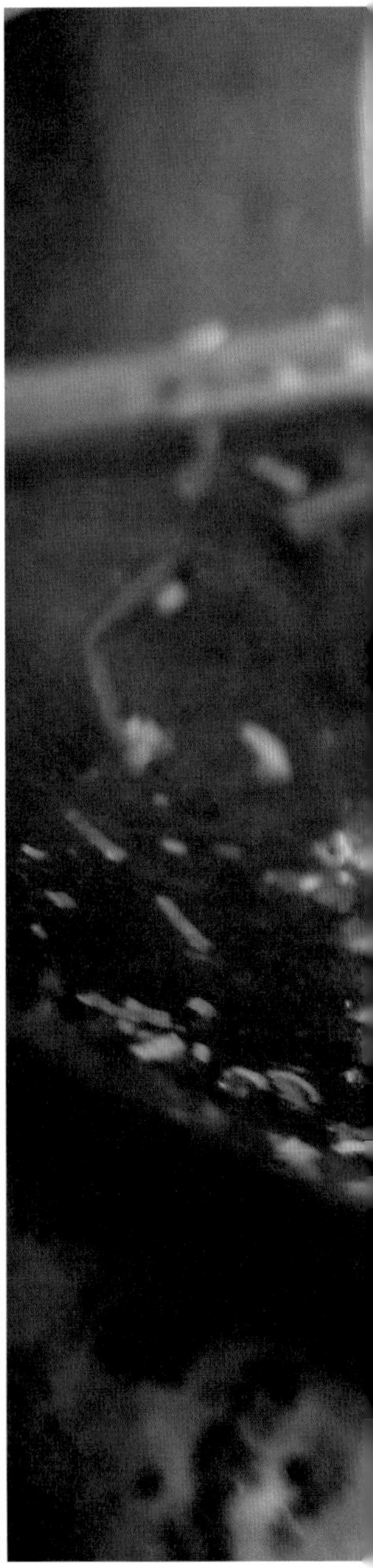

辛さの奥に秘められた深い旨味！
自家製辣油が生み出す麻辣の桃源郷。

7

6

5

4

4・5) まかないから生まれた冷麺メニュー「油淋鶏涼麺（ユーリンチーリャンメン 1,358円）」。揚げたての鶏の唐揚げはそれだけでもインパクト大のボリュームだが、トマトやネギなど彩り豊かな野菜、さっぱりとした甘酸っぱい醤油ベースのタレと一緒に食べると、実にバランスが良い。もちもちとした自家製の細麺とも好相性だ。6) 万能な自家製ラー油（写真奥）と、「辣辣麺」専用のオリジナル麻辣醤。7) 6時間煮込んで作る「豚バラやわらか煮ご飯（1,360円）」

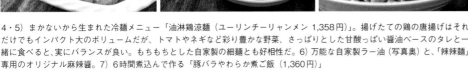

八戸屈指の名店

9 bistro étoffe

ビストロ エトッフ

Data

所 八戸市鷹匠小路1-1
☎ 0178-38-8922
営 11:30 ~ 14:00（L.O.13:15）、18:00 ~ 22:00（L.O.21:15）
※日曜はディナーのみ
休 月曜、不定休
bistro_etoffe
MAP：P127 B-2

横丁で異彩を放つ
エスプリの利いたビストロで
地元の恵みを享受。

「八戸産焼きサバのサラダ仕立て（1,600円）」。サバは焼く前に1時間ほど酢〆することで、余分な水分を抜き、旨味を凝縮。噛めば脂がジュワリと染み出してくる。トマトとケッパーの爽やかなドレッシングとのバランスも抜群

昼も夜も地元住民で賑わう横丁のオアシス

　八戸の中心街で息づく横丁文化。縦横無尽に張り巡らされた個性豊かで趣のある8つの横丁は、地元住民や観光客の憩いの場でもある。中でも、鷹匠小路は比較的人通りの多い賑やかな歓楽街として知られ、かつてこの場所に牢屋があったため、「ロー丁《ちょう》」とも呼ばれている。

　渋い看板や店構えのスナック、小料理屋、居酒屋などが軒を連ねるこの通りに、突如現れる小さなビストロ。フランスを放浪していた20代半ば頃、食べ継がれる郷土料理や地元で愛される小さなレストランに魅了されたというオーナーシェフの井上健吾さんは、「特別な日に食べるものというイメージが強いフランス料理を、もっと気軽に日常的に味わってほしい」との想いから、現地の食堂のような親しみやすい雰囲気を心がけている。会社帰りの一杯、グループでの賑やかな食事会、二人でゆっくり食事を楽しむデート。日常の様々な場面に寄り添う店として、近隣に勤める会社員や主婦を中心に、地元住民が足繁く通う。店内は明るく、カフェのようなおしゃれな空間で、女性の一人客でも入りやすいのも嬉しい。

　伝統的なフレンチの繊細さと、

ビストロならではのシンプルな力強さ。その両方を併せ持つシェフの料理には、地元食材がふんだんに盛り込まれる。例えば、王道の赤ワイン煮には、八戸市南郷地区で丹念に育てられた黒毛和牛「美保野牛」のすね肉を使い、上質な脂の甘み・旨味を丁寧に引き出しながら、3日間かけて調理。最後の一滴まで旨いのは言うまでもない。また、料理に欠かせない旬の野菜は、隣接する階上町に住む父・欽司さんが丹精込めて育てたもの。その味の濃さは主役級の存在感を醸し出す。

　繁華街に佇む小ぢんまりとした〝大人の食堂〟。その飾らない空気感が、実に心地良い。

1）メインにスープ、サラダ、パン、コーヒーが付く「本日のランチ」より一例。「桜姫鶏のソテー フレッシュトマトのソース（1,300円）」は、ソースに田子町産の香り高いニンニクを加えアクセントに。2）美しいピンク色の肉質を持つ青森県産鶏肉「桜姫」を使用。旨味を閉じ込めジューシーに焼き上げる。3）牛乳と生クリームで作るシンプルな「ジャガイモのグラタン（600円）」は、ジャガイモのトロトロな食感とクリーミーな味わいがGOOD。奥はアミューズとして提供される「焼きとうもろこしのムース」と「ホタテと大葉のフリット」。4）「美保野牛の赤ワイン煮（2,000円）」。5）ワインは自然派ワインを含め常時10種類程度を揃える（グラス700円～）。6）店主の気さくな人柄を慕って通い詰める常連客も多い

右）カウンターとテーブル席が配された1階。2階のソファ席ではゆっくりくつろげる。左）京都市出身の井上健吾シェフは、結婚を機に奥様の由布子さんの故郷である八戸へ。店名の「エトッフ」はフランス語で「布」の意味。由布子さんの名前から一字をとって名付けた

いまや人気は全国区！
八戸が誇る名物丼

活気あふれる湊町の朝。「陸奥湊駅前朝市」で知られる、この町の一角で営む『みなと食堂』は早朝6時オープン。八戸港に水揚げされる新鮮な魚介を使った料理が自慢だが、中でも名物は、ヒラメを使った昔の漁師メシからヒントを得て考案したという「平目漬丼」だ。

隙間なくびっしりと敷かれたヒラメの切り身に、卵黄、わさび。彩り豊かな海鮮丼とは一線を画す、そのシンプルで端正な姿に思わず引き込まれてしまう。黄身をくずして口に運べば、ヒラメの淡白な味わいと甘辛い漬けダレ、黄身のまろやかなコクが三位一体となり、箸がすすむ。味の決め手は、ヒラメにほどこした熟成と漬け。ヒラメの淡白な旨味をさらに引き出すため、冷蔵庫で約2日間熟成させ、さらに提供直前に醤油、酒、みりん、ニンニク、唐辛子を合わせた特製ダレにサッとくぐらせる。繊細な味が生きるよう、漬け過ぎないのがポイントだ。

この「平目漬丼」の評判が広がり、2014年に「全国丼グランプリ」の海鮮丼部門で金賞を受賞。いまでは県外からもこの一杯を目当てに人が訪れる。

「どこからいらしたの?」、「気をつけて帰ってくださいね」。奥の厨房から出てきて、お客と言葉を交わす店主の守 正三さんの姿に自然と頬が緩む。

「わざわざ足を運んでいただいたお客さんをがっかりさせたくない。その気持ちを大切に、妥協せず、一杯ずつ真摯に本物を提供する。それだけです」

1

3

2

1）「平目漬丼（1,100円）」には味噌汁と小鉢が付く。2）黄身をくずして全体をよくかき混ぜると、黄金色に輝く究極の“卵かけご飯”が完成。3）郷土料理「八戸せんべい汁（450円）」。もっちりとした食感の南部せんべいに、旨味が凝縮したスープが絡む

4

5

6

4）陸奥湊駅前のメインストリート、三陸浜街道沿いには卸売業者や小売店、露店が軒を連ねる。5）市場に並ぶ新鮮なスルメイカ。八戸港はイカの水揚げ量日本一を誇る。6）店主の守さんは階上町出身。海士（あま）として海に潜りウニやアワビを採った経験も

10

八戸屈指の名店

みなと食堂

みなとしょくどう

Data

所 八戸市湊町久保45-1
☎ 0178-35-2295
営 6:00～14:00（売切次第終了）
休 日・月曜
MAP：P125 B-1

右）陸奥湊駅から徒歩2分。素朴な木造建築の店の前には、早朝から行列ができることも。入り口に置かれた帳簿に記名し順番を待つ。車の場合は、隣接した共同駐車場のスペース（3台分あり）を。左）カウンターと4人掛けテーブル1脚という落ち着いた店内

極上の漁師メシここに降臨！朝から丼をかきこむ幸せよ。

ヒラメ、マグロ、イカ、イクラ、ホタテ、甘エビなど10種の魚介がのった「漁師の漬丼（1,900円）」は数量限定。奥は、本マグロの中落ちをたっぷり使用した「マグロ中落ち丼 つぶ貝入り（1,350円）」

「時代に合わせて地域に根差した酒造りを」

〝本当の地酒〟にこだわる八戸酒造

青森県内だけでなく、日本全国で人気を誇る日本酒を生み出している『八戸酒造』。酒造りへの想いやこだわりを取材しました。

写真提供＝八戸酒造
写真＝蜂屋雄士　文＝高橋さくら

大正末期に建設された主屋の玄関前に立つのは、右から杜氏の伸介さん、八代目の庄三郎さん、専務の秀介さん

上）酒造りで使う蟹沢地区の水は紫外線処理をした後、八戸の水道水として親しまれている。下）八戸酒造が主催する酒造り体験クラブ「がんじゃ自然酒倶楽部」では田植えイベントが行われる

親子三人で守り継ぐ、地元生まれの酒造り

新井田川沿いに蔵を構え、創業78年を迎えた『八戸酒造』は、陸奥男山や陸奥八仙をはじめ、全国各地だけでなく中国やアメリカなどの国外でも愛される日本酒を生み出している。現在、八戸酒造を担うのは八代目社長の駒井庄三郎さんを中心に、専務で長男の駒井秀介さんと、杜氏で次男の駒井伸介さんだ。

創業ブランドの「陸奥男山」を全国新酒鑑評会で金賞へと導いた駒井庄三郎さん、1998年に生まれた「陸奥八仙」を、世界酒蔵ランキングで1位を獲得する酒へと育てた秀介さんと伸介さん兄弟には、環境に配慮しながら安心・安全の酒造りを意識しつつ、「青森県から生まれたものだけで酒造りを続ける」という強い意思がある。

日本酒の味の決め手となるのは米と水だ。八戸酒造では、酒造好適米といわれる山田錦や雄町などの米を使用せず、青森県産の米のみを使って酒造りを行う。仕込みで使用する水も、階上岳山麓の石灰岩地層から湧き出た蟹沢地区の名水にこだわり、ここでしか造れない〝本当の地酒造り〟を目指す。「地元に根ざした製法と時代に合わせた酒造りで、いかに喜んでもらえるかどうかに、造り手の力量が試される」と語った庄三郎さん。こだわりの製法で、美味しい酒造りを追求し続けている八戸酒造の酒は、飲む側だけではなく地元の農家の助けにもなっている。地域にも貢献しながら酒造りを極める酒蔵は、ここしかない。

先代の想いが現代へ
歴史で見る「八戸酒造」の歩み

安永4年から酒造りを始めた八戸酒造。代々受け継がれる伝統ある酒蔵だが自由な酒造りができるまでには並々ならぬ苦労があった。

大正末期に六代目当主と蔵人で撮影された写真。木造の主屋や手前の煉瓦棟は、現在とほとんど変わらない様子が伺える

八戸酒造の歩み

1775年	初代駒井庄三郎が南部町で糀屋を開業後、村市剣吉店で酒造業を始める。
1888年	四代目が湊村濱通りの加藤徳次郎酒造場を譲り受けて新たに酒造りを始める。
1910年	五代目が「陸奥男山」を商標登録。
1944年	六代目が企業整備令により三戸郡内16の酒造家と企業合同。八戸酒類(株)初代社長に就任する。
1989年	八代目が「陸奥男山」全国新酒鑑評会で5年連続金賞を受賞。
1997年	『八戸酒類』を離脱し、旧八戸酒造にて酒造を開始する。
1999年	新設の八仙酒造(株)に製造免許が付与され、社名を八戸酒造(株)変更。
2003年	駒井酒造(株)と八戸酒造(株)が合併し、社名を八戸酒造(株)に変更。
2010年	醸造施設が青森県初の景観重要見物材に指定。

苦労の一滴が八戸酒造の未来を変えた

陸奥八仙 誕生の軌跡

いまでは八戸酒造の代名詞である「陸奥八仙」が誕生した背景を探るには、1944年に遡る。六代目だった当時、国策の「企業整備令」によって、八戸管内にあった酒造の16蔵と合併し、「八戸酒類」の一員となった。しかしその後の1989年には八戸酒類を脱退することに。脱退後は類家にある旧八戸酒造（福牡丹）の蔵を借りて酒造りを始めるものの、湊の蔵を取り戻すべく「陸奥男山の商標使用を巡っての裁判は約10年にも及んだ」と当時を振り返った庄三郎さん。酒造りに集中することが難しい中、いまの蔵とは別の場所にある蔵で生まれたのが「陸奥八仙」だ。苦労を乗り越え、必ず良いものができると信じ続けた酒造りがなければ、私たちはこの一本に一生出合えなかったはずだ。

「陸奥男山」の名前入りの蔵の前に並ぶ六代目当主（前列左から4番目）と蔵人たち。法被には「良いお酒 男山」の文字が刻まれる

右）若手の蔵人が各々で独自のレシピを考えて酒造りを行う「ミクシード」という取組みで蔵人たちのスキルアップを図る。左）平均年齢30歳の八戸酒造の若手の蔵人たち

「陸奥八仙」を土壌に新しい挑戦へ乗り出す

八戸酒造を支えるのは、創業ブランド「陸奥男山」、そして現在は売上の8割を占める主力商品となった「陸奥八仙」。〝八仙はどれを飲んでも美味しい〟と評価されるようになったのは、約10年前くらいからだそう。八仙を造る際のポリシーとして、「美味しくないと意味がない」と断言するのは杜氏の伸介さん。陸奥八仙を世界酒蔵ランキング1位を獲得する人気商品へと導き、〝八仙ファン〟を増やしたのは、日本酒の火入れの仕方や冷蔵での管理の方法など、細かい商品管理を徹底的に見直し、味わいを追求するという企業努力があった。

現在、「陸奥八仙」の純米酒等定番、季節商品の他に、新商品開発などにも力を注ぎ、日本酒だけではなく果実酒やスパークリング、クラフトジン、ビールテイスト飲料などの商品を生み出している。今後も地元青森県の原材料を使って酒造りを行うという真髄は変わらず、日本酒以外の酒造りにも挑戦していきたいという。

本格的な酒造りができる土壌は、すでに整っている。代表の庄三郎さんは「息子たちには、海外への展開も積極的に行ってほしい。お酒が得意ではない人に向けた商品開発にも期待している」と日々、八戸酒造の新たな挑戦に挑む秀介さんと伸介さんにエールを送る。常に目標と夢を持ち続ける親子三人による、八戸酒造の未来に目が離せない。

Data
はちのへしゅぞう
所 八戸市湊町本町9番地
☎ 0178-33-1171
営 8:30～17:00
休 日曜、3～9月の土曜
URL https://mutsu8000.com/
MAP：P125 B-1

定番から新ジャンルまで

いま、飲みたい 八戸酒造の日本酒

日本酒はもちろん、新しいスタイルの酒造りにもチャレンジしている八戸酒造。まず飲んでほしい、おすすめ商品を厳選してご紹介します！

八戸酒造といえばコレ！

不動の人気を誇るラインナップ

クセになるような辛口で、後を引かない潔さ

陸奥男山 超辛純米

「陸奥男山」の中でも特に辛口なのがこちら。旨味だけでなく酸味も感じられて、キリっとした味わいなので飲みやすい。冷酒だけでなく熱燗もまた美味。

1800mℓ 3,080円
720mℓ 1,650円

精米歩合	アルコール度数
麹55%／掛60%	16度

八仙

深い米の旨味とほのかな甘みに酔いしれる

陸奥八仙 特別純米

ほのかな甘みを感じながらも後味は爽やかでスッキリ。どの料理にも合わせやすいので、シーンを選ばずに楽しめる一本だ。八戸酒造の人気No.1の酒は冷やでも燗でも楽しめる絶品だ。

1800mℓ 3,080円
720mℓ 1,650円

精米歩合	アルコール度数
麹55%／掛60%	15度

ご褒美の1本にしたい、八仙最高級の酒

Hassenblage

青森県産の米を4種類使って造られた贅沢な日本酒。米の旨味がバランス良く調合されて、ほのかにフルーツを感じる甘い香りとまろやかな口当たりが◎。

720mℓ 11,000円

八戸酒造に行かないと手に入らない代物

陸奥八仙 純米大吟醸 蔵限定ver

WEB販売もなく、現地に行かないと購入できないという特別な逸品。青森県産の米を使い、酵母にこだわった、濃厚な味わいで甘みがしっかりある日本酒だ。

720mℓ 3,300円

check!

日本酒だけじゃない！ 酒粕のバスボムも登場

酒粕を主原料として作られたオリジナルのバスボムは、保湿成分が配合されて肌にうるおいを与える。色や香り違いで7種類のラインアップがあり、ギフトにも喜ばれている。

香りだけでなく、パッケージから見た目も可愛いデザインで隠れた人気商品。1個748円

Shop Data
住 八戸市湊町本町9番地
☎ 0178-33-1171 営 10:00～16:00
休 日曜、3～9月の土曜
MAP：P125 B-1
※各商品は2023年4月に価格改訂予定

注目の新ジャンルもお試しあれ！

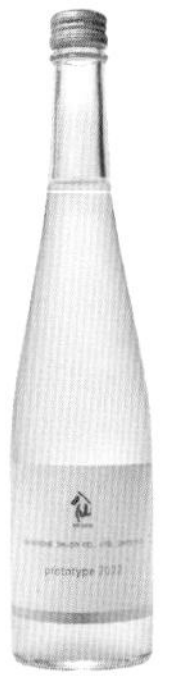

低アルコールの微発泡清酒

prototype 2022

八仙の甘みとすっきりさを感じられる、泡立ちの細かいスパークリング日本酒。アルコール度数は7%と爽快な口当たりで、女性からの人気も高い。

500mℓ 1,650円

甘さ控えめでさっぱりとした

八梅

南部町の豊後梅を使用し、一般的な梅酒よりも甘さを抑え、嫌味のない酸味とサッパリとした後味を楽しめる。ロックにすれば旨さをより感じられる梅酒。

720mℓ 1,870円

リンゴを食べたかのような甘さ！

AOMORI JUICY LAB

青森県産のリンゴジュースを販売する『JAアオレン』と開発した、「王林」を使ったスパークリング果実酒。果実感満載なので、食後にもぴったりだ。

720mℓ 1,980円

呑兵衛、八戸酒造ファン必見！

さらに日本酒を楽しめるイベントを紹介！

八戸酒造の酒の魅力に、もっとどっぷり浸かってみませんか？
酒造りを深く知ることができるイベントや、
日本酒を楽しめる屋形船を紹介します。
思わず飲みすぎてしまう魅力的なイベントばかり。

Topic 1

造る工程を知って美味しさ倍増

蔵見学で酒造りの秘密を知ろう

大正時代に建設され、「文化庁登録有形文化財」に指定された歴史ある蔵で、酒造りの工程や八戸酒造の歴史、酒造の6つの蔵の説明や創業当時に酒造りに使用していた道具などをガイド付きで詳しく知ることができる蔵見学。約30分ほどの見学の後には、おすすめの日本酒の試飲タイムがついているので、遠方からも八戸酒造の日本酒ラバーたちが集う。美味しい酒が造られる工程を知れば、より味わい深い日本酒が楽しめるはずだ。

Data

所 八戸市湊町本町9番地　☎ 0178-33-1171
休 土・日曜※冬期は土曜も営業
時 10:00～16:00※所要時間は1時間程度
料 500円（試飲付き）※電話にて要予約
URL https://mutsu8000.com/kura/#Kengaku

1

3

2

1）蔵見学の後は八戸酒造おすすめの日本酒を飲み比べられる。2）木造の古き良き蔵には、ほのかに日本酒の香りが漂う。3）蔵見学がないと足を踏み入れることができない貯蔵庫

Topic 2

郷土料理と日本酒が楽しめる

八戸屋形船「新井田丸」で郷土料理と地酒を堪能

八戸の主要観光地を巡る屋形船「新井田丸」には、八戸酒造で造られた日本酒の用意があり、飲み放題プランには八仙が5種類ラインナップ。せんべい汁などの郷土料理が楽しめる。遊覧中は八戸の夜景やウミネコが飛ぶ様子を一望できるので、ベストロケーションで日本酒を堪能しよう。

Data

所 八戸市湊町本町9-1
☎ 0178-35-4415（八戸屋形船ブルーカンパニー株式会社）
※要事前予約
料 昼5,000～　夜6,000～
所要時間は1時間30分～2時間
※プランにより価格変動
URL https://niidamaru.com/
MAP：P125 B-1

右）日替わりのお弁当は、焼き物やフライ、季節のフルーツで構成される、八戸郷土料理の松花堂弁当。左）ライトアップされた新井田丸が川に浮かでいる様子だけでも幻想的だ

topic

「蔵まつり」が3年ぶりに開催

2022年7月17日に3年ぶりに開催された八戸酒造主催の蔵まつり。イベントは2部制で、第1部はマグロの解体ショーや蔵サウナなどユニークな催し物が用意。第2部は、おおはた雄一さんと坂本美雨さんが蔵の中でライブを行い、日本酒片手に楽しむ人の姿があった。

右）会場に置かれたインパクト抜群の「八仙」のツリー。左）蔵の中で行われたミュージックライブは日本酒を片手に非日常を味わえる

4つの時代から読み解く

知っておくべき 八戸史

歴史遺産の宝庫である八戸だが、生活していると街の歴史は意外に知らないもの。
そこで、是川縄文館、蕪嶋神社、櫛引八幡宮まで、
市内のおなじみの名所を起点に、歴史探訪の旅に出てみよう。

写真＝蜂屋雄士　文＝山内貴範

PART.1
縄文時代

奇跡の国宝合掌土偶はなぜ生まれたのか？

顔

髪を結い上げている。横から見ると顔が薄く、口の周りのブツブツも不思議だが、仮面を着けているのかもしれない

首

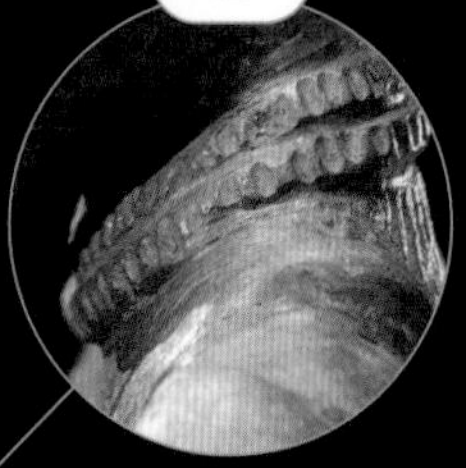

コインのギザギザのような装飾がついた首飾りを身に着けている。もしくはネックレスのように宝石で飾った宝飾品なのだろうか

国宝

合掌土偶

がっしょうどぐう

現在国内にある国宝の土偶は全部で5体。その中でも特に複雑な造形をしているのが、我らが合掌土偶。角度によって様々な表情に見える神秘的な顔や、細部にまでこだわりを感じる模様は圧巻だ。

Data

発見された場所：風張1遺跡
発見された年：平成元(1989)年7月
重要文化財指定：平成9(1997)年6月30日
国宝指定：平成21(2009)年7月10日
像高：19.8㎝
横幅：14.2㎝
重さ：約1,050ｇ

ボタン

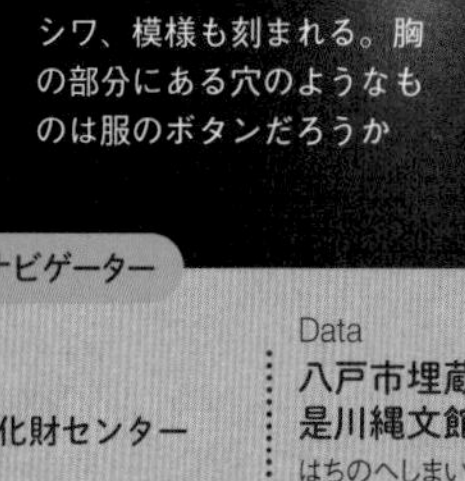

身体はどうやら服をまとっているらしい。服の凹凸やシワ、模様も刻まれる。胸の部分にある穴のようなものは服のボタンだろうか

背中

後ろから見ると身体がスマートなのがわかる。そして肩には不思議な盛り上がりが見えるが、肩パッドを装着しているのかもしれない

足

足には縦横に模様がついている。これは手の込んだデザインのズボンか、はたまたブーツなのか。個性派のファッションセンスだ

ナビゲーター

八戸市埋蔵文化財センター
是川縄文館
縄文の里整備推進グループ
主事兼学芸員
落合美怜さん

Data

**八戸市埋蔵文化財センター
是川縄文館**

はちのへしまいぞうぶんかざいセンター
これかわじょうもんかん

所 八戸市是川横山1　☎ 0178-38-9511
営 9:00 ～ 17:00（最終入館16:30）
休 月曜（祝日・振替休日の場合は開館）
料 一般250円、高校・大学生150円、小・中学生50円※団体割引あり
URL https://www.korekawa-jomon.jp/
MAP：P124 A-2

縄文芸術に触れる「縄文の美」、是川遺跡について学ぶ「縄文の謎」、合掌土偶を展示する「国宝展示室」で構成。

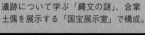

縄文時代

八戸のシンボルにして謎多き合掌土偶

是川縄文館の……というより、八戸市のシンボルといっても差し支えないのが、国宝「合掌土偶」である。約3500年前、縄文時代後期後半に製作されたとされる土偶だ。なんといってもミステリアスなのは、そのユニークな造形である。手を合わせて子孫繁栄を祈る姿勢、座ってお産をする姿など様々な説が唱えられているが、理由ははっきりしていない。それゆえに見る者の想像をかきたてる不思議な存在である。

「合掌土偶は細身でスタイルも抜群。立ち上がったらきっと長身で、手足も長いことでしょう。髪を結っているのもおしゃれ。肩パッドのようなものを身に着けているようにも見えます。こういったユニークな造形も見どころです」と、学芸員の落合美怜さんが解説する。

縄文時代の服は切れ端しか見つかっていないため、土偶を観察しながら、当時の人々の髪型や服装を想像するのも楽しみのひとつだ。

この奇跡の土偶が発見されたのは風張1遺跡で、長芋の作付けをする前に行われた発掘調査で、作業員の女性が発見したというから驚きだ。他にも、ポーズをとった「頬杖土偶」も見つかった。

「合掌土偶のような独特のポーズをとる座像の土偶は、縄文時代後期に東北地方を中心に製作されています。縄文時代中期の国宝土偶、『縄文の女神』や『縄文のヴィーナス』は立像ですが、後期になって、より複雑な造形に移り変わったことがわかります」と、落合さん。

多種多様な姿形をしている土偶なのだが、どのような用途で使われたのかは、いまでも謎に包まれている。ただ、合掌土偶と頬杖土偶は、竪穴建物跡、家の中から見つかっているのだという。仏像のように信仰されていたのか、それとも現代でいうフィギュアのようなコレクションアイテムだったのか。謎は尽きないが、解明される日を楽しみに待ちたい。

八戸の縄文時代はこんな時代

八戸市内には縄文時代のはじめから終わりまで446の縄文遺跡が見つかっている。山林も豊富に広がり、太平洋も近く、海と山の自然の恩恵を両方受けられる理想的な環境だったため、縄文文化が開花したといえる。

風張1遺跡 合掌土偶出土状況

土の中から奇跡の大発見！

発掘された合掌土偶。竪穴建物跡から発見された。合掌する土偶は日本で数点しか発見例がなく、全身があり、完全な形のものとしては唯一の存在。これほどの大発見に立ち会った人々の衝撃は、いかほどのものだっただろう

是川中居遺跡 木胎漆器出土状況

是川中居遺跡の遺物の特徴は、漆製品が出土することだ。木胎（もくたい）漆器は低湿地の送り場から発見された約3000年前のものだが、数千年という時の流れを感じさせず、美しい朱色と目を引く模様が見事な逸品だ

是川中居遺跡 土坑墓

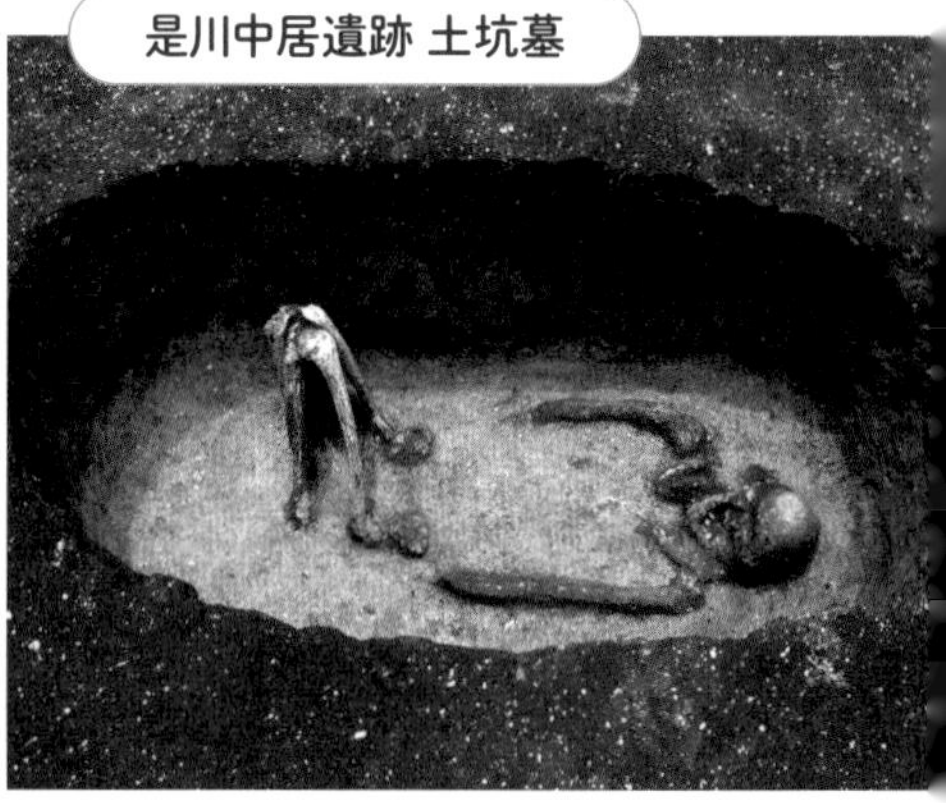

是川中居遺跡からは、なんと120基を超える土坑墓（どこうぼ）が発見され、その中からは赤い顔料に染まった人骨が見つかった。土坑墓は縄文時代に多く見られた埋葬法。土を掘り進めて穴を造り、その中に遺体を納めるというものだ

写真提供＝八戸市埋蔵文化財センター 是川縄文館

Column 1

八戸公園子どもの国にある巨大親子土偶はなぜ作られたの？

巨大な2体の土偶は正式には「縄文親子像」といい、平成7（1995）年に造立された。是川縄文館に収蔵されている遮光器土偶をモデルにして、子どもたちが健やかに育ち、郷土を愛する幸福な人生を歩むことを願って制作されたモニュメントだ。遮光器土偶は目の周りがスノーゴーグル（遮光器）のように見えることからその名があり、是川遺跡からも質も極めて高く、精巧な造りのものが数多く出土している。縄文時代は目立った戦乱もなく、縄文親子像のような平和で豊かな暮らしが営まれていたのだろう。

八戸の子どもが健康に育ってほしいな！

個性的で楽しい！

是川中居遺跡出土品

現代の八戸市民と、どっちがおしゃれかな!?
縄文人といざ、ファッション対決！

漆塗り注口土器

是川中居遺跡で多く見つかる、注口土器の中でも少ない漆塗りの逸品。優雅なティータイムに使っていたのか、それとも祭祀に用いたのかは不明

漆塗り櫛

現代人にも欠かせない櫛、しかも華やかな漆塗りであり、言うまでもなく高級品だ。これで髪をとかしたり、髪に刺して歩いたセレブな縄文人がいたのだろうか

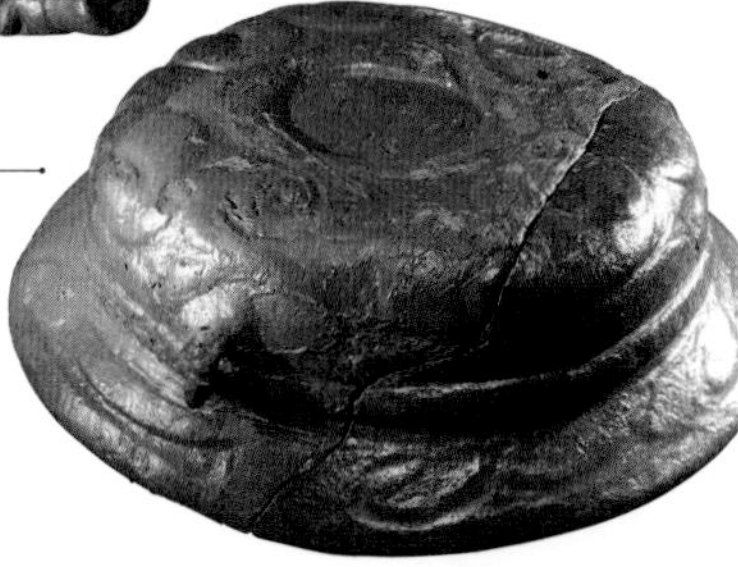

木胎漆器（鉢）

漆の状態が良く、鮮烈な朱色が残っている。祭祀に使われたのか、もしくは特別な客が訪れた際の、おもてなし用の逸品だったか。表面の模様も深く刻まれており、プレミアムな器であることは間違いない

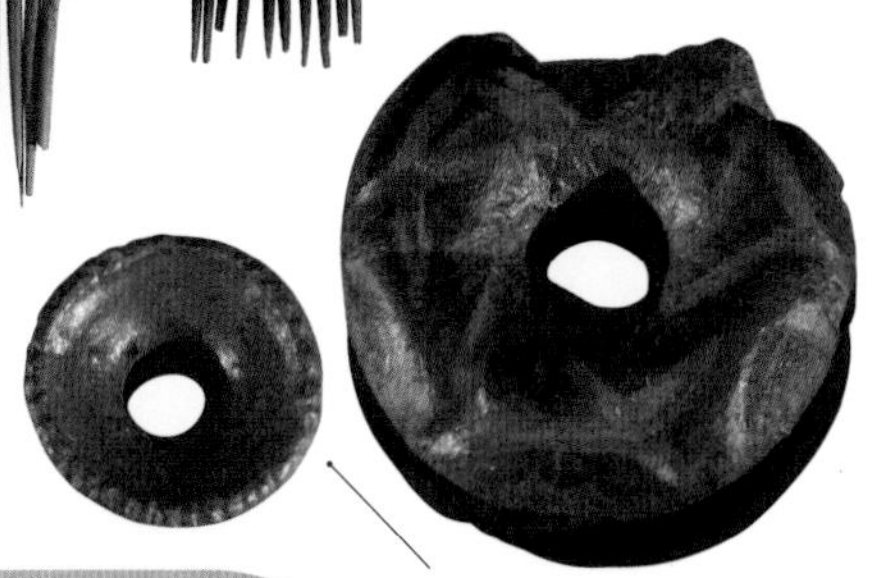

漆塗り耳飾り

耳飾りまで豪華な漆塗りである。耳にはめ込んで用いるため痛そうだが、映えを意識するために多少の我慢も厭わないのは、縄文人も現代人も同じだろう。休日にはおしゃれをして遊びに出掛けていたのかもしれない

注口土器

これまた注口土器だが、こちらは漆が塗られていない。少しグレードが下がるのかと思いきや、現代デザインのようにあえて装飾を省いた高品質な模様が現れている。通好みの大人が愛用した土器なのかもしれない

鉢形土器

サラダボウルのように実用性が想像できる逸品。日用品なのか祭祀用なのかは謎だが、こんな土器で料理を食べたら美味しそうではないか。実用本位ではなく装飾性も楽しんでいる点に、縄文文化の豊かさが表れる

風張１遺跡では

香炉形土器

極めて手の込んだ宇宙船のような近未来的な土器。八戸の「オーパーツ」と言ってもいいだろう。上部にはつまみもあるため、持ち運びもしやすそうだ。縄文人も休日はお香やアロマを焚いて楽しんだのだろうか

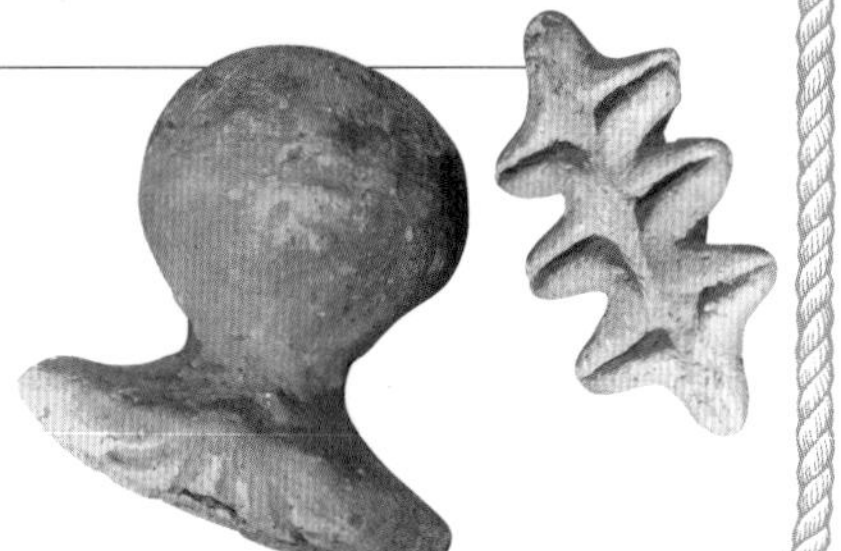

スタンプ形土製品

日本人のハンコ好きは現代でも健在だが、なんと縄文時代にもハンコのような製品が存在していたとは恐れ入る。しかも、持ち手が球形に加工されているので、使い勝手もよさそうだ。しかし、刻まれた模様はいったいなんだろう

八戸は縄文遺跡の宝庫！ユニークな遺物も豊富

世界遺産に登録されている是川石器時代遺跡は、縄文時代前期後半から晩期（約５９００〜２４００年前）の集落跡で、「堀田遺跡」、「中居遺跡」、「一王寺遺跡」の３つの遺跡の総称である。是川縄文館に収蔵されている数々の出土品から、縄文人の暮らしぶりを垣間見ることができる。驚くべきは、出土品の種類の多さ。落合さんがこれを解説する。

「櫛や耳飾りなどのファッションアイテムは、赤色漆を塗って仕上げた、美しく、見事なものが多いです。精巧な土器、木製品、土偶などを観賞して、先史工芸の美を楽しんでいただきたいですね」

縄文人はおしゃれで精神的にも豊かだった

漆製品が数多く出土したのが中居遺跡である。弓から土器までいずれも漆塗りで、色鮮やかである。この地域にはよほどおしゃれな人がいたのだろうか。もしくは、漆を塗って頑丈にするなど実用目的だったのかもしれない。落合さんによると、「漆製品のほかにも、土偶も数多く発見されていますから、漆製品はやはり特別なもので、祭祀のときに使ったのではないかと考

推しを見つけて！

土偶コレクション

合掌土偶と遮光器土偶が“殿堂入り”の人気だが、
最近は中居遺跡の「屈折土偶」が人気だとか!

突き出た耳が
とってもおしゃれ

Entry No. 3

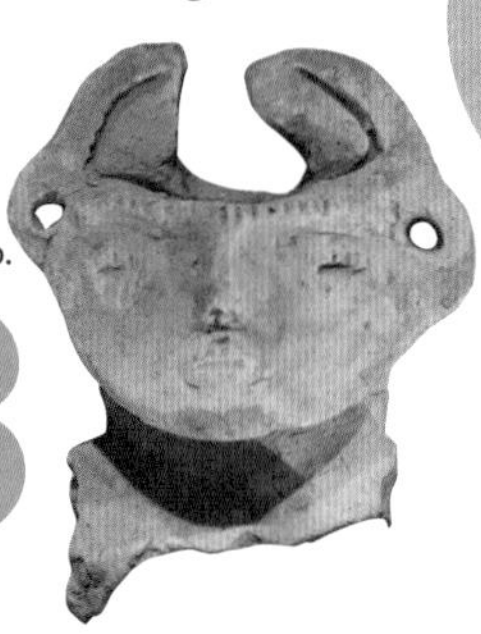

頭部についているのは、動物の耳なのか、髪型なのか。ひょっとして古代の猫耳のキャラクターのフィギュアだろうか。謎が謎を呼ぶ不思議な造形だ

クールな表情がポイント!

Entry No. 2

かなりイケメン風の土偶。ポーズもビシッと決まっている。腕も細く、明らかにアイドル級だ。斬新なのは髪形で、頭のてっぺんと両側に突起状になっている

土偶しか
勝たん!

Entry No. 1

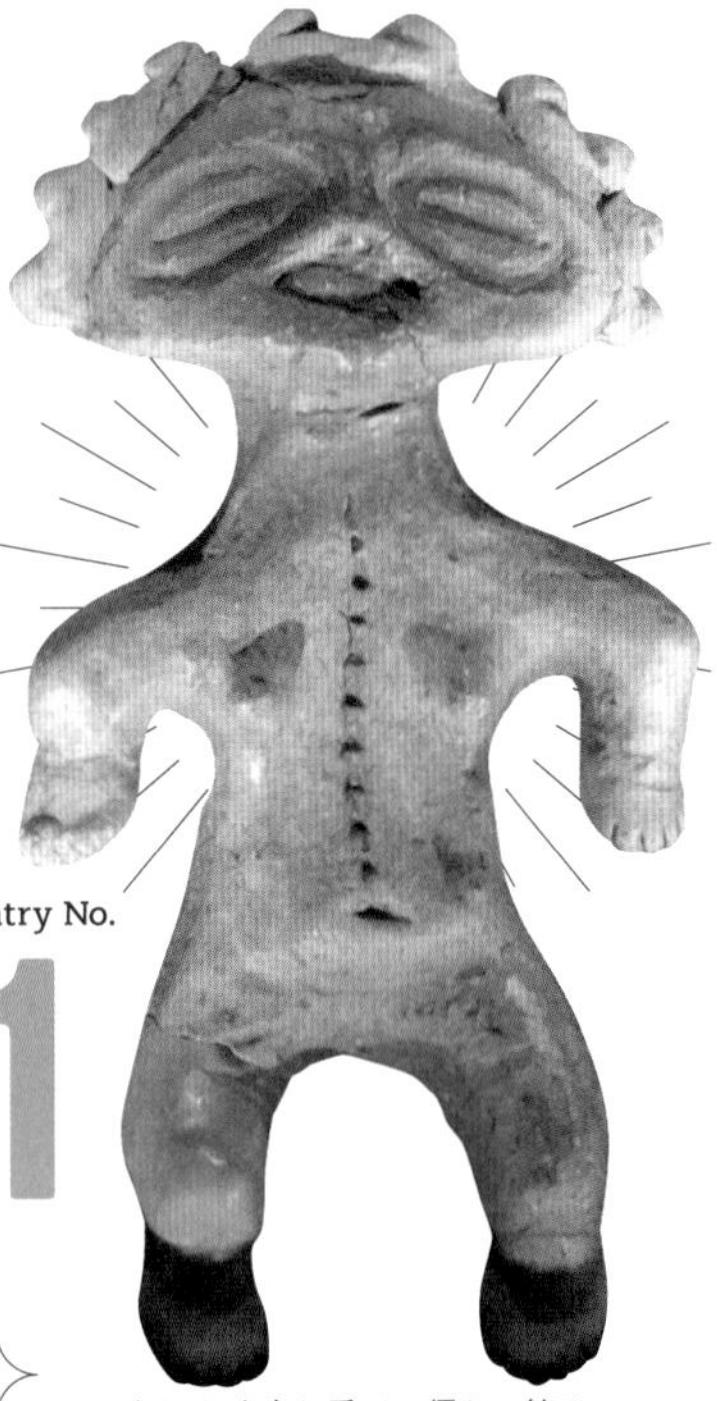

とにかく癒し系で、優しい笑みを浮かべる屈折土偶。垂れ目で愛らしいのもポイント高し。サイズも小さいので、子どもの玩具だったのだろうかと想像する

横長で個性派の
私を見てくれ!

Entry No. 4

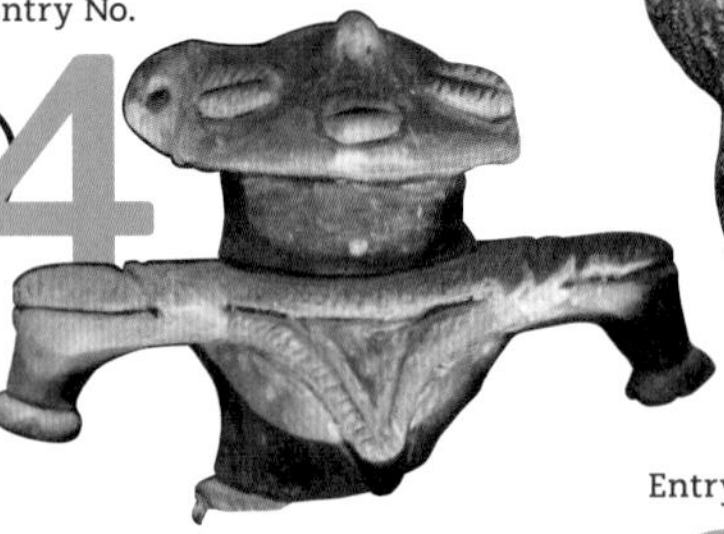

手を両側に大きく広げ、顔も横長。まるで全体を横に引き延ばしたようなユニークな形。目も口も、横線で表されているのが可愛い

私をずっと
愛してね

Entry No. 8

合掌土偶に人気で肉薄する可愛らしさ。サイズは小さいが、装飾の造り込みがすごい！ これには現代のフィギュア作家も降参するしかないのでは!?

私の姿は
何に見えるかな?

Entry No. 7

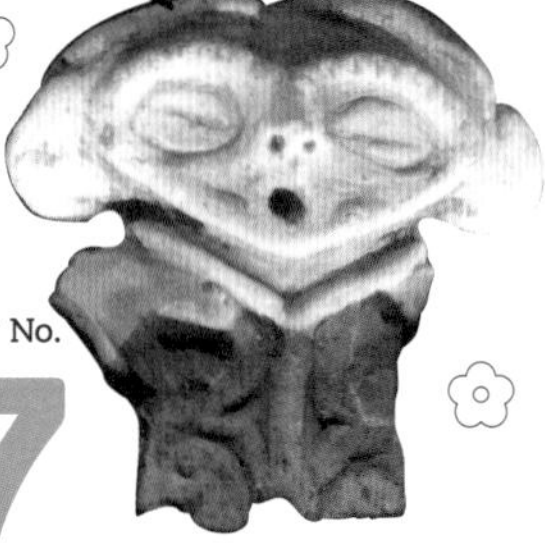

君は人間？ いやいや、動物か？ サルの顔にも見えるファニーな土偶だ。鼻の穴がしっかり開いているのもチャーミング

ライターの
癒しキャラです

Entry No. 6

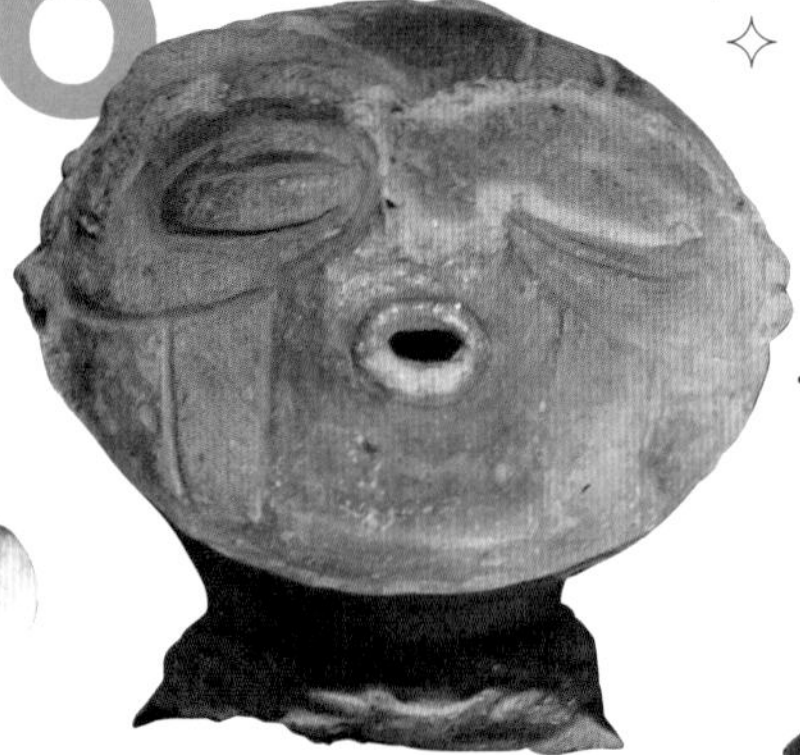

のほほんとした癒し系オーラに人気急上昇中。丸く開けられた口ゆえに、大らかで優しそうなイメージだ

王道中の王道は
やっぱり良いぞ!

Entry No. 5

おなじみの遮光器土偶。ゴーグルを着けたような顔は健在。惜しいのは胴体が失われている点だが、異星人のような雰囲気はしっかり伝わってくる

えられます」とのこと。

中居遺跡からは竪穴式の建物跡が6棟、墓が120基以上も見つかっている。共同で墓地が築かれ、周辺のムラから人が集まってマツリをする空間だった可能性も考えられる。

急須やティーポットのような形をした、ユニークな注口土器も多く見つかっている。縄文後期から晩期の遺跡から見つかることが多いが、中居遺跡での出土点数の多さは目を見張る。破片を含めると約400個、形があるものだけでも約100個という数が見つかっているのはなぜだろうか。

「注口土器の使い道は分かっていませんが、お酒を入れる器、薬を入れるものなど、様々な用途が考えられます。そして見事な造形力ですよね。表面を磨き上げた、丁寧な仕上げも素晴らしい。祭祀場にそっと置いた状態で見つかったものもあり、特別な想いを込めた器だと考えられます」と、落合さん。

縄文時代は狩猟・採集・漁労によって定住した時代であった。ところが、中居遺跡の出土品を見ると、土器ひとつ見てもとても丁寧な造りで、中には細かな模様を施したものなど、個性的なものも数多いのだ。八戸に暮らした縄文人たちが、高い技術力と豊かな精神文化を持っていたことがうかがえる。

PART.2

鎌倉時代

国の天然記念物指定100周年の蕪島を徹底解剖！

蕪嶋神社のルーツは湘南・江の島にあった!?

ウミネコの繁殖地として知られる蕪島は、周囲約800メートルに及ぶ、ひょうたんの形をした島である。そして島の頂上に鎮座するのが蕪嶋神社だ。創建は鎌倉時代、永仁4（1269）年まで遡り、約700年以上の歴史を有する。その由緒を禰宜の野澤壽代さんが解説する。

「鎌倉幕府の御家人だった工藤祐経《すけつね》の子、犬房丸《いぬぼうまる》は源頼朝に仕えていました。ところが、罪を犯し、この地に流されて現在の鮫町周辺で生活することになったのです。そのときに太平洋に浮かぶ蕪島を見て、故郷である江の島に似ていると感じたといいます。故郷を懐かしみ、弁財天を蕪島の頂上に勧進したのが当社の始まりなのです」

のちに犬房丸の子孫が蕪島の向かい岸で休憩していたところ、不思議な現象が起こる。海中から弁財天の尊像御鏡《そんぞうみかがみ》が浮かび上がってきたというのだ。さっそ

歴史年表

永仁4（1269）年
江の島を懐かしんだ犬吠丸によって蕪島に弁財天が祀られる

宝永3（1706）年
八戸藩三代・南部遠江守が男子誕生の祈願を行い、念願成就

大正8（1919）年
島まで橋で渡れるようになれる

大正11（1922）年
ウミネコの繁殖地として蕪島が天然記念物に指定

昭和18（1943）年
埋め立てが行われ、本土と陸続きになる

平成27（2015）年
火災により社殿を焼失

令和2（2020）年
社殿を再建

ナビゲーター

蕪嶋神社 禰宜

野澤壽代さん

夫で宮司の俊雄さんと共に蕪嶋神社を守っており、「ウミネコは家族のような存在」と話す。野澤さんの優しくて温かい人柄が、人とウミネコを呼び込んでいるのだ。

Data

蕪嶋神社
かぶしまじんじゃ

所 八戸市鮫町鮫56
☎ 0178-34-2730
開 9:00～16:00（拝観） 休 なし
URL http://kabushima.com/jinjya/
MAP：P124 B-1

弁財天（市杵嶋姫命）を主祭神とする神社。商売繁盛のほか、漁業安全などの神様として信仰される。

蕪島周辺では、飛翔したり、羽を休めたり、自由に暮らすウミネコの姿を日常的に見ることができる。ウミネコと人間が共生している環境もまた、蕪島の魅力となっている

く鏡を蕪島に祀ったとされ、以後は、犬房丸の後裔にあたる嶋脇氏によって、地域の氏神として祭祀が行われてきた。

江戸時代になると、八戸藩の歴代藩主からも篤い信仰を集めるようになった。特に三代藩主の南部《なんぶ》遠江守《とおとうみのかみ》は世継ぎに恵まれなかったことに悩み、蕪嶋神社に男子出産の祈願を行ったところ、見事に男子を授かることができたと伝わる。そして、八戸は南部藩の漁港や貿易港として栄えたため、漁師からも信仰された。漁師たちは蕪嶋神社で祈願を行ったのち、蕪島を望みながら出航したといわれる。

蕪嶋神社は、鎌倉時代から現代まで、藩主から庶民まで数多の人々の願いを受け止めてきたのである。

陸続きなのに、なぜ蕪〝島〟なのか？

犬房丸が江の島を思い浮かべた蕪島だが、陸続きになっているのに〝島〟と呼ばれるのはなぜだろうか。野澤さんによれば、元々の蕪島は海に浮かぶ島だったという。

「大正8（1919）年に、初めて島へ渡る橋が架けられました。そして、戦時中に内務省と海軍省の委託工事として、およそ2年をかけて埋め立て工事が実施され、昭和18（1943）年に陸続きになったのです」

つまり、陸続きになってからの歴史は80年ほどしかないことになる。しかし、これによって、江の島というよりはフランスのモン・サン＝ミシェルに近い独特の景観が生まれたのだ。

そして蕪島は、大正11（1922）年にウミネコの繁殖地として天然記念物に指定され、2022年で100周年という節目の年を迎えた。歴史的背景だけでなく自然や生物の魅力も感じ取ることができる、唯一無二の島なのである。

八戸の鎌倉時代はこんな時代

建久2（1191）年に甲斐国の南部氏が、源頼朝から北東北一帯を賜った。その後は南部氏が八戸の地に赴き、建武元（1334）年には、南部師行によって根城が築かれて八戸地方の中心として栄え、領地の支配が進められた。

鎌倉時代

1）“ウミネコパラダイス”としても有名な蕪島だが、境内でウミネコを間近で観察できるのは珍しい。5月頃には数万羽のウミネコが蕪島周辺を飛ぶ姿が見られ、営巣・抱卵を行う。そして6月に孵化したヒナは7月に巣立ち、8月には島を離れていってしまう。2）シンボルである、大きな朱塗りの鳥居は階段を上った先にも。3）境内で弁財天の像を見つけてみよう

蕪島の全景。鳥居をくぐり、石段を上った先に、新築された蕪嶋神社の社殿が建つ。ウミネコの繁殖期は、空も境内もウミネコで埋め尽くされ、足の踏み場がなくなることも珍しくない

Column 2

復興のシンボル！ みちのく潮風トレイルの最北端が蕪島って知ってた？

八戸市の蕪島から福島県相馬市松川浦までをつなぐ、総距離1000㎞を超えるロングトレイル。平成23（2011）年3月11日に発生した東日本大震災からの復興事業の一環として整備が進められ、令和元（2019）年6月9日に全通した。最大の魅力は奇岩、奇景が連続するリアス海岸特有の風景。三陸のダイナミックな景色を体験するには最適なコースといえる。

穏やかな三陸の海風が心地よい！

右）蕪嶋神社を臨みながらスタート。種差海岸を通って南へ。三陸海岸の変化に富んだ景色は見飽きることがない。左）最北端・蕪島にはトレイルヘッド・エンドポイントのモニュメントが設置される

蕪嶋神社

蕪嶋神社の社殿の火災は、市民のみならず
全国の人々に衝撃を与えた出来事だった。
その後、全国から寄せられた善意と浄財によって、
無事に再建に至った新社殿の見どころを見てみよう。

青森県産の木材を贅沢に活用

社殿に見られる組物は“斗栱（ときょう）”と呼ばれる日本建築に古くから用いられる部材のひとつ。釘を使わずに、パズルのように部材をカッチリと組む技術だ

銅板葺きの屋根と瓦の家紋の由来は

社殿を見上げると、屋根に金色に輝く立派な家紋が目につくが、これは蕪嶋神社の建立にも関わった南部藩のもの。屋根は銅板葺きで、落ち着いた印象を受ける

龍や獅子の彫刻も傑出した出来栄え

良材を用いているだけでなく、彫刻に関わった宮大工の高度な技も随所に。躍動感溢れる彫刻からは、後世に残る社殿を造るべく職人が腕を振るったことがわかる

唐破風の中央に舞う美しき鳳凰

優美な曲線が美しい唐破風は、桃山時代の頃から盛んに用いられる日本建築の装飾。その中央部分の装飾は懸魚といい、飛翔する鳳凰の彫刻が取り付けられている

蕪嶋神社

かぶしまじんじゃ

令和2（2020）年に竣工をみた社殿には、蕪島の新しいシンボルに相応しいデザインだけでなく、強風に見舞われる厳しい環境に耐えうる強固さが求められた。

Data

起工：平成28(2016)年11月　竣工：令和2(2020)年2月

構造形式：木造

突然の焼失から令和の再建の実現まで

平成27（２０１５）年11月５日に突如、蕪嶋神社の社殿から火の手が上がり、瞬く間に炎に包まれた。一夜にして蕪嶋神社は、御神宝、祭器具などを失う大きな被害を受けた。また、焼失前の社殿には、鮫小学校の６年生１１５人が描いたウミネコの天井画があったが、こうした地域の人々の思い出も失われ、深い悲しみが広がった。

八戸の象徴でもある蕪嶋神社を復興するため、早くも７日には関係者が集まった。実行委員会を立ち上げ、社殿の再建に向けて動き出したのだ。「人々の熱意が感じられて、本当に嬉しかったですね」と、野澤さんが当時を振り返る。

再建工事は平成28（２０１６）年11月に開始。設計はコアーズ

外観の特徴

正面には、東大寺大仏殿や姫路城天守などの伝統建築にみられる唐破風という装飾が2つ付く。ウミネコの親子が羽ばたくイメージを投影したといい、蕪島の風土に根差したユニークなデザインだ。

令和の新社殿

内観の特徴

木材の質感をそのまま生かした空間で、復興へかけた人々の意気込みが伝わる。2階には拝殿の機能を持たせている。階段の擬宝珠の彫刻や、吹き抜けのダイナミックな空間構成は見応えがある。

ウミネコの親子
いつまでもウミネコの繁栄を願って

白蛇
金運や開運を運んでくれる

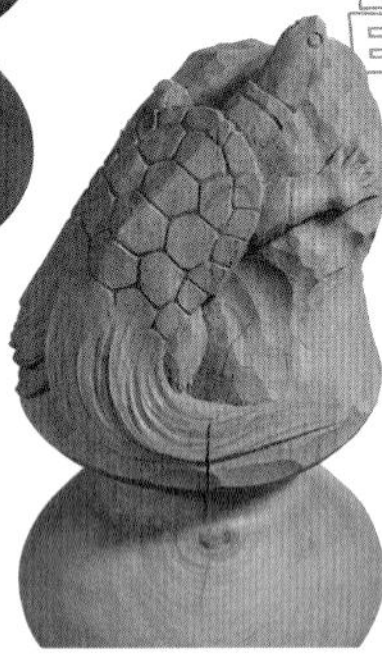
亀
長寿を象徴する吉祥の動物

フクロウ
福が来る、不苦労

＼ Check! ／

愛くるしい彫刻は遊び心たっぷり

社殿内の階段の擬宝珠には、再建に携わった棟梁が彫刻した、亀、ウミネコ、フクロウ、白蛇の4体の彫刻が乗せられている。それぞれに想いや意味があり、ウミネコはもちろん蕪島のシンボルだ

＼ Check! ／

水墨画の巨匠の絵が社殿の天井に

「蕪嶋神龍」と題した天井画は、鎌倉の建長寺の壁画なども手掛けた水墨画家の白浪（はくろう）氏が描き下ろした大作。白浪氏は中国・上海出身。弁財天の使いとされる龍をダイナミックな筆遣いで描き、見上げるとその迫力に息を呑む

＼ Check! ／

天女たちとウミネコが優雅に空を舞う

吹き抜けの天井彫刻は仏師の鈴木昭則氏の作で、「飛天の奏」と題した美しい天女像が。5体の天女が、笙、竜笛、太鼓、琵琶で雅楽を奏で、中央の天女は蕪の花を持ち、ウミネコが飛び立って神様の願いごとを叶える姿を刻んだものである

＼ Check! ／

寄進者の善意を受け継いでいる

社殿の焼失後、暫定的に賽銭箱は段ボールのものを使っていたが、それを見かねた県内の神社関係者が賽銭箱を贈った。人々の想いも継承すべく、社殿再建後は青色に塗り直して、幣殿の賽銭箱として使用している

建築デザイン事務所、施工は松本工務店が担当した。関係者の心には、〝焼失前の社殿を超えるものを造り上げたい〟という想いがみなぎっていた。ただし、ウミネコの繁殖期である4〜8月は工事を中止したため、約5年の歳月がかかった。

「狭小の敷地で、しかも海風に常に晒される環境という様々な制約ゆえに、苦労も多かったんです」と、野澤さん。こうした様々な困難を乗り越え、令和2（2020）年、無事に蕪嶋神社の社殿が再建されるに至ったのである。

青森県産の木材と彫刻の美を堪能すべし

社殿には、主に青森県産の木材を使用。柱は主にケヤキやヒノキを使い、床下には湿気にも耐える青森ヒバ、小屋裏の梁には南部赤松を使用。青森県産の木材をこれほどふんだんに使用した社殿は、近年、類例がないといわれる。ちなみに、普段は一般公開を行っていない社殿の内部も見ごたえがある。天女の彫刻や天井画などが随所にみられ、部材に表れた木目も美しい。

人々の手で、未来に伝えるにふさわしい名建築の再建がなったことは、八戸の誇りといえる。

PART.3

中世

国宝の鎧が二つも実在。櫛引八幡宮が八戸の歴史を語る重要なカギ

国宝

赤絲威鎧兜・大袖付《あかいとおどしよろいかぶと・おおそでつき》

重量感のある造りと色彩が鮮烈な印象を受ける。兜と大袖には力強い“一”の文字があるため“菊一文字の鎧兜”と呼ばれる。春日大社の赤絲威鎧（国宝）と双璧を成す傑作

Data
時代：鎌倉時代
重要文化財指定：大正4（1915）年3月26日
国宝指定：昭和28（1953）年11月14日
胴高：33.3㎝
兜鉢高：11.5㎝
大袖高：36.4㎝

“鎧兜”のイメージそのもの！
とにかくかっこいい！

Check!

細かすぎる金工細工
これ単体でも芸術品

兜の部分には八重菊模様の金具をあしらう。この金具だけでも鑑賞に値するほど精密な手仕事がなされており、デザインも優れている。武士の美意識の高さを物語る

Check!

赤い糸が鮮やかで
数百年前の作とは思えない

赤い糸が至るところに使われているが、鎌倉時代の鮮やかな色彩が良好に残っていることに驚く。糸の質の高さと、鎧を大切に引き継いできた人々の想いを感じる

Check!

繊細かつ大胆な
金工技術の最高峰

黒、金、赤の色彩のコントラストが素晴らしい。これは菊籬（きくり）金物と呼ばれる意匠。細密で極めて完成度が高く、鎌倉時代の金工の技術が最もよく表れている

八戸の3件の国宝のうち2件が櫛引八幡宮に！

櫛引八幡宮は、奥州藤原氏討伐で戦功を挙げた南部光行が糠部郡の土地を賜った際に、出身地である甲斐国（現在の山梨県）の八幡大明神を六戸瀧ノ沢村に移したのが起源とされる。建久3（1192）年のことだ。のちに現在の櫛引村に社殿を移転し、櫛引八幡宮と称したという。以後、八戸市民だけでなく全国的に厚い信仰を受け、〝やわたの八幡様〟として親しまれてきた。例大祭で行われる神事の流鏑馬も有名で、正月には市内外から参拝客が訪れる。

ナビゲーター

櫛引八幡宮 権禰宜

營田賢《つくたさとし》さん

長い歴史と共に市民と歩んできた櫛引八幡宮。その敷地内にある「国宝館」には八戸が誇る数多くの文化財が収蔵されており、その管理を行うのも營田さんの仕事だ。

Data

櫛引八幡宮《くしひきはちまんぐう》

所 八戸市八幡八幡丁3　☎ 0178-27-3053
営 8:30～17:30（社務所）、9:00～17:00（国宝館）　休 なし
URL http://www.kushihikihachimangu.com/
MAP：P124 A-2

鎌倉時代創建。南部、八戸藩の総鎮守として重視されてきた神社。所蔵される国宝の赤糸威鎧や重要文化財の本殿など、屈指の文化財の宝庫でもある。

国宝

白絲威褄取鎧兜・大袖付

しろいとおどしつまどりよろいかぶと・おおそでつき

白を基調とした鎧で、赤絲威鎧と比較すると精緻な金具や細工も精緻な雰囲気がある。後村上天皇から拝領したものと伝えられ、のちに根城南部家10代の光経が奉納した

Data
時代：南北朝時代
重要文化財指定：大正4(1915)年3月26日
国宝指定：昭和28(1953)年11月14日
胴高：33.3㎝　兜鉢高：11.5㎝　大袖高：44.2㎝

上品な佇まいで風格も十分！

裏側

Check!
目を凝らして兜を見てみると……
兜に注目してほしい。一見すると薄暗くてわからないが、実は細やかな文様が施されているのだ。大胆な赤絲威鎧に対し、こちらの意匠には緻密さが感じられる

Check!
武士らしくない!? 上品な色遣いが秀逸
紫、薄紫、黄、萌黄、紅糸などで褄取りを施す。全体に用いられる白い糸もなんとも上品であり、気品に満ちている。南北朝時代の武将の趣味嗜好を感じ取ることができる

Check!
袴の部分の糸も当時のままに残る
白い糸は総じて変色しやすいが、この鎧は当時の色がよく残る。摩耗している箇所もあるものの、全体として保存は良好。ここでも丁寧な仕事をした形跡が見て取れる

Check!
背面まで抜かりなく造り込まれている
後ろから全体を見た姿も上品な造りだ。ここまで細工が施され、造り込まれた鎧は特別な場面で着用されたと考えられるが、着用時のわかりやすい派手さよりも、端正な美しさを意識したのかもしれない

中世

八戸の鎌倉時代はこんな時代

南部氏によって八戸が治められ、櫛引八幡宮は戦勝祈願を行う場として重要視されるようになった。流鏑馬は南部師行が戦勝祈願を行った際に奉納されたことに端を発し、以後、盛んに行われるようになったもの。

櫛引八幡宮の境内には「国宝館」という宝物館がある。青森県内の3点の国宝はすべて八戸にあるが、その内の2点「赤絲威鎧」と「白絲威褄取鎧」がここに保管されているのだ。なぜ、八戸にこれほど見事な鎧が伝来しているのだろうか。権禰宜の營田賢さんがこう説明する。

「室町時代、この地域を治めていたのは南部の一族でした。八戸は優良な馬の産地として知られ、中央で質の高さが評価されたという記録も残っています。中央とのつながりが深かった縁で、鎧は南部氏が戦の褒美として入手したといわれています」

金工技術と武士の美学は鎧に結実している

そもそも鎧は武具であり、実用品であるが、同時に着用者の威厳をも表す意匠が求められた。細部の装飾や技巧を見れば、当時の職人技の粋が詰まった芸術品と呼ぶにふさわしい。

鎌倉時代に制作された赤絲威鎧は当時の金工技術の最高峰であると、營田さんが言う。

「金具の豪華さが目を見張り、鮮やかさも当時の鎧の中でも随一で、武士の美意識を感じさせます。漢字の一が描かれていますが、これは〝天下一〟を意味するとされます。重量は40キロ近くあるため、戦場で着ていたとは考えにくく、儀式や晴れの舞台など、特別な場面で着用するものだったと考えられます」

櫛引八幡宮は文化財の宝庫である。ほかにも国宝の「白絲威褄取鎧兜」、重要文化財の「紫《むらさき》絲威《いとおどし》肩白《かたしろ》浅黄《あさぎ》鎧《よろい》」、「唐櫃《からびつ》入白《いりしろ》絲威《いとおどし》肩赤《かたあか》銅丸《どうまる》」なども展示されている。なぜ、ここまで優れた文化財が櫛引八幡宮に集中しているのだろうか。營田さんがこう解説する。

「八戸は他から侵略されたことがなく、これまで奇跡的に大規模な戦乱に巻き込まれませんでした。戦火に見舞われることがなかったため、貴重な品物が残されることになりました。櫛引八幡宮に伝わる宝物は、長きにわたって平和で安定した時代が続いていた証なのです。この先何百年と歴史が続くためにも、ずっと守り続けていきます」

あうんの
メドツ

櫛引八幡宮は南部家初代・光行公の草創

八戸市民の初詣の定番スポットである櫛引八幡宮の境内には、
南部藩や八戸藩の歴史を伝える歴史遺産が多数現存する。
特に、江戸時代の建築技術の粋が結集した社殿群は必見だ。

1

1）河童伝説にちなむ河童像。八戸では“メドツ”と呼ばれる。2）拝殿は昭和59（1984）年の建築。旧拝殿も境内に現存しており、重要文化財。3）朱塗りの鳥居をくぐった先には橋が架かり、その先にある南門は江戸時代の建立で重要文化財。4）池にある河童像。神社を造るために伐り出した木の寸法が違うと投げたところ、木が河童に変わったという伝説がある。5）本殿は江戸時代の建築ながら桃山時代の気風を残す。透かし彫りの彫刻が秀逸。6）屋根の曲線の美しさも本殿の特長。かつては色が塗られ、華やかな造りだったと推察される

南部氏が寄進した荘厳な社殿にも注目

櫛引八幡宮に一層の風格をもたらしているのは、木々が生い茂る社叢《しゃそう》と、境内を構成する重要文化財指定の社殿群である。特に、本殿を筆頭に、多くの社殿は盛岡南部の28代・重直が、正保2（1645）年から慶安元（1648）年にかけて寄進したものだ。東北地方で、江戸時代初期の彫刻や建築技術の粋を集めた社殿が、これほどまとまって現存する神社は極めて少ないため、必見といえる。

江戸時代初期、南部氏は盛岡に拠点を移していた。しかし、建立の経緯を知れば、八戸を重んじていたことがよくわかると營田さんが解説する。

「南部氏は当社へ社殿を寄進するにあたり、盛岡から大工を派遣し、資金も自ら工面したとされます。ちなみに、当時は南部家の祈願所で、一般の人は敷地の外の祈願所までしか立ち入りは許されませんでした」

中央に見劣りしない本格的な社殿

東北地方の社寺仏閣の建築には、地方色が濃厚に表れやすい。屋根を茅葺きにしたり、積雪を考慮して勾配を急にするなど、地域に事情に合わせた独自の構造で造られた例も少なくない。ところが、櫛引八幡宮の社殿群は〝南部一之宮〟に相応しい意匠が追及され、中央の神社建築と遜色ない規模で造られている。八戸に本格的な神社を建てたいという、南部氏の意気込みを感じることができる。

かくして、櫛引八幡宮は江戸時代中期にも広く名を知られる存在となった。天明8（1787）年、幕府巡見使に随行した古川古松軒がこの地を訪れた際、櫛引八幡宮は優れた鎧や宝物がある神社であると、旅行記『東遊雑記』に記している。

鎌倉時代から江戸時代まで、八戸に優れた文化が開花していたことを、櫛引八幡宮は我々に教えてくれるのだ。

歴史年表

仁安元(1166)年
南部家の遠祖・
新羅三郎義光の4代の孫、
加賀美次郎遠光が、
甲斐国に八幡大明神を祀る

建久2(1191)年
南部光行が六戸の
瀧ノ沢村に社殿を造営、
甲斐国から八幡宮を遷座

貞応元(1222)年
櫛引村の現在地に遷座

応永18(1411)年
根城南部氏10代・
光経が戦勝祈願。
流鏑馬の起源

正保2(1645)年
現在の本殿が建立される

昭和28(1953)年
赤絲威鎧、白絲威褄取鎧が
国宝に指定

昭和37(1962)年
旧八戸小学講堂境内に
移築復原

昭和59(1984)年
拝殿を建立する

Column 3

重要文化財『清水寺観音堂』の謎を解き明かす

清水寺の創建は平安時代にさかのぼり、近江の三井寺（園城寺）などを建立した慈覚大師によって開かれたといわれる。当時と境内の規模は変わってしまっているが、室町時代の天正9（1581）年に建立された県内最古の木造建築、観音堂が現存している。

観音信仰は平安時代の末法思想に端を発して貴族を中心に広まったが、一般の人々に浸透するのは室町時代のことで、盛んに観音堂が建立された。清水寺観音堂もそうした観音信仰の地方への波及をいまに伝えるものだ。意匠は鎌倉時代に中国から伝わった、細やかな組物などを特徴とする禅宗様を採用。また、室町時代建立の仏堂は東北地方では珍しく、地域と信仰の関わりを知る文化遺産といえる。

Data
清水寺観音堂 せいすいじかんのんどう
所 八戸市是川中居18-2　☎ 0178-96-1680
開 24時間（外からの見学のみ）　休 なし
MAP：P124 A-2

Data
竣工：天正 9(1581)年
重要文化財指定：昭和 55(1980)年
構造形式：木造

右）杉並木の奥、観音堂の茅葺きの屋根が望める。左）軒先の組物は力強さよりも繊細さが感じられるが、これが禅宗様の特徴。派手な彫刻はなく、簡潔な意匠である

根城南部氏の城跡根城から読み解く
南部領の歴史

ひとつの一族が長きにわたり統治し続けた

根城は、建武元（1334）年に南部師行により築城されたと伝えられる中世の城館である。師行は甲斐国（現在の山梨県）の南部郷の出身であり、南北朝時代に北畠顕家とともに八戸を訪れ、根城を本拠地としたことから根城南部家と呼ばれる。学芸員の野沢さんがこう説明する。

「八戸周辺の地域には、強大な権力を持つ領主がいませんでした。根城南部氏のほかには三戸南部氏もいましたが、お互いに持ちつ持たれつの関係で統治してきました。強い権力者がいなかったため、かえって長く存続できたといえるでしょう」

南部氏が領地としたのは、いわゆる糠部と呼ばれる一～九の〝戸〟の地域を中心に、青森県東部から岩手県北部まで及び、全盛期には秋田県北部まで進出している。野沢さんが言う。

「〝三日月が丸くなるまで南部領〟といわれたほど、広大な土地をひとつの一族が統治し続けたのは珍しいといえます」

根城南部家は、江戸時代の寛永4（1627）年に盛岡藩の二代目藩主・南部利直から遠野への領地替えを命じられ、根城は廃城となったが、それまで約300年間利用された。主殿は簡素ながら質実剛健で、南部氏統治の時代を偲ぶことができる。

ナビゲーター

八戸市博物館 学芸員
野沢江梨華さん

「八戸市博物館」では、様々な常設展示を巡りながら郷土の歴史や文化を体感できる。「史跡 根城の広場」では、安土桃山時代の根城の様子が復原整備されている。

Data
八戸市博物館
はちのへしはくぶつかん
所 八戸市根城東構35-1
☎ 0178-44-8111
営 9:00 ～ 17:00（最終入館16:30）
休 月曜（第1月曜、祝日の場合は開館）
料 一般250円、高校・大学生150円、小・中学生50円※団体割引あり
URL https://hachinohe-city-museum.jp/
MAP：P124 A-2

史跡 根城の広場
しせき ねじょうのひろば
所 八戸市根城字根城47
☎ 0178-41-1726
営 9:00 ～ 17:00（最終入館16:30）
休 月曜（第1月曜、祝日の場合は開館）
料 一般250円、高校・大学生150円、小・中学生50円※団体割引あり
（博物館／史跡 根城の広場共通券
一般400円、高校・大学生240円、小・中学生80円※団体割引あり）
MAP：P124 A-2

1）復原された根城の建築群。主殿と呼ばれる当主が儀式を執り行った建物を中心に工房、板蔵、納屋、馬屋が復原されている。2）内部に復原されている、正月十一日の儀式を再現した主殿の広間。当時の生活の様子が目の前に浮かぶよう。3）城は馬淵川に面して南から張り出した段丘の先端にあり、土塁や空堀によって守りを固めている

3

2

1

PART.4

江戸時代

八戸藩主はどんな人物だった？

八戸に残る寺院と行事からその実像に迫る！

南宗寺

なんしゅうじ

八戸藩初代藩主の南部直房が、父の菩提を弔うために寛文6（1666）年に市内の類家に建立したのが南宗寺である。南宗寺の名前は、利直の法名、“南宗院殿月渓晴公大居士”に由来するもの。ただ、類家は湿潤な土地であったため、境内を現在地に移した。移転の翌年、延宝元（1673）年には八戸藩歴代藩主と家族の墓所が建造され、南部家の菩提寺となって現在に至る。墓所は長者山の中腹に、歴代藩主の郭と、家族の郭の2区画に分かれて安置されている。

1）樹木に囲まれた墓所には、巨大な石を積んだ石塔がずらりと並ぶ。2）「向鶴に九曜」として知られる南部家の家紋。3）山門は元文4（1739）年に建立。切妻屋根をもつ四脚門

Data
所 八戸市長者1-7-57
☎ 0178-22-5005
開 24時間
休 なし
MAP：P126 D-4

八戸の江戸時代はこんな時代

八戸が地勢的に重要であると考えた南部利直によって、八戸は盛岡藩の直轄地とされた。寛文4（1664）年には、2万石の規模で八戸藩が誕生し、明治4（1871）年に廃藩置県が行われるまで約207年に渡り存続した。

江戸時代

八戸城角御殿表門

はちのへじょうすみごてんおもてもん

八戸市庁前の『南部会館』の正門にもなっている門。角御殿とは藩主が藩士に与えた城内の屋敷のことを指し、周辺一帯は八戸藩の要所とされていた。八戸藩の武官のうち、2番目の地位にあたる御者頭・煙山治部右衛門が寛政9（1797）年に建てたとされる。昭和53（1978）年に一度倒壊した際、門の中から木箱が見つかり、中から高さ約3.6㎝の毘沙門天像が発見されたことでも知られている。

右）横断歩道橋の上から全景を望むことができ、南部会館と併せて見ると、往時の八戸城を思わせる光景が出現する。左）堂々とした城門であり、八戸城の数少ない遺構として貴重。装飾は少ないが、太く力強い梁や柱に武家の気概を感じる

Data
所 八戸市内丸3-3-6
☎ なし
開 24時間
（外からの見学のみ）
休 なし
MAP：126 D-2

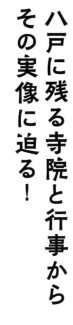

Column 4

市民馴染みのあの祭りには300年以上の歴史があった

勇ましさと幽玄さが
共存しています

五穀豊穣を願って踊る勇壮な行事

八戸えんぶり

八戸えんぶりの歴史は約800年前までさかのぼる。その起源は諸説あり、南部光行の家来が殿を喜ばせるために始めたといわれる。また、八戸は偏東風（山背）が吹くため稲作に不向きな地域であり、たびたび飢饉が起こったため、五穀豊穣を神に祈る行事として始まったとされ、えんぶりの名も田植えに使う道具"えぶり"に由来するといわれる。明治時代には、えんぶりがいかがわしい習慣と見なされて、禁止されたこともあった。しかし、当時の有力者である大沢多門が長者山新羅神社の豊年祭として復活させ、現在に至っている。

1）唄や舞いのテンポが速い「どうさいえんぶり」は勇壮華麗。烏帽子を被って踊る人を太夫という。2）烏帽子は馬の頭をモチーフにしたといわれ、中に木や紙を芯にして製作。3）活気づく、えんぶり当日の八戸市街

祭りに合わせて
みんなで
準備します

八戸の夏は三社大祭なくして語れない

八戸三社大祭

八戸の三社とは、法霊山龗神社、長者山新羅神社、神明宮を指す。享保6（1721）年に初めて開催され、昨年で300年の歴史を重ねた、八戸市中心街で行われる八戸最大のお祭りである。神社行列と豪華絢爛な山車が競演する場面が最大の見どころで、7月頃の夕方になると、町の中からお囃子を練習する音が聞こえてくる夏の風物詩だ。勇壮な27の山車は、毎年5月頃から地域の人々の技術力が総動員されて、新しく制作される。平成28（2016）年には、「山・鉾・屋台行事」としてユネスコ無形文化遺産に登録された。

1）前年から山車のテーマを地域の人々が考え、設計図を描き、人形や装飾を作成する。2）市街地を進む勇壮な山車。3）山車を作り、作る人を支えている人がいる。地域が一体になって継続させている祭りだ

写真提供＝八戸ポータルミュージアム はっち

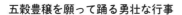

実はこんなにスゴイんです!

八戸が誇る名建築

何気なく見ている八戸の建築は、街の歴史を語るうえで欠かせない存在。
現代では実現困難な、高度な技巧を凝らしたものも数多い。
時代背景を雄弁に語ってくれる建築を巡って、八戸の歴史を再発見したい。

写真＝蜂屋雄士／高坂真　文＝山内貴範

明治～昭和

西洋文化の流入と受容の歴史を探る

幕末～明治には西洋建築の意匠や技術が日本に持ち込まれ、瞬く間に各地に伝播した。洋風に建設された建築の筆頭が公共建築で、櫛引八幡宮境内に現存する『旧八戸小学講堂』は代表的な遺構である。対して、人々の生活様式まで西洋化されるには至らず、『更上閣本館』のような貴顕の邸宅は伝統的な様式で造られるのが主流であった。

明治初期の文明開化を象徴する
“擬洋風建築”の代表作

旧八戸小学講堂

Data
きゅうはちのへしょうがくこうどう
所 八戸市八幡町八幡丁3
(櫛引八幡宮境内)
☎ 0178-27-3053
開 24時間
(外観の見学のみ可能)
休 なし　料 無料
MAP：P124 A-2

建築DATA
竣工：明治14（1881）年
移築：昭和37（1962）年
設計：関野太治郎
構造：木造

東北地方は木材が確保しやすかったこともあり、木造の洋館が盛んに建てられた。こちらの特徴でもある壁の板を下向きに張り付ける下見板張りは、学校建築に数多く採用された造りだ

明治5（1872）年に学制が発布されて義務教育が推し進められると、各地に競うように学校が建設された。この講堂は、現在の八戸市役所前ロータリー付近に建てられたもの。明治天皇がこの地を訪れた際は休憩所となり、昭和4（1929）年からは八戸市図書館に転用された。老朽化のため取り壊しの話が出た際には、それを惜しんだ櫛引八幡宮の宮司によって境内に移築された。

下見板張りとギリシャ風の意匠

下見板張りの壁に白いペンキを塗った意匠は質実剛健だが、ギリシャ神殿を思わせる柱を取り付けてアクセントにしている

ココがスゴイ!

ひと際華やかなステンドグラス

全体的に簡素だが、玄関周りは装飾的な造り。正面には、赤、緑、黄などの色鮮やかなステンドグラスがはめ込まれ、華やかな印象を生んでいる

八戸を代表する実業家が
造り上げた規模壮大な和風建築

更上閣

建築DATA
竣工：
明治30（1897）年頃
設計：不詳
構造：木造

Data
こうじょうかく
所 八戸市本徒士町5-4
☎ 0178-22-2260
開 9:00～21:00
(貸館予約がない場合は17:00閉館。
詳しくは施設に問合せを)
休 12月28日～1月4日
料 無料（施設使用は有料）
MAP：P127 C-3

木造2階建ての和風建築で、1階からも、2階からも庭園が一望できる。庭では“お庭えんぶり”が催される

明治30（1897）年頃、八戸の実業家・泉山吉兵衛が自宅として建てたのち、大正8（1919）年には座敷棟が増築された。泉山家は呉服商を営み、醤油の製造販売や銀行業にも進出して財を成した。一般的に、明治時代の富裕層は洋館に住んだと思われがちだが、実際は伝統的な流れを汲む和風建築を建てる例が多かった。外観の見どころは玄関棟の正面で、破風など社寺建築の意匠が見られる。

ココがスゴイ!

良質な木材を用いた大広間

格調高い書院造であり、賓客を招くために使われた大広間。明治時代には、富裕層によって高価な木材をふんだんに使った建築が各地に建てられた

庭を見るため？ の広い縁側

屋根の軒が深く、縁側が広く造られている。縁側に腰掛けて庭の風景を見るためなのだろうか。それとも、積雪を考慮したのか。理由は不明だそう

ココがスゴイ!

酒屋の建築とは思えない洋館

2階部分はヨーロッパの住宅に見られる、構造材をデザインとして生かしたハーフチンバーが用いられる。北欧の街なかに立ち並んでいそうな洋館だ

まさかまさか、和風の部屋!?

2階の窓の向こうにあるのは洋間……ではなく、なんと書院造の和室なのだ。壁を隔てたイメージのあまりのギャップに、驚くはず。通常は非公開

外観は洋風なのに中は和風!?
ギャップに驚き楽しめる洋館

旧河内屋橋本合名会社

八戸市街地のシンボルなので、一度は見たことがある人が多いはず。1階中央部にショーウィンドーを設け、庇欄間には繊細なステンドグラスをはめるなど斬新な意匠だ

建築DATA
竣工：大正13（1924）年
設計：安藤安夫
構造：木造

Data
きゅうかわうちやはしもとごうめいがいしゃ
所 八戸市八日町6-1
☎ 0178-43-0010
開 9:00～19:00、土曜11:00～
休 日曜、祝日　料 無料
MAP：P127 B-1

天明6（1786）年から続く八戸の造り酒屋の河内屋は、大正13（1924）年に八戸大火で店舗を焼失した。仮事務所として六代目・橋本八右衛門が主導して建てられたのが、現在見られる洋館である。明治44（1911）年に八戸水力電気株式会社を発足させた橋本は、常に新しい文化や技術に敏感であった。ハイカラモダンな木造2階建ての洋館は、進取の精神を抱いた橋本の性格を表す。

"日本の灯台50選"に選ばれた、
太平洋に面する白亜の灯台

鮫角灯台

三陸復興国立公園の高台に建つスマートで清潔感あふれる灯台。敷地内からはJR八戸線と太平洋を一望でき、種差海岸周辺でも有数の眺望を誇る。戦前に建てられた灯台だが、現役で稼働している。

ココがスゴイ!

八戸港に入る船はこの灯台を目標にする

白亜の灯台は青空によく映えるデザインだ。壁面には装飾はなくシンプルな造りだが、遠方からもそのスマートな姿を望める

コンクリート造。塔高約23m平均海面からの高さは約58mに達する

Data
さめかどとうだい
所 八戸市鮫町小舟渡平
☎ 0178-43-9252（八戸市観光課）
開 開放状況はTEL070-2020-7412（サンメディックス）またはInstagramを確認
料 無料　samekadolighthouse
MAP：P124 B-1

建築DATA
竣工：昭和13（1938）年
設計：不詳
高さ：地上～頂部23m、水面上～灯火58m
構造：白色塔型
鉄筋コンクリート造

とんがり屋根が可愛い
貴重な赤レンガの教会

八戸聖ルカ教会

Data
はちのへせいルカきょうかい
所 八戸市類家4-9-3
☎ 0178-44-8098
開 24時間
休 なし　料 無料
MAP：P125 A-3

ココがスゴイ!

北欧の高原に建っていそうな教会

壁面には、旧河内屋橋本合名会社にも見られたハーフチンバーを採用。小人の帽子を彷彿とさせるとんがり屋根は鐘楼となっており、目を引く外観だ

ガラスのデザインも凝りまくり

窓ガラスは菱形状の格子を組み合わせた幾何学的なデザインが特徴的。窓からは淡い自然光が降り注ぎ、夕暮れ時は幻想的な空間を演出してくれる

建築DATA
竣工：大正14（1925）年
移築：昭和53（1978）年
設計：不詳
構造：木骨煉瓦造

聖堂の内部。奥は祭壇。屋根には三角形に木材を組むことで広い空間を生み出す、トラス工法という技術を用いる

立教大学校（現在の立教大学）の校長も務めた建築家のジェームズ・ガーディナーを思わせる、美しい教会建築。外壁の赤が際立つレンガは、冬の寒さを視覚的に和らげる効果も狙っているのかもしれない。屋根に載った鐘楼が良いアクセントで、聖堂の内部は木材のぬくもりを感じられる空間だ。

平成〜令和

八戸の街づくりに深く関わる建築群

平成から令和にかけて建てられた公共建築は、八戸の文化を象徴するものが多い。『YSアリーナ八戸』はスケートが盛んな八戸に相応しい施設。市街地の活性化のために開館したのが『八戸市美術館』と『八戸まちなか広場マチニワ』。ともに施設に集客するだけでなく、市街地への人の流れまで意識した設計になっているのが興味深い。

案内人

八戸市
長根屋内スケート場
副館長兼国体室長
大橋 充さん

天井に張られたアルミ幕は太陽の熱を遮断し、外に冷気を逃がさない仕様。壁には吸音材を利用しているため、4〜6月には音楽イベントの開催も可能。座席数は最大で9000席を確保できる

Data
ワイエスアリーナはちのへ
所 八戸市売市輿遊下3（長根公園内）
☎ 0178-43-9544
開 9:00〜21:00
（スケートリンク：7月下旬〜3月中旬、
アリーナ：4月上旬〜6月下旬、その他：通年）
休 月曜（祝日の場合は翌日休み）、
12/31・1/1 ※貸切の場合もあり
料 見学は無料（施設使用は有料）
MAP：P127 B-3

国内3例目となる、世界水準の
屋内400mスピードスケートリンク

YSアリーナ八戸

建築DATA
竣工：令和元（2019）年
設計：山下設計
構造：RC造（一部S造）

スケート人口の多い八戸市民の期待に応え、令和元（2019）年に開館した『YSアリーナ』。「八戸は雪が少ないですが、寒さが厳しく空気が乾燥する分、良質な氷が張るためスケートの文化が根付いたのです」と、案内人の大橋充さん。国際大会が開催できる規格で建設され、令和6（2024）年には世界ジュニアスピードスケート選手権の開催が内定した。「ここからオリンピック選手が育ち、世界記録が出てほしいですね」（大橋さん）

ココがスゴイ!

公園の一部のような開かれた施設

世界・国内外の大会が開催されるガラス張りの巨大な建築だが、利用者以外でも気軽に立ち寄れる開かれた施設になっているため、威圧感が少ない

照明は八戸らしいモチーフ

ホワイエの照明はちょっと不思議な形だが、これはイカ釣りの集魚灯のイメージしたもの。イカの水揚げ量日本一の八戸の地域風土に根差した造形だ

広大な空間を有効活用する仕組み

スケートリンクに囲まれた“中地”には、フットサルができる人工芝コートと、バレーボールやバスケットボールのできる多目的コートを配置している

長根公園にはタワーと遊園地があった!?

現在の長根公園の総面積は約17.13haあり、YSアリーナを筆頭に、八戸市体育館、八戸市民プールなど市民馴染みの様々な運動施設があるが、昭和33（1958）年には民間が運営する「八戸市児童遊園地」が開業して、子どもたちの娯楽の殿堂として親しまれていた。自家用車が普及する前、家族で遠出をするのが珍しかった時代、地方都市にはこうした中小規模の遊園地が造られた例が多くみられる。遊園地は昭和60（1985）年に閉鎖され、現在は、八戸市武道館と八戸市弓道場がある。

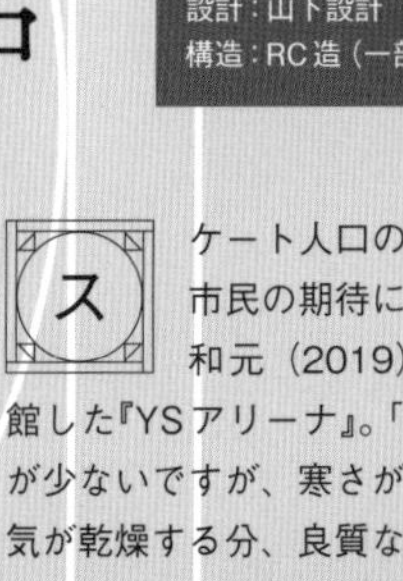

右）昭和38（1963）年、東京タワーを思わせるテレビ塔「八戸タワー」が建っていた。左）昭和44（1969）年の「八戸市児童遊園地」開園時の人々が集まる様子

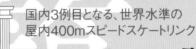

案内人
八戸市美術館
学芸員
大澤苑美さん

ジャイアントルームは入場無料。自由に立ち入りでき、空間をカーテンで仕切って空間構成も自由自在

ココがスゴイ!

間取りを自由に作れて使いやすい

最大の空間“ジャイアントルーム”は自由に仕切ることができ、移動棚、机、椅子、展示パネルなどは持ち運びができる。合理的で使いやすい設計だ

テラスでのんびり休憩もできる

2階にはテラスが設けられ、美術館というよりは公園の感覚で気軽に立ち寄れる雰囲気がある。シンプルな白い外壁も現代アートのような佇まい

市民が活動して作品を創造する
“アートファーム”の場

八戸市美術館

青森県内には著名な建築家が設計した美術館が多く、作品としても見ごたえのある建築を造ろうと、設計競技を行って設計者を決定。“美術館が人を育てる”という理念を重視し、若手ベテランを問わず応募可能とし、注目の建築家の西澤徹夫氏・浅子佳英氏・森純平氏が選ばれた。館内には敢えてカフェがない。徒歩5分圏内に商業施設や公共施設やカフェがあるため、美術館を起点に中心街を回遊してもらうことを意図したためだ。

Data
はちのへしびじゅつかん
所 八戸市番町10-4　☎ 0178-45-8338
開 10:00～19:00
休 火曜（祝日の場合は翌日休み）、年末年始
料 無料（展覧会は有料の場合あり。料金は企画により異なる）
URL https://hachinohe-art-museum.jp/
MAP：P126 D-2

建築DATA
竣工：令和3（2021）年
設計：西澤徹夫・
浅子佳英・森純平
構造：鉄骨造

美術館の正面の広場“マエニワ”には、八戸三社大祭の山車も乗り入れできる

ジャイアントルームを眺めながら立ち話も

2階の廊下。ジャイアントルームを見下ろしながら立ち話も可能。偶然訪れた人と会話が弾んだり、出会いが生まれる場になりそう

中心市街地に初めて誕生した
ガラス屋根付きの広場

八戸まちなか広場
マチニワ

八戸市街地のまちづくりの一環として、公園のような場、日常の憩いの場として造られた屋根付きの広場である。階段の周りにステージが設けられ、様々なイベントも開催可能。また、施設の中は通り抜けができるが、八戸にある横丁の文化を現代の建築で再現した試みといえる。事実、中心街の表通りと裏通りに人の流れを生み出すことに成功した。日中の館内は自然光が心地良く、夜は周囲を照らす“まちの行灯”となる。

Data
はちのへまちなかひろば マチニワ
所 八戸市三日町21-1
☎ 0178-22-8228
開 6:00～23:00　休 なし
URL https://machiniwa8.jp
MAP：P127 B-1

建築DATA
竣工：平成30（2018）年
設計：INA新建築研究所
東日本支社
構造：鉄骨造（一部木造）

広場の中央部にある、シンボルオブジェ「水の樹」はアートディレクターの森本千絵氏が監修した

ココがスゴイ!

世界一の記録を持つ水飲み場

水の樹は2カ所に水飲み場がある“世界一大きな水飲み場”。コンセプトのモチーフは八戸商工会議所がかつて構想した“海の樹構想”にちなんでいる

人を呼び込む大空間

雨や雪などの気象条件に左右されることなくイベントが開催できる。階段には人々が腰かけて談笑したりと、思い思いの時間を過ごしている

図鑑

ラーメン好きの八戸住民を唸らせるお店を一挙大特集!
根強い激戦区の絶対に外せないお店から
期待の新店舗まで、制覇して八戸のラーメンマスターになろう!

写真=蜂屋雄士／中村佳代子
文=福井晶／山内貴範／吉田真緒／河合彩夏

君のイチ押しは どこだ!
八戸ラーメン図鑑

味のめん匠　煮干しタイプ

市民に愛され続けている
八戸らーめんの正統

八戸産の煮干しと地鶏で出汁をとった醤油ベースのスープが特徴。めかぶや岩海苔の海藻類をトッピングしてもさらに美味しい!

「ぺろっこらーめん味噌カレー味(850円)」は、つるつるの平打ち麺で、バターと温玉がのっている。八戸の食卓でおなじみの食材、めかぶをのせた「めかぶごはん(200円)」。パリパリの「羽根つき餃子(450円)」は、ビールのお供にも最適

ラーメンデータ

八戸らーめん	700円
麺の太さ：	
スープの濃さ：	
ベーススープ：	煮干し、鶏ガラ
タレ：	醤油ダレ
具材：	メンマ、チャーシュー、ネギ
製麺：	自家製麺

右)麺は中細のちぢれ麺で、自家製にこだわる。茹で時間は約1分で、硬めに仕上げる。左)店内の席数は全12席で、カウンターの佇まいに昭和の面影を残す

八戸らーめんの伝統を現代に継承する名店

八戸屋台村「みろく横丁」の一角にある、八戸らーめんを代表する名店。繁華街の真ん中にある立地の良さと、飲酒後の小腹を満たすのにもぴったりということもあって、八戸市民の〆のラーメンの定番である。「八戸のラーメンの文化は約100年もの歴史があると言われています。当店では八戸で昔から食べられている、ちぢれ麺を使った醤油ベースのラーメンを丹念に作っています」と、店主の下村和仁さんが話す。

麺は自家製。スープはひと晩漬けて煮込んだ煮干しの苦味を生かして作る。優しい味わいのスープは麺との相性抜群で、最後の一滴まで飲み干したくなること間違いなしだ。

下村和仁さんは、穏やかでいてユーモアとサービス精神が旺盛。ランチは大盛りサービスをしていることも

Data
あじのめんしょう
所 八戸市六日町10-1
☎ 080-6011-8866
営 11:00～14:30、17:00～翌1:00
休 日曜
mensyou_miroku
MAP：P127 B-1

▼ 君のイチ押しはどこだ！

八戸ラーメン

▼ 麺魂さまろ　煮干しタイプ

1）「心温そば 塩味（800円）」のスープは、鯛煮干しとアゴ煮干しの出汁がメイン。ほんのり甘みを感じる澄んだ旨味を、三つ葉の香りで上品に仕上げる。最後にご飯を入れて、お茶漬けのようにするのもいい。2）「メン イン ブラック（900円）」は、オリジナル黒マー油の利いたつけ麺。つけ麺だけでも7種類以上あるメニューは、季節限定も豊富で飽きないラインナップ。3）カウンター席の奥に座敷もあり、グループでも利用しやすい

1

2

3

端正な佇まいににじみ出る
味わいと店主の遊び心

スープは静かに注がれ、麺やタケノコは美しく整列。彼の美学が盛り付けにも表れており、その姿はSNSでも反映されている

ラーメンデータ

ニボビタンN（濃厚）　900円

麺の太さ：
スープの濃さ：
ベーススープ：煮干し、丸鶏、もみじ、鶏ガラ、豚骨、背ガラ
タレ：醤油、塩、煮干しなどのタレ
具材：チャーシュー、タケノコ、玉ネギ、ネギ
製麺：やだら製麺所

常連から一城の主へ。愛で操るスープの深み

「ニボビタンN」、「メン イン ブラック」など、クスリとくるメニュー名にやられて注文したら、洗練された一杯がサーブされる。店主の坂下さんは人気店『麺屋やだら』に惚れ込み、常連として通ったのちに同店で修業し、2020年9月に独立を果たした。その愛ゆえか、メニューが非常に多く、スープも鶏、豚、魚介と華麗に使い分ける。「ニボビタンN」のベースは、丸鶏、もみじ、鶏ガラ、豚骨、背ガラを6～7時間煮込み、雑味がないよう丁寧に洗って、臭み抜きやアク取りをしながら仕上げる。ここに煮干しを加えるが、バランスを重視して煮干しのインパクトには頼らない、芯のある味わいを作り出す。

代表の坂下博正さん。店名の“さまろ”は、ご自身の名前をもじったもの。遊び心がお客との会話を促進する

Data
めんそうるさまろ
所 八戸市吹上2-1-17
☎ なし
営 11:00～15:00、17:30～20:00 ※土・日曜、祝日はランチのみ　休 木曜
mensouru_samaro
MAP：P126 E-4

しおで

煮干しタイプ

包み込むようなスープは
創業以来40年受け継ぐ味

創業者の親族であり、いまも現役で店に立ち続ける松橋さんは「このラーメンをなくしたくないから、色々な人の手を借りて受け継いでいく」と話す。創業当初より「支那そば」は完成されていたが、レシピは松橋さんの経験値により、さらに磨きがかかって、開店と同時にファンたちが訪れる。3種の煮干しと鶏ガラを使用したスープは、じんわり広がる美味しさで、ついつい飲み干してしまう。

チャーシューは無添加にこだわって醤油だけで煮込んでいる。煮込み時間は松橋さんの肌感覚。ラーメンと交互に口に運ぼう

「おにぎり（1個100円～）」は平日限定半額で、しゃけ、おかか、梅から選べる。辛味噌入りで頭を振りたくなる辛さが名前の由来となった「えんぶりラーメン（1,000円）」も人気

ラーメンデータ

支那そば 680円

麺の太さ：

スープの濃さ：

ベーススープ：煮干し、鶏ガラ
タレ：醤油ダレ
具材：煮豚、メンマ、ネギ
製麺：松橋製麺所

Data
しおで
所 八戸市新井田松山下野場7-6
☎ 0178-25-6348
営 10:30 ～ 22:30
休 なし
shiode_1983
MAP：P125 C-3

右）おにぎりは国産米を使用し、注文ごとに優しくふんわりと握ってくれる。左）心地よく陽が差し込む店内は、懐かしい空気が流れる。早朝に銭湯へ行って、オープンとともに来店する常連も

看板スタッフ 松橋さん（右）
スタッフ 尾本幸司さん（左）

昔々中華そば 彦まる

煮干しタイプ

「祭り餃子（600円）」はにんにく餃子、彦まる餃子、イカキムチ餃子、比内地鶏餃子の4種が2個ずつ盛られ、特製味噌ダレでいただく。「ミニチャーシュー丼（450円）」も外せない

地元食材が生きた
昭和の中華そば

料理の道を50年以上歩んだ店主が、昭和の時代に愛された中華そばを忠実に再現。無化調を貫き、醤油、煮干し、昆布、野菜は八戸産、ニンニクは田子産と地元産の食材にこだわる。チャーシューも県産の豚肉を2時間以上蒸したのち、タレにつけて再び蒸すなど軟らかさを追求。幅広い年齢層が毎日でも美味しく食べられる味を目指し、なんとそれが1杯600円で叶うのには頭が下がる。

小さい頃に家族で来ていたお客が、大人になってノスタルジーを求めて食べに訪れる。これぞ長年愛される昔ながらの中華そば！

店主
大澤光彦さん

ラーメンデータ

昔々中華そば 600円

麺の太さ：

スープの濃さ：

ベーススープ：煮干し、鶏ガラ、昆布
タレ：八戸の醤油を使ったタレ
具材：チャーシュー、ネギ、ナルト、メンマ、海苔
製麺：熊さん製麺

右）澄んだスープの上に王道のトッピングが一堂に会す。盛り付けで昔ながらを表現するのも職人の技。のったナルトも可愛らしい。左）営業時間中は常に満席で、休日は行列ができるほどの人気店

Data
むかしむかしちゅうかそば ひこまる
所 八戸市新井田西1-2-12
☎ 0178-25-5919
営 11:00 ～ 19:30（L.O.）、
第1・3火曜～15:30（L.O.）
休 水曜、第2・4火曜
MAP：P125 A-3

北海道産の鮭節を贅沢に使った「鮭節塩ら～めん(1,000円)」は材料が入荷したとき限定。華やかな旨味が広がるスープで、最後はご飯を入れて食べるべし

店主
山内壮さん

好みで選べる自家製麺と
3種の削り節が香るスープ

まるちょう

魚介タイプ

和食の修業を積んだ店主が、引き算でラーメンを作り上げる。イワシ、サバ、カツオの削り節を使用した「三ツ節ら～めん」は、かえしにベーコンや干しシイタケが入るが、無化調で塩も最小限に。トッピングの焦がしネギ油で上品さにインパクトを加え、チャーシューとの調和をもたらす。南部小麦の全粒粉を使用した自家製平打ち麺も、噛むほどに香ばしい。研ぎ澄ました感性で味わってほしい。

平打ちの自家製麺と透き通るスープの相性は抜群。朝からラーメンを食べることに疑問を持たせず、常識に変えられてしまう

ラーメンデータ

三ツ節ら～めん　900円

- 麺の太さ：
- スープの濃さ：
- ベーススープ：イワシ、サバ、カツオの削り節を用い、丁寧に濾した透明な自家製合わせ出汁
- タレ：ベーコン、干しシイタケを用いた自家製かえしの醤油ダレ(仕上げに焦がしネギ油)
- 具材：自家製チャーシュー、自家製味玉、小松菜、薬味ネギ
- 製麺：自家製麺(細麺または平打ち麺の選択可)

右）店内はカウンター席のほか、ボックス席も。いたるところに張り紙があり、朝7時からの「朝麺」をはじめ、耳寄り情報が盛りだくさん。左）店主の山内さんとスタッフ。息ぴったりで注文をさばいていく

Data
まるちょう
所 八戸市類家4-11-4
☎ なし
営 7:00～15:00
休 水曜
marucho_ramen
MAP：P125 A-3

だし拉麺 きんざん

魚介タイプ

出汁の専門店だから出せる
旨味が凝縮された深い味

出汁の専門店『静岡屋』から生まれたラーメン店。静岡屋は、全国から仕入れた出汁の素材を飲食店やホテルに卸している。そんなプロの味を支える出汁専門店のラーメンは、言わずもがな旨味が凝縮。ベースになっているのが6種類の素材からとった出汁で、チャーシューやメンマもこれで煮ている。割り出汁もセルフサービスで提供しており、スープの濃さをお好みで自由に調節してみよう！

期待を上回る出汁の旨味を存分に堪能できる逸品。とろみのあるスープに中太麺が絡み合い、ひと口すれば体中に染み渡る美味しさ

「濃厚かつお（880円）」は、軽やかなカツオの風味が後を引く。「だし香るTKG たまごかけごはん(300円)」は、八戸産の卵を使用。濃厚な黄身とカツオ節がマッチ

三代目 金山明弘さん

ラーメンデータ

濃厚にぼし　880円

- 麺の太さ：
- スープの濃さ：
- ベーススープ：カツオ、ソウダガツオ、サバ節、煮干し、昆布、シイタケを使用したスープ
- タレ：醤油ダレ
- 具材：出汁チャーシュー、出汁メンマ、刻み玉ネギ、薬味ネギ、海苔、イワシ節
- 製麺：非公開

右）店は漁港の近くにあり、中は広々。こってり系が苦手な年配の方や女性のお客も多い。左）卓上にはカツオ節やイワシ節、出汁醤油、カツオの粉末などが。ご飯ものにお好みでカスタマイズしてもいい

Data
だしラーメン きんざん
所 八戸市白銀町三島下90-3
☎ 0178-80-7344
営 6:00～9:00、11:00～15:00、17:00～20:00
※朝営業は土・日曜、祝日のみ
休 なし　URL https://dashi-kinzan.jp/
MAP：P125 C-1

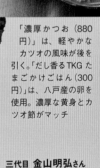

▼ あら炊き中華そば 魚櫓魚櫓

魚介タイプ

和食の腕が鳴る
上質な魚をラーメンに

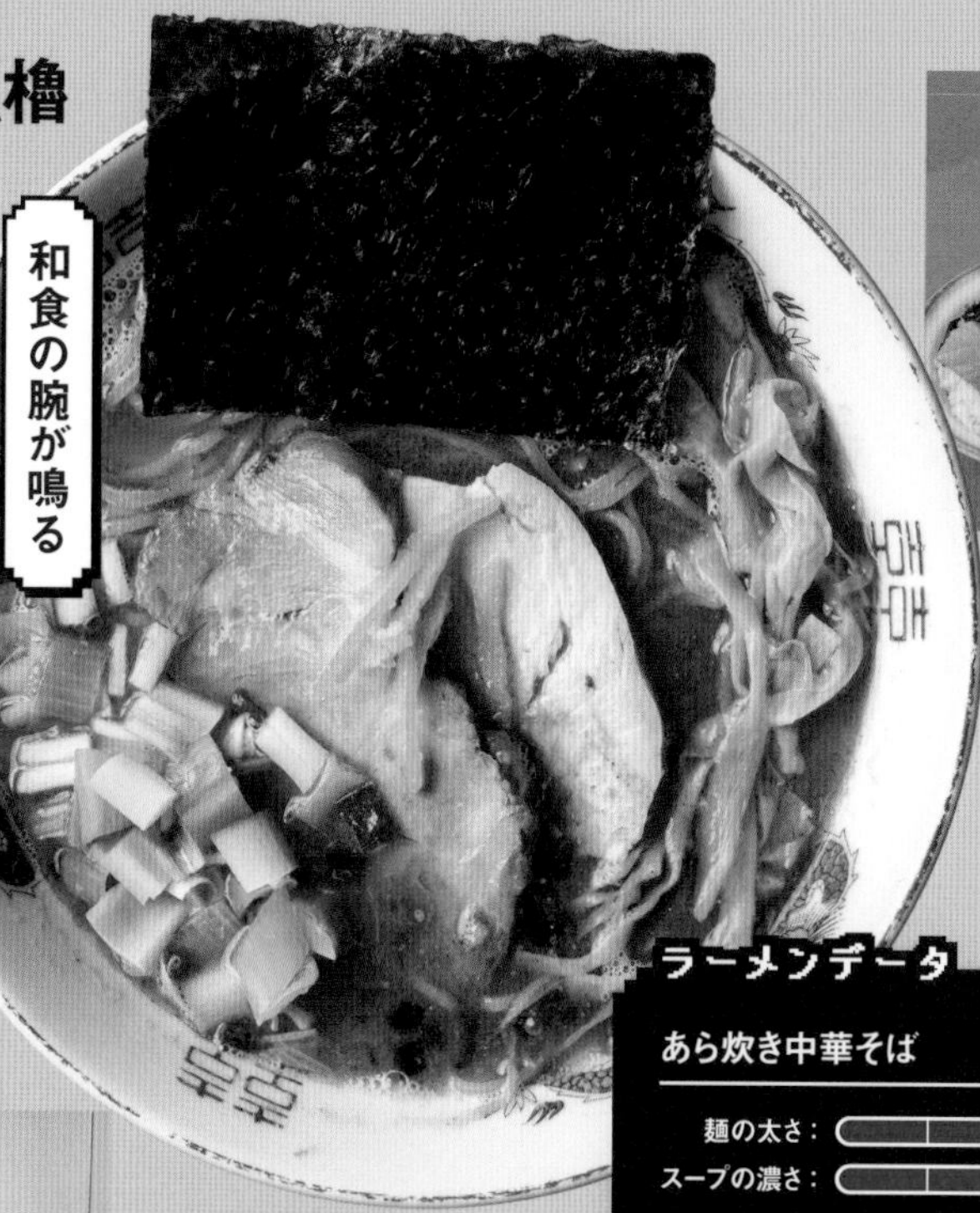

海鮮が自慢の和食店がランチ限定でラーメンをスタート。「あら炊き中華そば」のスープは夜の営業で余るヒラメとタイのアラでとった濃厚な出汁がメイン。アラを直火で焼き、ガンガンに炊いてひと晩以上寝かせる。仕上げの焦がしネギ油が旨味を引き立て、ゆずの皮が爽やかに香る。本八戸の中心街に位置する高級割烹の味を、リーズナブルな価格で味わえると聞きつけたお客が次々に列を成す。

国産小麦の低加水麺は歯切れがよく、喉越し抜群。かえしには4種を配合した醤油を使用。中華そばの概念を一新する贅沢な一杯だ

海鮮を惜しみなくのせた「日替わり小丼（400円～）」。この日は本マグロとヒラメの紅白丼。八戸産の煮干し100%の「八戸CLASSIC（700円）」は、あったらラッキー！の裏メニュー

ラーメンデータ

あら炊き中華そば	700円
麺の太さ：	
スープの濃さ：	
ベーススープ：	タイ、ヒラメのアラと日高昆布でとったスープ
タレ：	4種の醤油と煮豚のタレ
具材：	煮豚、穂先メンマ、ネギ、海苔、ゆずの皮
製麺：	小関麺興商事

オーナー 堀江維寛さん

Data
あらだきちゅうかそば ぎょろぎょろ
所 八戸市六日町23-1
M亀井ビル 1F
☎ 0178-38-3373 営 11:30～14:00（L.O.） 休 日・月曜
aradakichuka.gyorogyoro
MAP：P127 B-1

右）夜は『裏町しはん』の名で営業。種類豊富にお酒を用意する。左）海鮮丼は注文ごとに刺身をひく。「ラーメン屋としてのランチにも和食の知識を生かしています」と随所に技が発揮されている

▼ 松家食堂

磯タイプ

海の味を極めた店の
試行錯誤の功績を食せ！

「うに丼（卵とじ／2,200円）」は刺身、煮物、めかぶ味噌汁付き。冬の保存用である蒸しウニの使い道として玉子とじのウニ丼が生まれた。家庭料理から着想したとか

電車で種差海岸の駅を降りてひとつ目の角左手にあるのが、約73年続くこちらの店。代々家族経営で、現在の店主である鶴飼さんは三代目だ。八戸名物の磯ラーメンだが、こちらの店でも20年くらい前からある定番メニュー。地元産にこだわった海藻をふんだんに使用し、具材にカニの爪と蒸しウニでシンプルにあっさり。洗練された味わいにまとめる。種差の風を感じるラーメンを楽しんで。

出汁は無添加の煮干しを使用。千葉産の大ぶりで脂ののった熟しているものを、一つひとつ丁寧にハラワタをとっている

店主
鶴飼淳子さん

ラーメンデータ

海鮮らーめん	1,000円
麺の太さ：	
スープの濃さ：	
ベーススープ：	煮干しなど
タレ：	塩ダレ
具材：	カニ爪、ワカメ、布海苔、めかぶ、蒸しウニ、大葉
製麺：	松橋製麺所

右）具材は海藻がメイン。これが麺と絡んで、口いっぱいに海の味が広がる。左）ゆったりとした座敷に大きな窓がある。2階から眺める海は絶景。観光客も地元の人も多く訪れる

Data
まつやしょくどう
所 八戸市鮫町棚久保14
☎ 0178-38-2428
営 11:00～16:00
（その他の時間も予約可能）
休 なし
URL http://www.matsuya-rest.com/
MAP：P124 B-1

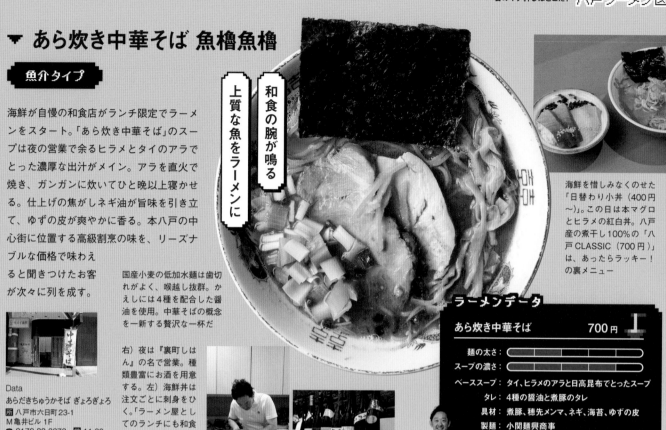

とんこつラーメンと並んで人気がある「つけめん冷（900円）」。どろりとしたつけ汁だが臭みがなくスルスルすすむ。〆はスープを出汁で割ってご飯をイン

ご飯もすすむ濃厚さ
魚介と豚骨のWスープ

▼麺山

豚骨タイプ

青森市に本店を持つ『麺山』の分店で、店長の工藤さんは本店を切り盛りする両親の背中を見て育った。本店で5年以上修業し、八戸では地元住民の口に合うスープの味が完成。「本店の味のいいところはそのままに、自分のやってみたい味を取り入れ、より濃厚にした。それが気に入っていただけてお客さんが増えました」と話す工藤さん。尾を引く豚と魚介の旨味は、スープかけご飯にしても絶品だ。

国産の豚の頭、鶏ガラなどを煮込み、一度冷やして煮凝り状態にさせるなど、12時間以上かけてじっくりと仕上げるスープ

店長
工藤佳太さん

ラーメンデータ

とんこつ正油味玉	950円
麺の太さ：	
スープの濃さ：	
ベーススープ：	豚骨ベースにカツオ節、アゴ出汁、鶏ガラ
タレ：	2種類の醤油ダレ
具材：	チャーシュー、メンマ、ネギ、海苔、味玉
製麺：	自家製麺

右）店内に入ると、豚骨と魚介の強烈な香りが押し寄せてお腹が鳴る。カウンター席のほか、テーブル、座敷も。左）地元住民の舌に合わせて開発し、青森市内の『麺山』とは味わいも異なる

Data
めんざん
所 八戸市長苗代二分谷地26-7
☎ 0178-20-6878
営 11:00 ～ 21:00
休 なし　menzan_0409
MAP：P124 A-2

▼麺家 雅

鶏白湯タイプ

近年、人気が高まっている鶏白湯ラーメン。店主の小林美樹さんは、「青森市で食べた鶏白湯ラーメンに衝撃を受け、自分でも作ってみたいと思いました。八戸にはまだ店が少なく、この味をもっと広めたいんです」と話す。店には八戸イチ濃厚なラーメンを作りたいと考える小林さんの想いが凝縮したメニューばかり。鶏白湯ラーメンは、鶏の甘さと旨味が際立つスープで、鶏好きにはたまらない逸品。

口の中に広がる鶏の香りと
レアチャーシューがヤミツキに!

鶏の出汁と鶏肉の旨味が凝縮された「鶏白湯ラーメン（770円）」は、店の看板メニュー。スープは醤油と塩の2種類から選べる

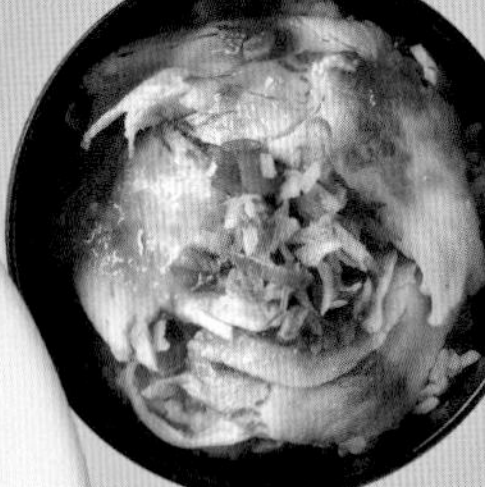

「レアチャーシュー丼（300円）」は、肩ロースを低温調理で仕上げたチャーシューを使用。小腹を満たしたい人におすすめ

店主
小林美樹さん

ラーメンデータ

鶏白湯ラーメン	700円
麺の太さ：	
スープの濃さ：	
ベーススープ：	鶏白湯
タレ：	塩ダレ、醤油ダレ
具材：	ネギ、紫玉ネギ、水菜、味玉、穂先メンマ、海苔、レアチャーシュー
製麺：	鈴木製麺（東京）

Data
めんや みやび
所 八戸市新井田松山下野場7-80
☎ 0178-25-8570
営 8:00 ～ 15:30（L.O.15:15）
休 不定休
miyabi94381383
MAP：P125 C-3

右）郊外の店舗ということもあり、広々とした店内。左）小林さんは、鶏白湯ラーメンが八戸で受け入れられるか緊張したとのこと。多くの人に味わってもらいたいと願いながら一杯ずつを提供する

▼ 麺家 一翔 -ichisho-

醤油タイプ

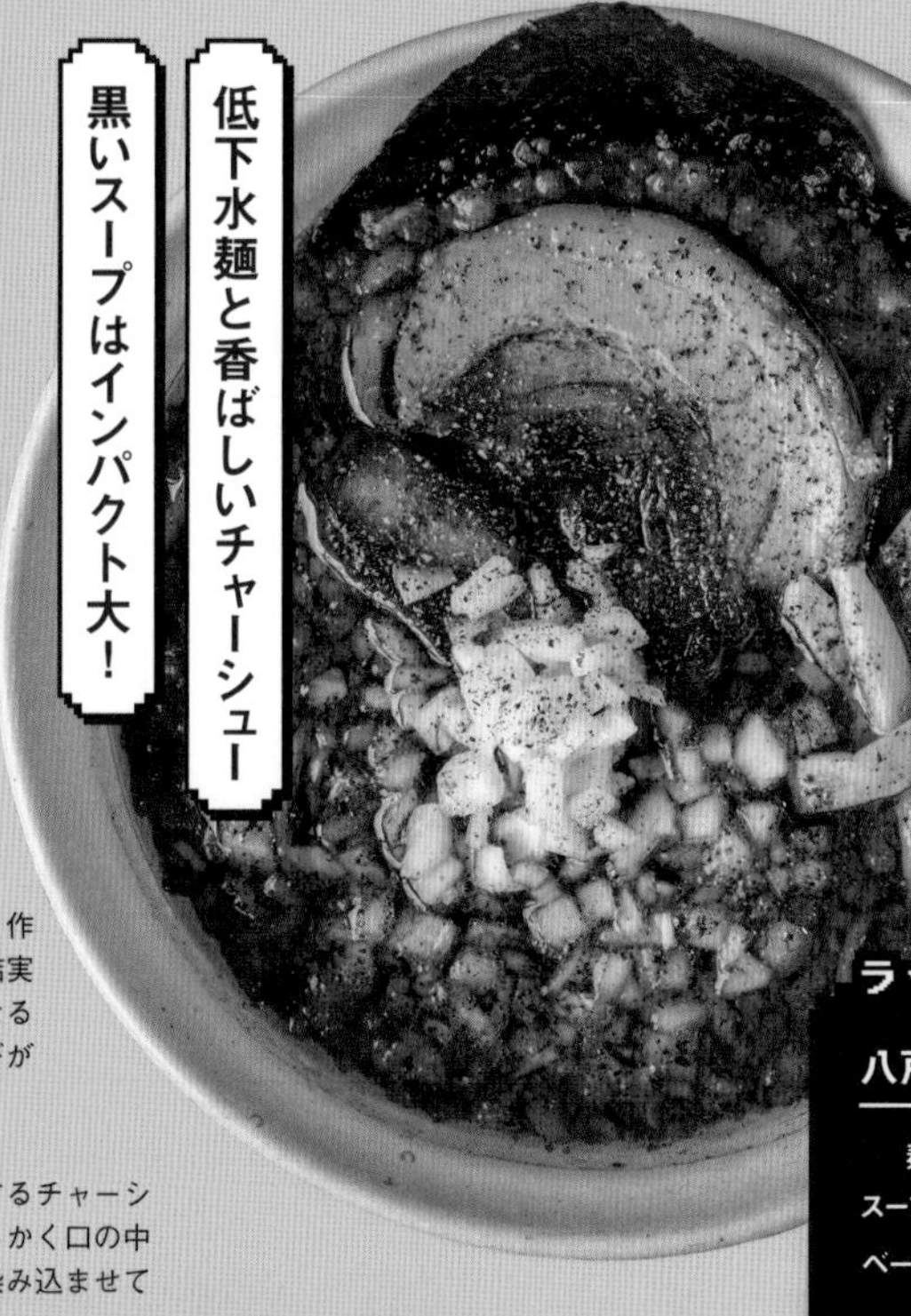

低下水麺と香ばしいチャーシュー
黒いスープはインパクト大！

八戸出身の小西皓也さんは、仕事で出かけた京都で名店『麺家チャクリキ』の味に感動。5年間の修業を経てこちらの店を開店した。「師の教えを守りつつも、八戸でしか味わえないラーメンを作っています」と、小西さん。魚介系豚骨ラーメンとつけ麺、創意工夫の末に生み出した八戸ブラックが人気である。八戸の甲文醤油をふんだんに使った濃厚なスープに、小麦香る麺がベストマッチ。

「記憶に残るラーメンを作りたい」という情熱が結実したこちらは、クセになるスープに生の刻み玉ネギがアクセントになる

「濃厚つけ麺（特製トッピング／1,100円）」。名店『麺家チャクリキ』の味を受け継ぐ濃厚でクリーミーなスープは、豚丸骨（げんこつ）をメインに、サバ節、ウルメ節などを使って出汁をとる

ラーメンデータ

八戸ブラック	850円
麺の太さ：	
スープの濃さ：	
ベーススープ：	鶏ガラ
タレ：	醤油ダレ
具材：	豚バラのチャーシュー、細切りのメンマ、玉ネギ、海苔
製麺：	麺屋棣鄂（京都）

右）直前に炙って提供するチャーシューは、肉厚ながら軟らかく口の中でとろける。スープを染み込ませて味わいたい。左）店内はカウンター席が中心。店名は小西さんのお子さんの名前からとったもの

店主 小西皓也さん

Data
めんや いちしょう
所 八戸市城下4-7-3
☎ 0178-85-9407
営 11:00～14:30、17:00～20:30（L.O.）
休 木曜　menya_ichisho
MAP：P126 D-1

▼ ラーメン 大将

味噌タイプ

秒で提供されて飛びつく
身体の底から温まる一杯

「提供が早い」ことで定評のあるこちらは、どのメニューも注文して、数分待たずにやってくる。ピリ辛味噌スープは、豚骨鶏ガラベース。コーンの上からバターが滑り落ちて、味噌と重なったハーモニーがまろやかな味わいになる。もやしを中心に野菜がたっぷり入っていて、大きなどんぶりを抱えるように食べていると汗がジワリ。プレハブのロードサイド店でいただく心地よさを感じてみて。

八戸らしい味わいと、もやしをはじめとしたたっぷりの野菜に馬場さんの愛情を感じる。懐の深さが現れた一杯に心まで温まる

国産米使用の「チャーハン（500円）」もラーメンと同じく1分足らずで提供される。短時間でパラパラにし、濃いめの味付けがガツンとくる。スタッフ同士の阿吽の呼吸も必見

店主 馬場勇二さん

ラーメンデータ

味噌バターコーン	700円
麺の太さ：	
スープの濃さ：	
ベーススープ：	豚骨、鶏ガラ
タレ：	仙台味噌、豆板醤、唐辛子をミックスしたタレ
具材：	もやし、ニラ、ニンジン、キクラゲ、コーン、バター
製麺：	松橋製麺

右）ラーメンに使う味噌は仙台味噌を調合している。注文が入れば、おたまでサッとすくうだけだ。左）1985年創業、当時から変わらない店内。カウンター上のメニューにも年季が入っていて味がある

Data
ラーメン たいしょう
所 八戸市八幡下前田25
☎ 0178-27-9311
営 11:00～20:00
休 水曜
MAP：P124 A-2

極肉麺 たいし

G系

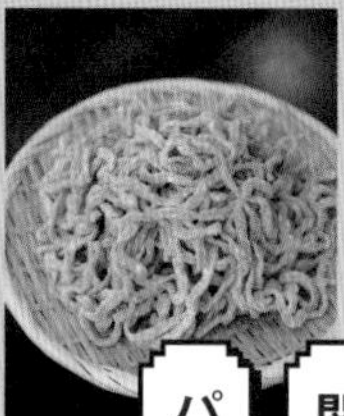

右）オーション小麦粉使用の自家製麺は、ワシワシしていて食べ応え抜群。製麺機の切刃もこだわりの特注。左）濃厚なスープは、豚骨と背脂を炊いて仕込む。店内に立ち込める香りに闘志が湧く！

下に広がる肉と麺の山。肉の量によって「小肉（850円）」、「中肉（1,030円）」、「極肉（1,210円）」から選べる。麺の増量はなんと無料！

関東から上陸！
パワー鬼盛り、極まる肉麺

関東のラーメン店で修業後、埼玉県浦和で創業し人気店に育て上げた田子出身のオーナーが地元へ凱旋。2018年に新たに開業したのが『たいし』だ。東京時代に自身の胃袋を満たしてくれたG系ラーメンに敬意を表し生み出した、腹ペコにパワーを与える一杯で瞬く間に行列必至店へと成長した。田子産のニンニクと煮豚がガツン！　低温調理のローストポークがドレスのように舞い、極まる。

ラーメンデータ

極肉麺　**1,210円**

麺の太さ：

スープの濃さ：

ベーススープ：豚骨

タレ：カネシ醤油やみりんなどに合わせた煮豚のつけダレ

具材：もやし、キャベツ、ローストポーク、かえしに漬け込んだ背脂、ニンニク

製麺：自家製麺

オーナー 中沢和寛さん（左）
店長 原田一誠さん（右）

こだわりのニンニク農家、宮村さんこと「みやむ～のにんにく油そば（900円）」。生卵と、かえしにつけた背脂を混ぜて、麺をつけて食べるべし。不定期でチーズやトマト味の油そばも登場する

Data
ごくにくめん たいし
所 八戸市沼館2-11-20
☎ 0178-38-8465
営 11:00～15:00、
17:00～20:30（L.O.）
※日曜、祝日のみ
～20:00（L.O.）　休 なし
URL https://gokunikumen.com/
MAP：P124 A-1

noodle shop イッ豚

G系

もやしの奥底をかき分けて現れたるは、3cm近くある分厚い煮豚。ホロホロのまま食べられるようにと、熱々のスープに浸されている

脅威の約1.5kg！
G系のニューフェイス

2020年11月末にオープンした、超重量級ラーメン界の新星。1t（トン）に叶わないまでも、麺、煮豚、野菜、スープががっぷり四つに組み合わさった味わいだ。店主の下新井田さんは東京を中心に飲食に関わり、自身の最も愛するラーメンの道へ進んだ人物。オープンからわずか数年だが、ヤミツキになったファンが増え続けている。恩返しも込めて、次なる出店も目論んでいるとか。

ラーメンデータ

ラーメン　**1,210円**

麺の太さ：

スープの濃さ：

ベーススープ：豚骨

タレ：カネシ醤油やみりんなどに合わせた煮豚のつけダレ

具材：もやし、キャベツ、ウデ肉、かえしに漬け込んだ背脂、ニンニク

製麺：三河屋製麺

オーナー 下新井田一成さん（右）
スタッフ 高橋悠太郎さん（左）

1

2

3

1）多い時は100kg以上の材料を使用し、10時間以上かけて仕込む。2）赤いカウンターは、どんぶりが映える。3）「汁なしラーメン（980円）」。マヨタクなどトッピング（100円～）を合わせても美味

Data
ヌードルショップ いっとん
所 八戸市白銀町右岩淵通6-2
☎ なし
営 11:00～15:00、
17:30～20:00
土・日曜6:00～8:30、
11:00～15:00、
※火曜、祝日はランチのみ
休 水曜　itton_1120
MAP：P125 C-2

朝市＆朝銭湯

八戸市民は早朝から活動するのがライフスタイル。日の出の頃に朝市で買い物をしたら、熱い湯に朝から浸かりたい。決して、無理して早起きをしているわけではない。これこそが八戸の文化であり、アイデンティティなのだ。

館鼻岸壁朝市 攻略大作戦

PART 1 朝市

夜明けの漁港に突如現れる超巨大朝市。誰でも一度は訪れたことのあるあの朝市はやっぱり八戸市民が楽しみつ尽くさないと！

写真＝蜂屋雄士　文＝大津愛

ずっと守り続けていきたい 八戸市民の台所

「八戸といったら何？」。県外の人にそう聞かれても、頭に浮かぶものが多すぎて困る。だけど、どこに行ったらいいかを聞かれたら、私は迷わず「朝市」と答える。この記事は、そんな八戸出身の編集者が担当する。

八戸市民は当たり前だと思っていたことが、実は県外の人からしたらそうでもないのだ。例えば、私たちが車の中に銭湯グッズを常備していたり、朝から銭湯が開いていること自体、不思議らしい。八戸の朝市もそのひとつで、夜明けから大勢の人で賑わい、当たり前に新鮮な食材がお値打ちで手に入る。この“当たり前”こそ、八戸が誇るべき「早朝文化」なのである。八戸で開催されている朝市は10カ所ほどある。規模は違えど、どれも個性的で活気があふれているが、その中でも今回は、市民の大定番「館鼻岸壁朝市」にフォーカスしたい。

その歴史の始まりは2004年。他エリアで朝市をやっていた商人たちが、広い場所を求めて館鼻漁港に出店したのが発祥だ。八戸で最も歴史の古い「八戸陸奥湊駅前朝市」の来客者による交通量増大により、幅の狭い道路で安全性の確保が難しくなったことから、駐車場が広い館鼻漁港は朝市の開催に打ってつけであった。いまでは、全長800メートルにわたって30

八戸の朝は早い。いぐべ！

日の出が集合の合図

SPOT.1

場内放送担当のお姉さんが大人気！

場内に響く元気なアナウンス。その声の主は上村昭子さん。落とし物や迷子、車移動の呼びかけなどを“上村節”の利いたユニークな口調で放送する。上村さんと写真を撮りたい！ と事務局に訪れるお客も多い。

SPOT.2

コーヒー片手に楽しむハッピーリサイタル

熱いコーヒーを飲みながら、ほっとひと息。そこに音楽がある幸せは、何にも代えがたい上質な時間を約束する。「軽食喫茶ピーマン」が繋いだ仲間たちが、楽器を片手に自由に音楽を奏でる光景は朝市の名物。

ここ知ってる？

見つけたらラッキーなSPOT 4選

SPOT.3

地元愛あふれまくりの朝市オリジナルグッズ

クスッと笑えるオリジナルグッズをご存じだろうか。Tシャツには「マグロのおすす」と書いてあるし、シューズには「戸」の字が所狭しと描かれているからたまらない。買い物に便利なマップもこちらで販売中。

SPOT.4

クチコミで話題！長持ちする生花

クチコミで話題を集めているのがこちらの生花店。なんとこちらで販売している花は長持ちするという噂が。その秘密を店主に尋ねたところ、「水は源泉を使っているから」とのこと。ぜひ一度、お試しあれ！

地元住民はもちろん、全国からもお客が集まり賑わいを見せる館鼻岸壁朝市の様子。市民から“夢の大橋”の愛称で親しまれている「八戸大橋」がシンボル

0店以上が立ち並ぶ超巨大朝市として、毎週数万人が訪れる。新鮮な魚や野菜、果実はもちろん、ラーメンやピザ、スイーツ、ベトナム料理だってある。さらに、手作りアクセサリーやブーメラン、ふかふかの布団……。合間に突如現れる個性派ショップも、ここなら不思議と馴染んでしまう。出店者には、必ず決まったものを売らないといけないルールはない。八百屋の売場のちょっとしたスペースに雑貨が並ぶ光景も珍しくないし、春はお花、秋はキノコを中心に販売したりと、同じ店でも季節ごとに商品が変化することもあり、四季を楽しめる。そしてこれも朝市あるあるだが、お店の人が他店に買い物に出払ってしまい、不在のことが度々ある。そして、その買い物が長いのだ（笑）。ここでは出店者も来客者も、全員が自由に、そして気楽に朝市を楽しんでいる。

今回の取材で数年ぶりに訪れたが、小学生の頃、祖父に何度も連れて来られたあの時の景色と何も変わらなかった。観光名所として取り上げられていることは光栄なことだか、やっぱり地元の人の心にずっと残っていてほしいし、利用してほしいと改めて感じた。こんなに素晴らしい朝市文化が八戸にあって、本当によかった。

お店の人との距離が近く、コミュニケーションが楽しいのも朝市の醍醐味。「今日はこんな野菜が入ったよ！」、「これもおまけしちゃう！」と元気な声が飛び交っている

八戸市民が知らない朝市の楽しみ方

地元住民に知ってほしいポイント教えます

八戸が誇る巨大朝市「館鼻岸壁朝市」を効率よく回るには? 家族揃って食べることが大好きなファミリーが体験して来ました。

「久しぶりの朝市、とっても楽しみ。たくさん食べるぞ!」。そう意気込むのは、八戸市在住の上村さん夫婦。出産前まではよく二人で買い物に来ていたというが、今回は初めて娘二人を連れてやって来た。しかし、店舗数が多すぎてお店選びに迷ってしまう、子どもが飽きたり歩き疲れたりしないか心配……と悩みは尽きない様子。そんなファミリーをガイドしてくれたのは、「八戸さんぽマイスター」代表の三浦さん。小さな子ども連れでも安心して楽しめるお店や、地元の人にこそ知ってほしい回り方を教えてくれた。館鼻岸壁朝市を攻略しよう!

START

お腹ペコペコだよ~

MUST BUY!

1 作り方は企業秘密!「熟成ひらめ生ハム」がバズり中

八戸 馬渡商店

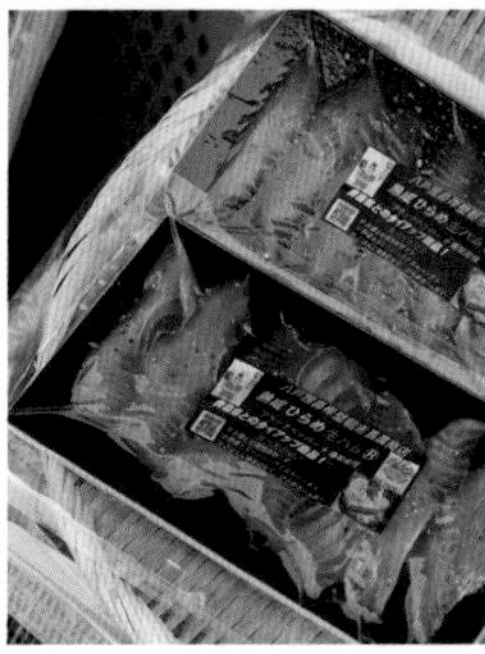

店の看板商品「熟成ひらめ生ハム(600円)」はマストバイ!

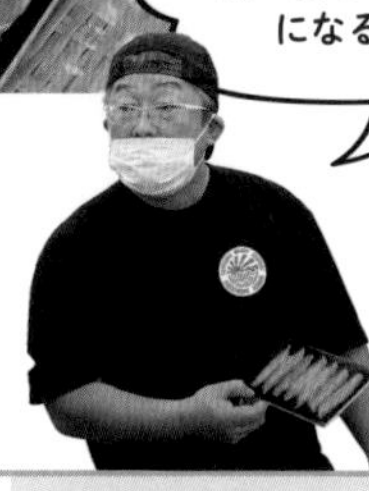
ひと口食べたらヤミツキになるよ!

八戸産のヒラメを使った、燻製のような芳醇な香りと食感がクセになる逸品。ご飯にのせて食べても、カルパッチョにしても美味しいと太鼓判。

お土産にするのはもったいないほど美味しい!

ヤミツキ必至

お菓子の秋月

「春巻りんご」ののぼりが目印!
このあま~い香りはなんだ!?

ふじりんごとカスタードを春巻風に仕立てた新感覚のホットスイーツ。皮はパリっと、中はとろっとした食感に感激間違いなし! 持ち帰りの場合はオーブントースターでパリパリが復活。

VERY FRESH!

2 豆腐屋なのに「ブルーベリージュース」が超旨いって知ってた?!

ながうし農産加工

「ブルーベリージュース(250円)」はボトル(450円)も販売

濃厚なのにグビグビいける♪

豆腐、豆乳、ゆばなどと一緒に、鮮やかな紫色のジュースが並ぶ。老舗の豆腐屋が提供する自家製のブルーベリージュースがフレッシュで美味。

老若男女から愛される味を、ぜひご賞味あれ

歩いたファミリー

上村ファミリー

左から
上村竜次さん(30代)
琴子ちゃん(4歳)
衣千花ちゃん(2歳)
楓子さん(30代)

お外で遊ぶのが大好きな琴子ちゃんと、食べることが大好きな衣千花ちゃん姉妹。休日は市内でキャンプやドライブを楽しむ、アクティブなファミリー

館鼻岸壁朝市の達人

八戸さんぽマイスター代表
三浦和壽さん

「八戸さんぽマイスター」は、街歩きを通してこの街の魅力を伝えたいと結成された街歩きガイド団体。館鼻岸壁朝市攻略大作戦、横丁めぐり、陸奥湊散策、種差海岸スイーツ巡り、八戸藩歴史巡りなどコースは多数

Data

八戸さんぽマイスター
はちのへさんぽマイスター

問 080-1808-2138
営 コースにより異なる。HPから確認
休 コースにより異なる。HPから確認
料 1人 1,800円
予約はメールから…8nohe3po@gmail.com
URL https://8nohe3po.wixsite.com/meister

まだまだ
遊びたいね！

SO SWEET!

3 朝市が誇る新名物！サクとろ食感の「春巻りんご」は

行列に並んででも買うべき、満足度の高いおやつ

揚げたては
アツアツで
食感も美味

子どもたちもペロッと完食の「春巻りんご（350円）」

VERY FUN!

4 柳沢商店 ハズレなしって超楽しい！大興奮の「くじ引き」で何を当てる？

ここにはいつも元気なお子さんの笑顔があります

くじ引き１回300円。お祭り気分で子どもたちが楽しめるのも朝市ならでは

可愛い
ネコちゃん型ライト
が当たったよ

朝市には食べること以外の楽しみも。子どもたちに大人気のくじ引きは、ハズレなし。たくさんのおもちゃの中から何が当たるかワクワク！

TRY IT!

5 科学工房げんしじん 絶対に戻って来るって本当!? 手作り「ブーメラン」実演販売

面白い商品
ほかにも
まだまだあるよ

名物店員さんの実演販売は大人も夢中になります

「ブーメラン（500円）」。おしゃべり上手なユニークなお兄さんに子どもたちは釘付け

「投げたら絶対に戻ってきますよ」と手本を見せてくれたが、本当に戻ってきたから摩訶不思議。このブーメランは子どもたちに大人気だ。

お兄さん
みたいに上手に
投げたいな！

マップがあると
便利ですよ

POWER CHARGE!

6 南風農園 超〜この甘さがクセになる！南郷産「にんじんジュース」で元気復活！

持ち帰りもいいですが、休憩のお供に最高の一杯

「niko nikoにんじんりんごジュース（カップ250円）」

疲れを
吹き飛ばして
くれるね！

南郷産の無農薬で育てられたにんじんジュースは超濃厚。にんじん嫌いの人でも飲めちゃうフレッシュで甘い味わいは、心と身体を癒してくれる。

買いすぎ
ちゃった！

感想は？ 人混みが心配でしたが、効率よく周れたので歩き疲れませんでした。地元の食材や料理はやっぱり美味しいですね。子どもとわんぱくに楽しめました！（楓子さん）

GOAL

楓子さんは新鮮な魚や野菜を中心にお買い物。竜次さんは唐揚げやピザなどがっつり系メニューを食べ歩き。子どもたちは「また来たい」と大喜び

Data
館鼻岸壁朝市
たてはながんぺきあさいち
所 八戸市新湊3丁目
☎ 070-2004-6524（事務局）
営 夜明け〜9:00頃
開 3月中旬〜12月の日曜
URL http://minatonichiyouasaichikai.com/　MAP：P125 B-1

ポイント 往路は右側通行、復路は左側通行と決めて歩くと目移りせずスムーズに歩けますよ。買い物が済んだら駐車場側から抜けるのがコツです。（三浦さん）

気持ち良い一日を送るには?

朝銭湯でひとっぷろ

PART 2

朝から充実した一日を過ごすために、朝市を楽しみながらたくさん食べた後は、朝銭湯だ。マスターと一緒に銭湯価格でサウナまで楽しもう!

写真＝蜂屋雄士／加藤史人　文＝福井晶

茶色がかった色と白い浮遊物はこの源泉の成分です
茶色がかった色と白い浮遊物はこの源泉の成分です。
ぬるめの湯 (41.0〜42.0℃)
熱め湯

広い窓からは、自然光がたっぷり差し込む『熊ノ沢温泉』の朝の景色。パワーをもらえるお風呂がひと際輝いて、神々しく見える時間帯だ

昭和の朝銭湯文化は令和にもチャポンと響く

八戸の銭湯好きは、車のトランクに、いつでもお風呂セットのカゴが積んである。早朝5時、6時になると駐車場に車が停まり、扉が開くのを、待ち構える。銭湯の朝は蒸気が日差しに照らされ、一番風呂という言葉では表せない神聖な空気を放つ。

八戸で朝銭湯文化が栄えたのは、昭和の頃、海から戻った漁師が銭湯で身体を温めたからだといわれるが、漁師以外にも朝銭湯に魅せられる人が多かったに違いない。その証拠に、現代っ子も朝銭湯に魅了されている。

20代にしてバーの店長をこなす松本千晶さんは、サウナを入り口として銭湯に魅せられた一人。「ハマッたのは自粛期間中にサボッたボディケアのために、サウナ目的で銭湯へ行ったのがきっかけです。YouTubeで観た方法で、初めてサウナで〝ととのう〟を体感して、そこから通うようになりました」と松本さん。ハマってすぐに、サウナハットやお風呂セットを買い揃え、次第に仕事終わりに銭湯へ駆け込むのが日常になった。松本さんの働くバーは閉店時間が遅く、仕事が終わるのは深夜3〜4時頃。帰り支度をして銭湯へ向かえば、開店時間の5時前に駐車場に到着する。車内で少し時間を潰してから、開店すぐにお風呂へチャポン! 続いて、サウナと水風呂を往復すると、一日の疲れが汗とともにワッと流れていく。そう、昭和の朝銭湯文化が、令和の働く人にもマッチしているのだ。

松本さんいわく、サウナの最高の瞬間は「サウナから上がって水風呂へ入り、羽衣のような不思議な感覚をまとって、ととのう時」なのだという。それを体感するために、週2回以上通い続けた銭湯では、もう受付のお母さんとも顔見知り。行きつけのスタンプカードが貯まるごとに、銭湯の魅力にもどっぷりハマっていったそう。インタビューでそれぞれの銭湯についてコメントをもらう時も、キラキラと目が輝いていた。

仕事終わりに銭湯へ。
お風呂とサウナの
世界にどっぷり!

現代
朝銭湯の
マスター兼
サウナー

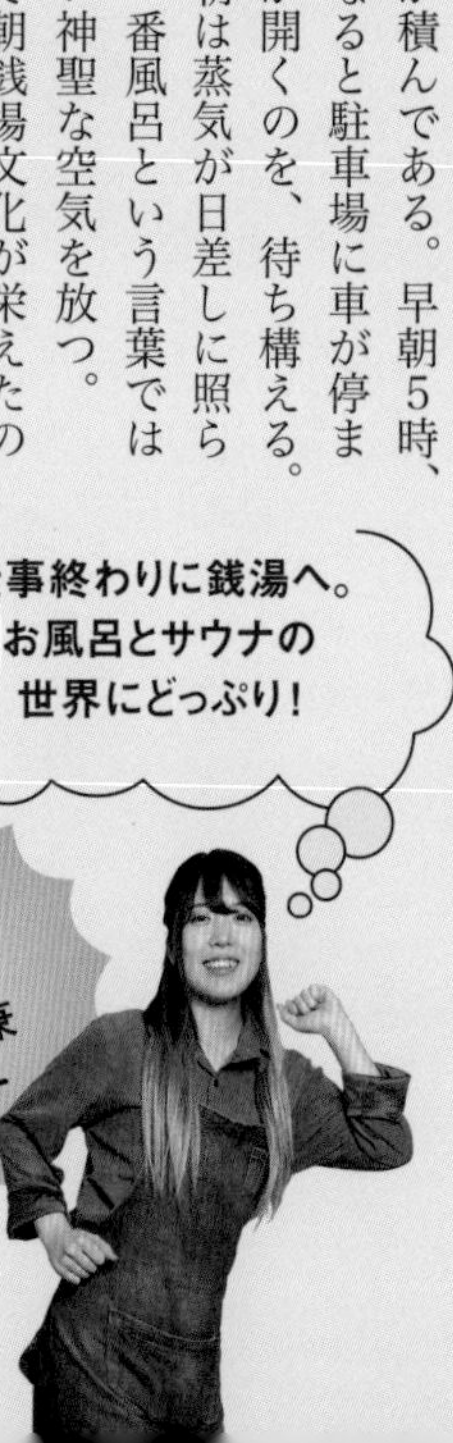

profile

松本千晶さん

中心街のバー『ソウル トゥ ソウル』の店長であり、週2回以上はサウナに通うコアなサウナー。オリジナルブランド『MADE IN SAUNA』も展開。

1）空の広さを感じる露天風呂で、澄んだ空気の朝も星空のキレイな夜もおすすめ。2）テレビのある広々としたサウナ。3）露天風呂の横には、インフィニティチェアが設置してある。サウナや風呂から出たら、緑に囲まれながら外気浴でひと息。4）湯上がりはロビーでゆっくり。マッサージ店も併設している

朝銭湯 ♨ 1

ヤギに野菜に、露天風呂!?

熊ノ沢温泉

くまのさわおんせん

松本さん的分析

私のSNSでアンケートをとって、最も人気があった温泉です。露天の水風呂、インフィニティチェアなど、サウナ好きがハマる設備が揃います。澄んだ空気の中、オロポ（オロナミンCをポカリで割ったもの）飲みたい！

［泉質］
ナトリウム塩化・炭酸水素塩
（低張性弱アルカリ性低温泉）

［設備］
露天風呂、サウナ、水風呂、
マッサージ機、ドライヤー
館内にマッサージ店併設

［販売］
石けん類、タオル、歯ブラシなど
貸しタオルもあり

［飲み物］
水、牛乳、オロナミンC、
ポカリスエットなど

地下約800mから汲み上げた「古樹の湯」と呼ばれる源泉を、100%かけ流しで楽しめる温泉。露天風呂のほか、人工炭酸泉風呂、サウナ、マッサージ店まで併設された至れり尽くせりな施設で、遠方からもお客が集う。平日でもオープン時間前から駐車場に常連客の車が停まり始め、時間になるとカゴを抱えていざ朝風呂へ。早朝の畑仕事を終えたお母さんなど、地元住民が続々と集まる。『熊ノ沢温泉』は八戸に東北新幹線が延伸したのをきっかけに計画が立ち上がり、2007年に開業。地域活性化を目的として、老若男女が楽しめる施設として生まれた。15年経ってもその想いは変わらず、お客の声に応えて設備をアップデートしている。最近ではサウナ好きのためにインフィニティチェアを設置。ヤギがいるのも「お客を楽しませるため」と思いきや、館長の赤澤さんが「酪農家になりたかったから」なのだという。販売している野菜も、赤澤さんが手がけたもの。“風呂やサウナでリフレッシュした後に、ヤギに触れ合って野菜を抱えて帰る”が叶うのは、実は赤澤さんのおかげなのだ。

Data
所 八戸市尻内町熊ノ沢34-251
☎ 0178-27-0004
営 6:30～22:00　休 なし
料 450円、小学生150円、幼児60円
URL http://kumanosawaonsen.com/
MAP：P124 A-2

5）左が館長の赤澤栄治さん。6）ヤギは7頭いるが、草刈りのために出張していることも。野菜の販売コーナーでエサ（50円）が買えるので、触れ合いたいならぜひ購入を。7）受付前には、赤澤さんが自然農法で育てた野菜が並ぶ。八戸名産の黒ニンニクも要チェック！

県外からもファンの集う名湯

朝銭湯 2

地元住民の情報交換の場であり朝日が神々しいサウナーの聖地

壽浴場

ことぶきよくじょう

1983年創業、家族経営で地元住民から愛される昔ながらの銭湯。サウナブームの火付け役でもある漫画に登場し、県外のサウナーも多く訪問するようになった。朝5時の営業時間前からフライング気味に入浴するコアな常連客も多く、脱衣所は和気あいあい。男湯の天井窓から差し込む朝日は、眩しく美しい。湯船や水風呂には地下水を使用しており、熱めの湯やサウナで、身体を芯から温めた後にコップに注いで飲むと生き返るよう。地元のお母さんたちは、料理や飲料水用に大きなボトルに汲んで自宅へ持ち帰るという。

松本さん的分析

私もサウナ漫画を読んで訪れました。昔ながらのサウナに、ガツンと冷たい水風呂。"The銭湯"といった感じで、聖地にふさわしい強烈な印象が記憶に残っています。寝転んだ体勢でお湯に浸かれる寝湯も癒される～！

1）浴場は明るく、陽を浴びながら湯船に浸かると元気が湧いてくる。2）サウナ好きから好評の90℃のサウナと、14℃という脳にくる冷たさの水風呂を往復した後は、地下水をゴクリ。3）清潔感のある脱衣所

[特徴]
- 地下水を使用した湯船
- 90℃のサウナ

[飲み物]
- 水、牛乳、ポカリスエットなど

[設備]
- サウナ、水風呂、マッサージ機、
- ドライヤー

[販売]
- 石けん類、タオル

三代目
清水純芳さん

Data
所 八戸市白銀町田端2-1
☎ 0178-34-5021
営 5:00～23:00 休 なし
料 450円、小学生150円、幼児60円
MAP：P124 B-2

1）広々とした脱衣所。2）お湯の温度は3段階あり、メインとなる湯船は40℃。そのほか42℃のあつ湯、37℃のぬる湯がある。水風呂は15℃前後。3）サウナは今後も進化予定！ 4）洗い場には子どもの絵など、癒される鏡広告も

八戸銭湯の新しい顔

朝銭湯 3

どんどんパワーアップするスーパーサウナ付き銭湯

オールウェイズ

オールウェイズ

2020年にリニューアルオープンし、設備も一新。設備・内装などを扱う企業が運営しているので、かゆいところに手が届く。軟水器を導入し、シャワーや湯船などはすべて軟水。柔らかな湯ざわりで、サウナ後の水風呂はスルリと羽衣をまとうようだ。ミストルームもあり、じんわりと火照る身体を冷ますのも心地よい。ロビーの本棚には大量のコミックがあるので、のんびりとひと休みするのもおすすめ。農家直送の野菜を販売し、地元住民に鏡広告を募るなど、地元からの愛され具合も抜群！

温浴事業部
佐藤洋輔さん

松本さん的分析

若い年齢層のサウナファンに人気！ ミストルームがあり、ベンチの設置など訪れる度に進化しています。お客さんのマナーが良く、気持ちよく利用できるのも高ポイント。オリジナルの手ぬぐいもゲットしましょう。

Data
所 八戸市新井田松山下野場7-31
☎ 0178-38-3857
営 6:00～22:00
休 なし
料 450円、小学生150円、幼児60円
MAP：P125 C-3

[源泉]
- 松山下野場源泉
- メタけい酸を含む温泉

[設備]
- サウナ、水風呂、ミストルーム、
- マッサージ機、ドライヤー
- 館内にマッサージ店併設

[販売]
- 石けん類、タオル、歯ブラシなど
- バレルサウナレンタルも

[飲み物]
- オロナミンC、ポカリスエット、
- 湯上がり堂サイダー、
- ノンアルコールビール

八戸なら
朝風呂も選びまくり！

モーニング銭湯コレクション

本格露天風呂にヒノキ風呂も！ホテル内にある贅沢なお風呂

さわ里の湯／さわさとのゆ

グランドサンピア八戸にある浴場。日帰り利用でき、露天風呂、ヒノキ風呂などがある。帰りに食事を楽しむのも◎。

所 八戸市東白山台1-1-1　☎ 0178-23-5151
営 5:00～9:00、10:00～22:00　休 なし
料 750円、小学生370円、幼児150円
URL https://www.sunpiahachinohe.jp/onsen.html
MAP：P124 A-2

Chiaki's Comment
緑に囲まれた露天風呂が気持ちよく、サウナを出た後も外気浴が楽しめます。アカスリができるのも嬉しいですね。

八戸の市街地から徒歩圏内 サウナの後は畳でゆっくり

ニュー朝日湯／ニューあさひゆ

八戸の市街地から歩いていける銭湯。熱めの湯に加えサウナや岩盤浴がある。休憩スペースも広く、ゆったり過ごせる。

所 八戸市類家縄手下4-7
☎ 0178-22-0608　営 13:00～22:30 ※2022年12月より午前の営業は中止　休 火曜
料 450円、小学生150円、幼児60円
MAP：P126 D-4

Chiaki's Comment
薪で沸かしているのが最大の特徴。脱衣所に畳の小上がりがあり、岩盤浴で汗をかいた後、休憩するのに気持ちいいです。

ポップな看板が目印 薬湯が人気の銭湯

湯～トピア小中野／ユートピアこなかの

小中野駅から徒歩6分ほどの人気銭湯。薬湯が人気で電気風呂や寝湯など種類豊富に揃う。広いサウナも備えている。

所 八戸市小中野6-6-24
☎ 0178-22-7765　営 5:30～22:00
休 なし
料 450円、小学生150円、幼児60円
MAP：P125 A-2

Chiaki's Comment
薬湯などが人気で混み合っていることも多いが、洗い場が広くゆったりめ。サウナの温度はやや低めでじっくり入れます。

青森ヒバの浴槽で天然温泉にお食事処もあるスーパー銭湯

極楽湯 八戸店／ごくらくゆ はちのへてん

メインの湯は青森ヒバの浴槽で楽しめる天然温泉。露天風呂、電気風呂なども備える。併設の食事処でお酒も飲める。

所 八戸市沼館4-7-108　☎ 0178-73-1126
営 5:00～0:00　休 なし
料 450円、小学生150円、幼児60円
URL http://hachinohe.gokurakuyu.jp/
MAP：P124 B-1

Chiaki's Comment
休みの日に訪れて、お風呂上がりに生ビールを飲むのが最高。設備が整っていることもあり、リピーターも多いです。

外観も浴室も個性的！陽が降り注ぐ湯

みどり温泉／みどりおんせん

温泉を汲み上げた銭湯。昭和の個性的な建築で、男女で分かれた入り口では番台が迎えてくれる。スチームサウナあり。

所 八戸市柏崎6-17-3　☎ 0178-24-2743
営 8:30～21:30　休 月曜
料 450円、小学生150円、幼児60円
MAP：P126 F-1

Chiaki's Comment
まだ未開拓の銭湯で、コンプリートの使命感に駆られています。私も要チェックのひとつとして目を光らせています。

青森ヒバの源泉掛け流し 水風呂にもこだわる贅沢温泉

長寿温泉／ちょうじゅおんせん

樹齢500年の青森ヒバをくり抜いた浴槽に、源泉掛け流しが自慢。熱めのサウナと、バイブラやヒノキの水風呂がある。

所 八戸市下長3-21-11　☎ 0178-28-4126
営 5:00～23:00　休 なし
料 450円、小学生150円、幼児60円
MAP：P124 A-1

Chiaki's Comment
随所にこだわりが見える、お気に入りの温泉です。2種類の水風呂があり、温度などの好みで選べるのもありがたい！

富士の銭湯絵を眺める 1962年創業の温泉銭湯

柳湯／やなぎゆ

富士山の銭湯絵が見事な老舗の温泉銭湯。陸奥湊駅の徒歩圏内で、市場で働く人々も朝から多く利用している。

所 八戸市湊町柳町24　☎ 0178-33-0771
営 6:00～23:00　休 第1木曜
料 400円、小学生150円、幼児60円
MAP：P125 B-1

Chiaki's Comment
お気に入りの銭湯のひとつ！ メインの湯は熱めで湯ざわり滑らか。薬湯も心地よく、水風呂がキンと冷えています。

トロン温泉で癒しの時間 常連が集う憩いの湯

みさき浴泉／みさきよくせん

人口で温泉効果が得られるトロン温泉を採用し、美肌効果が期待される石の湯も人気。常連が多い地元住民の憩いの場。

所 八戸市白銀台2-9-9　☎ 0178-31-6002
営 5:00～23:00　休 なし
料 450円、小学生150円、幼児60円
MAP：P124 B-2

Chiaki's Comment
石の湯は朝日が差し込むと、浴槽のタイルが反射して海のようでキレイ！ トロン温泉やサウナでしっかり温まれます。

イマドキ 銭湯女子の 持ち運びグッズ

日常的に銭湯を楽しむ
松本さんが持ち歩く
お気に入りアイテムを紹介

1 手ぬぐい

『オールウェイズ』のオリジナルグッズ。サウナでは頭にかけたり、熱気を循環させたりするのに使う

2 タオル

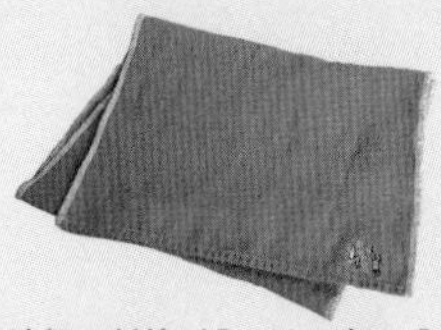

熱波師の刺繍が入ったお気に入り。タオルは小さいサイズを3枚、身体を拭く用に中判を1枚持っていく

3 サウナハット

サウナの中でかぶる専用の帽子。熱気で顔が熱くならないので長く入れて、髪が傷むのを防いでくれる

4 メッシュバッグ

アイテム一式をこれに入れて、サウナへ。たっぷりサイズで使い勝手抜群。アウトドアサウナにも重宝

5 オリジナルTシャツ

好きすぎて立ち上げたブランド『MADE IN SAUNA』のTシャツ。湯上がりはリラックスした格好がしたい

6 シャンプーセット

シャンプー、コンディショナー、ボディソープのセット。まとめてカゴにいれたら車に積んでどこへでも行ける！

Best of 八戸 5

Uターンシェフのスペシャリテ

自身の経験値こそが
最高のスパイス

Uターンシェフのスペシャリテ

幼い頃から慣れ親しんだ食材に、自身のバックグラウンドを重ねた唯一無二の個性が溢れるひと皿。誰もが唸るこの味を知らずに、地元グルメは語れない。

写真＝加藤史人　文＝菅野貴之

Shop Name cuisine française Yui

Chef 根市拓実

Takumi Neichi

料理学校卒業後、食材の魅力に惹かれ北海道に渡り、『ザ・ウィンザーホテル洞爺』や札幌市内のレストランで修業。意外にも、「学校で学んだ技術が一番役に立っている」そうで、地元の生産者やシェフとの交流で料理の着想を得ることも多いという

デザートの「桃のパフェ」。黄金桃と川中島白桃のマセレに、酸味のあるルバーブやフランボワーズを合わせた、夏向きの軽い食感とサッパリした味わい

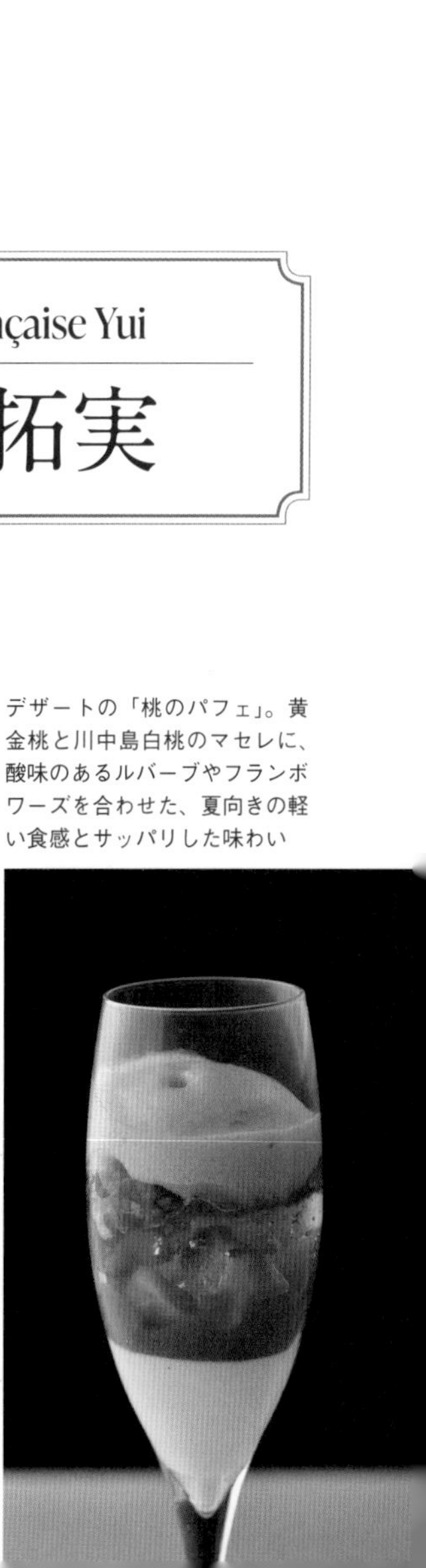

前菜の「平蟹のマセレとコンソメジュレ」。ミソも加えた濃厚なカニのほぐし身に、コンソメジュレや青ジソ、エシャロットが後味に清涼感を与える（料理はすべて5,500円コースの一例）

旺盛な探究心で常に進化を続ける 八戸フレンチシーン、期待の星

祖父から受け継ぐ農園で兄が育てた野菜を使い、自身が料理を手掛ける。そんな店を作りたいと修業先の北海道から戻り、八戸中心街で前身の店『農風キッチンYui』をオープンした根市さん。2020年11月に郊外の一軒家に移転し、店名も改め、新たな一歩を踏み出した。メニューはコースのみとなり、料理はガストロノミックなものに生まれ変わった。香りや食感の多彩で複雑な掛け合わせ、ソースの色味や食材を際立たせる盛り付けにも独自の世界観を見せる。その象徴が前菜の「テリーヌ」。季節の食材を巧みに組み合わせ、見た目も色鮮やかで、層の作り方にも毎回違った趣向を凝らす。また、野菜以外も意識的に地元食材を選ぶようになり、この日は「青森シャモロック」がメインの肉料理に。旨味が濃く歯応えが良いがパサつきやすい地鶏を、もも肉は低温調理でジューシーに、むね肉は滑らかなムースに仕上げている。常日頃から新たなレシピの構想を練り、試作を重ねるという根市さん。訪れる度に進化するその料理から、今後も目が離せない。

右）シックで清潔感のある店内には、ゆったり4テーブルのみ。左）「その時期に手に入る食材を使えば季節感は自然に生まれる」という考えから、なるべく多くの野菜や魚を使うように心掛けている

Data
キュイジーヌ フランセーズ ユイ
所 八戸市田向5-31-18 ☎ 0178-32-6538
営 11:30～13:30（L.O.）、18:30～22:00（L.O.20:30）
※ランチは前日までに要予約、ディナーは当日15:00までの完全予約制
休 日曜、ほか不定休あり cuisine_francaiseyui
MAP：P124 B-2

海 タラのテリーヌ・ア・ラ・バスケーズ

身が締まり歯応えのある夏のタラは、パプリカのコンフィと共にズッキーニで巻き、食感の違いで楽しませる。アンチョビとドライトマトのソースで、淡白な魚に旨味を添える

山 シャモロックのドディーヌ

力強い味わいの地鶏は、しっとりしたローストと滑らかなムースに。ポルチーニ茸で作った濃厚なソースと香り高いパウダーなど、ひとつの食材で多面的な魅力を見せる巧みな技

「銀の鴨」、「ガーリックポーク」、「さめっ娘牛」、『南郷ひなた農園』のワインなど、レアな地場食材が揃う

Shop Name
Porta Otto

Chef
平山貴之

地場食材の魅力を発信する イタリア的アイデンティティ

生まれ育った土地を誇り、地産地消を大切にする。イタリアで「カンパニリズモ」と呼ばれる精神を体現する平山さん。「魚はもちろん肉や野菜もハイレベル。近場でこれだけの食材が揃う街は、全国でもそう多くはない」と語るように、八戸で独立した理由は郷土愛だけではない。修業時代は肉料理を得意とするイタリアンで料理長の薫陶を受け、独立前には鮮魚レストランでもシェフを務めた経験から、一見シンプルなカルパッチョも、カツオやリンゴ酢で〆たサバは軽く炙り、サーモンは冷燻するなど、繊細な仕事が施されている。「鴨の炭火焼き」は、一羽丸ごと仕入れ、自家熟成で食べ頃を見極める。表面を焼き付けてから低温調理を行い、香り付けに炭で炙って仕上げたロゼ色の完璧な火入れは、卓越した技術の賜物だ。「自身の料理を通して、地場食材の魅力を県内外に広めることで、恩返しがしたい」と話すように、時には、地元でもまだ知られていない食材にもスポットを当て、自身の経験を加えることで、オンリーワンの味を追求している。

右）豊かなコクのなかに華やかな香りが広がる「陸奥八仙とゴルゴンゾーラのペンネ（1,530円）」。左）野菜自体の味の濃さを最もシンプルに味わえる「奥入瀬野菜のバーニャカウダ（1,300円）」

東京『IL FIGO INGORDO』で修業の後、イタリア研修を経て、『BOGAMARI CUCINA MARINARA』のシェフに就任。2020年、イタリア語で"戸"と"八"を意味する『Porta Otto』をオープンさせた

Data
ポルタ オット
所 八戸市十三日町5 2F
☎ 0178-38-9485
営 11:30 ～ 14:30（L.O.14:00）、18:00 ～ 23:00（L.O.22:30）
休 日曜
URL https://portaotto.com/
MAP：P127 A-1

Spécialité

山

銀の鴨の炭火焼

鴨は血を抜かずに〆ることで、肉に留まった血がコクと野趣ある風味を生む。鴨の骨のスープとバルサミコに、ドライトマトとパプリカを使った辛味の利いたソース「バニェットロッソ」を添える。3,500円

海

旬の鮮魚のカルパッチョ

八戸産のヒラメ、陸奥湾の海峡サーモン、気仙沼産カツオ、北海道産ボタンエビなど近海の旬魚をひと皿に凝縮。ベースのレモンソースに、マスタードやジェノベーゼのソースで味の変化も楽しめる。1,300円

海

タコの
ワイン醤油漬

茹でた水ダコを軽く炙り、スパイスの利いた醤油・白ワインダレで3～4日漬け込んだ一品。噛むほどに旨味があり、添えたディルの香りや実山椒の刺激、さっぱりとした大根のラペが、爽やかなアクセントに。900円

×

甲州を使用した山梨ワイン「共栄堂 Y21HR_DD（グラス1,000円）」。口開けに飲みたいアルコール度数やや低めの軽快さのある微発泡で、さっぱりした前菜と好相性

山

チキン
ナゲット

粗挽き肉や軟骨の肉感あふれるタネに、スパイスたっぷりの衣で適度なジャンク感をプラス。十和田産の新鮮なバジルのスッキリとした甘い香りが、パンチだけではないワンランク上の味に引き上げる。1,000円

×

エルダーフラワーを加えて発酵させたシードル「フロリバンダ スィドロ・アイ・フィオーリ・ディ・サンブーコ（グラス900円）」。穏やかな香りと酸味が揚げ物に合う

Spécialité

パルミジャーノたっぷりの「生ウニのオムレツ（1,500円）」。仕上げにはミモレットチーズ、レモングラスに似た香りのマーガオを振る

Shop Name
zuppa

Chef
橘竜斗

祝日や週末など、月1回程度で不定期の昼営業も行っている。詳細はSNSを参照

スパイスとオリジナリティで
アップデートされた八戸バル料理

「料理や経営も独学で始めた以前の店が、自分の実力以上に流行っていたことに違和感を覚えていました」と語る橘さん。開業4年で軌道に乗っていた店を1年間閉め、改めて修業し直したいと選んだのは、東京で連日行列のできる人気ワインバー『アヒルストア』。直感的に分かりやすい値段表記など、新たな店作りの学びも多く、何より店主の料理スタイルに強く影響を受け、現在のメニューが生まれたという。「食材ありきで考え、身近な経験からアイデアを得て作り出されるアヒルストアの料理は、キャッチーでサプライズ感も素晴らしかった」。現在、『zuppa』の人気メニューとなっている「チキンナゲット」はその好例で、某ファストフード店の味をヒントに、橘さんが試行錯誤を重ねたユニークな一品。どの料理も驚きのある多彩なスパイスやハーブで素材を引き立て、ナチュラルワインやシードルなどとのペアリング力も引き上げている。普段使いもできて、このクオリティとなれば、八戸での行列店入りも間違いないだろう。

『zuppa』のオープンは2018年だが、前店の時代からいち早くナチュラルワインを取り入れている。フランス産を中心に、八戸・東京・仙台・小樽の酒販店から仕入れたワインは、質・量ともに市内有数の品揃えだ

Data
ズッパ
所 八戸市堤町1 大丸ビル1F
☎ 0178-44-7303
営 18:00～24:00（L.O.23:00）
休 日曜、ほか不定休あり
zuppa_8nohe
MAP：P127 C-3

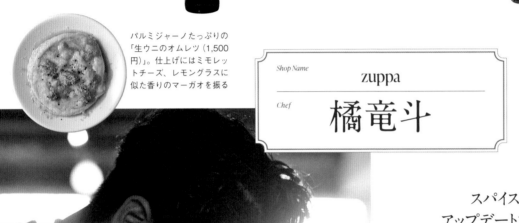

COLUMN

なぜ小中野に集まるの?

彼らが古民家リノベをはじめたワケ

かつて花街として栄えた小中野エリア。
ここ数年、ユニークなお店が次々と誕生し、
人が集まり始めています。

「同じような想いをもつ、新しい店が小中野に来てほしいですね」

ソールブランチ新丁 スタッフ
YAMさん
神奈川出身。東京での服飾の仕事を経て、30年以上前に八戸へ。アパレルショップや八戸初のカフェで働き、現在はアート活動がメイン。「トルホヴォッコ楽団」のメンバー。

6かく珈琲 オーナー
吉島康貴さん
八戸出身。東京でスタイリストのアシスタント、宮崎で炭作りの仕事を経て2015年にUターン。『6かく珈琲』を移動販売で始める。2022年、古民家をリノベして店舗を構える。

かつて花街として栄えた“東北の上海”

吉川　3店舗とも、古民家のリノベーションがしたかったというより、やむにやまれずこうなったんですよね。

吉島　『ソールブランチ新丁』は相続で、『植物屋ARAYA』はご主人の祖父の家を引き継いだんですよね。うち(6かく珈琲)だけ家を買っているけど、古民家を探していたわけじゃなくて、たまたま見つけたいい物件が古民家で。小中野は、建物もさることながら、地域の歴史が面白い。昔は漁師が遊びに行く花街で、うちの店の脇にある細い道は、花街の入り口だったんです。

吉川　遊郭の構造ってだいたい細い入り口がいっぱいあって、中が広いんだよね。

吉島　当時の旅館は、どのお客さんが入ったかわからないように、裏からも出られる造りになっていて、その裏の道がいまも残っている。昭和初期までは“東北の上海”と言われるくらい栄えていて、その名残で僕が上京する前はポルノ映画館なんかもありました。

YAM　昭和初期まで、ここは八戸じゃなくて「小中野村」だったんですよね。

吉島　いまの住所だと小中野は1～8丁目だけだけど、村だった頃はもう少し広いですよね。その“村”の範囲で地域を面白くできたらいいなと思います。

吉川　最初にうちの店ができてから、特徴のある店が3軒もできた。遠くからわざわざ遊びに来るお客さんもいて、よくハシゴしていますよ。3つとも面倒な店で、入るのに靴を脱がなきゃいけない(笑)。営業日も少なくて、うちは展示をしているときだけ営業しているけど、休みの日も次の展示の企画やイベントの準備で、実は忙しい。

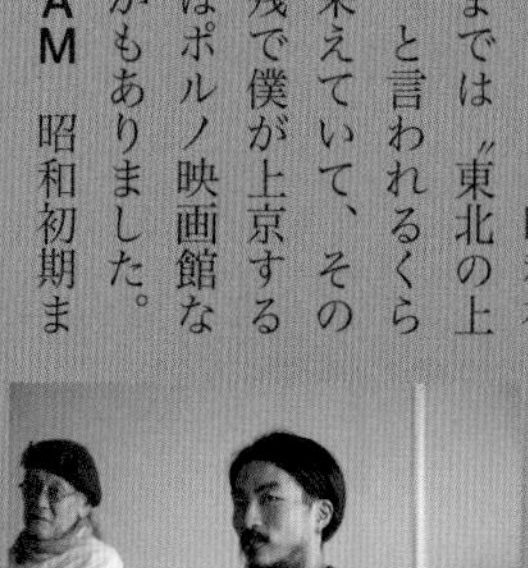

「店も地域もコーディネートしていきたい」

荒谷　うちも週4日しか営業していないけど、休みの日は植物を買ってくれたお客さんの家へ行って、取材をして、SNSに載せたりしています。「八戸にも素敵な植物との暮らしがあるんだよ」って伝えたくて。

吉島　僕も、休みの日に音楽イベントを主催することがあります。一般的なお店は、お客さんに合わせて週5日以上営業するけど、そうすると自分たちのやりたいことができなくなってしまう。自分たちが満たされていなかったら、お客さんにいいものを提供できないですよね。個

1) 流通の少ない珍しい種類の植物を置いている。2) 青森に工房を持つ「zilchstudioのケイクセット(1,100円)」。3) 植物を眺めながらひと息。縁側や2階にも席あり

Renovation.1

植物屋ARAYA

観葉植物を取り扱うカフェ。鉢にもこだわった植物は自宅を豊かにするインテリアとして提案する。コーヒー豆は機械ではなく手で焙煎。食事は身体にいい材料を使っていて、美味しいものを提供している。築80年以上の古民家を改装した空間は、センスのいいアンティーク家具や雑貨などが並び、明るい雰囲気。荒谷さんの目利きで、青森のクリエーターや職人の商品を多数置いている。

Data
所 八戸市小中野4-3-55
☎ 090-6227-1035
営 12:00～18:00
休 月～水曜
shokubutsuya_araya
MAP：P125 A-2

写真＝髙坂真　文＝吉田真緒

右）不定期でギャラリーの展示を行っている。左）企画ごとにメニューの変わるランチ。この日は「タラのレモンバターパスタ（1,045円）」、「コーヒー（385円）」、「チーズケーキ（550円）」

店にある家具は、ほとんどがもらいもの

Renovation.2

ソールブランチ新丁

約120年前、ある料理人が店を始め、二代目で蕎麦屋に、三代目で旅館になり、現在は吉川さんがギャラリー兼カフェを構える。「新丁」とはこのエリアの昔の呼び方だ。2階に2つあった広間のひとつをギャラリー、ひとつをカフェにしており、ギャラリーの展示期間中のみ営業している。対談に登場する2人はバンド仲間でもあり、YAMさんは絵や陶芸などのアート活動も行っている。

Data
所 八戸市小中野8-8-40
☎ 0178-85-9017
営 展示期間のみ営業
（スケジュールはSNSを確認）
休 不定休
saulebrancheshincho
MAP：P125 B-1

植物屋ARAYA オーナー
荒谷真奈美さん
福島出身。埼玉在住を経て夫の実家がある八戸に移住。2016年に自宅で『植物屋ARAYA』をオープンした後、空き家となっていた義父の家をリノベし、2018年に移転。

ソールブランチ新丁 代表
吉川拓志さん
十和田出身。かつて叔母が旅館を営んでいた建物をリノベし、2014年に『ソールブランチ新丁』をオープン。CDや雑貨の制作販売も行う。「トルホヴォッコ楽団」のメンバー。

「意識してないけど、私は人が好き」

人店って、もっとわがままで、偏っててい い。お客さんに合わせることで競ったら、郊外の大型ショッピングモールに勝てないわけだし。

YAM　それは、お客さんを拒否しているんじゃなくて、むしろお客さんに楽しんでもらうためなんですよね。

個人店が増え人が集まる

荒谷　店をこっちに移転するとき、ソールブランチ新丁があると思って来ました。

「仕事より“活動”をしている感覚」

吉島　僕も以前は宮崎に住んでましたが、この2人がいるから戻ってくることにした。地域の未来が見えるというか、面白くなる気がして。同じような想いで、新しい店が小中野に来てほしいですね。

荒谷　果物屋とか、お惣菜屋とか、店が増えたらいいな。

YAM　昔はそういう商店が集まって地域が成り立っていたじゃないですか。みんな、店で人と会話しながらものを買っていた。それをまた実現させたいですよね。面白いのは、小中野はお客さんの年齢の幅が広いこと。カフェなんか若い人ばっかりかと思うけど、年配の人も来ます。

荒谷　20代から70代までね。

吉川　うちが旅館だった頃を知っている人が来て、当時の思い出を話すこともありますよ。

YAM　幅広い年齢層で会話できたら素敵じゃない？　いわゆるカルチャーって、そういうところから始まるんじゃないかな。例えばイギリスではカフェから新聞やジャーナリズムが発展した。人が集まって話すことで、新しいものが生まれるんです。

吉川　そんな場が地域にあるって、大事なことですよね。

1）七輪で焙煎した豆で淹れるコーヒー（600円〜）。2）「カフェジーニョ（濃縮エスプレッソ／1,000円）」も提供している。3）町医者時代は診察室だった場所が店に

Renovation.3

6かく珈琲

武士が鞍替えをして海運業を始めた際の事務所として130年ほど前に建てられた。その後、旅館、病院と役割を変え、約20年の空き家期間を経てこちらの店に。コンセプトは、炭作りに魅せられて、本場の宮崎で経験を積んできた吉島さんらしく“炭”。少量ずつ、七輪でコーヒー豆を手焙煎している。炭で火を通すと、じっくり旨味が引き出されるのだとか。すべてオーガニックなのも特徴。

Data
所 八戸市小中野8-13-2
☎ 非公開
営 12:00〜18:00、
日曜8:00〜12:00
※日曜はテイクアウトのみ
休 月〜木曜
6kaku_coffee
MAP：P125 B-1

Best of 八戸 6

この店のあの名品

八戸民なら食べるべき このみせのあの名品

新しい店が増えることは便利なことだし、新鮮で面白い。でも人の温もりとストーリーを感じられるのは歴史ある店ならでは。改めて、この店であの名品を食べませんか?

写真＝蜂屋雄士／髙坂真／中村佳代子
文＝福井晶／吉田真緒／河合彩夏

チーズと半熟玉子とカレーが溶け合う郷愁の味

マスターの思い出と店の歴史を追いかける

1975年創業の名喫茶は、マスターの須藤憲男さんが20歳の頃に三日町で店を構え、1989年に現在の場所へ。店内にあるお客様用の落書きノートや常連の写真を眺めれば、長きにわたってこの街を見守ってきたことがよくわかる。コーヒー、ピザ、焼きカレー。常連に愛される定番メニューにはマスターの美学が隠れている。焼きカレーは、昔通っていた学校の食堂で食べていたカレーをアレンジして生まれたもの。カレールウに隠し味を加えてお店だけの味に仕上げ、ご飯と混ぜてからチーズをたっぷり。その上に卵を落として焼き上げるのがピーマン流だ。マスターの思い出が詰まった逸品を堪能してみて。

2
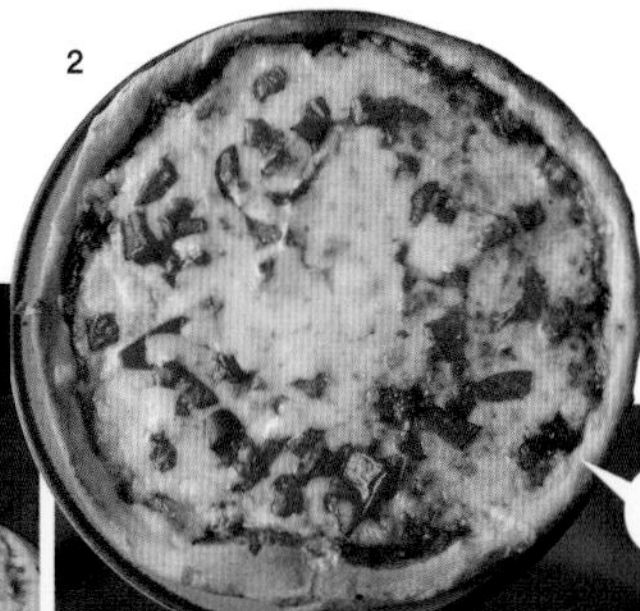

3

ピザはチーズが肝心!

1) チーズと半熟玉子がトロリ！ トマトも大胆に混ぜていただこう。2) もうひとつの看板メニューであるピザは、自家製のクリスピーな生地が決め手。カレールウをソースがわりにしたピザ「カレー（Sサイズ1,100円）」も人気。3)「海鮮（Sサイズ1,250円）」はプリッとしたエビが嬉しい

1
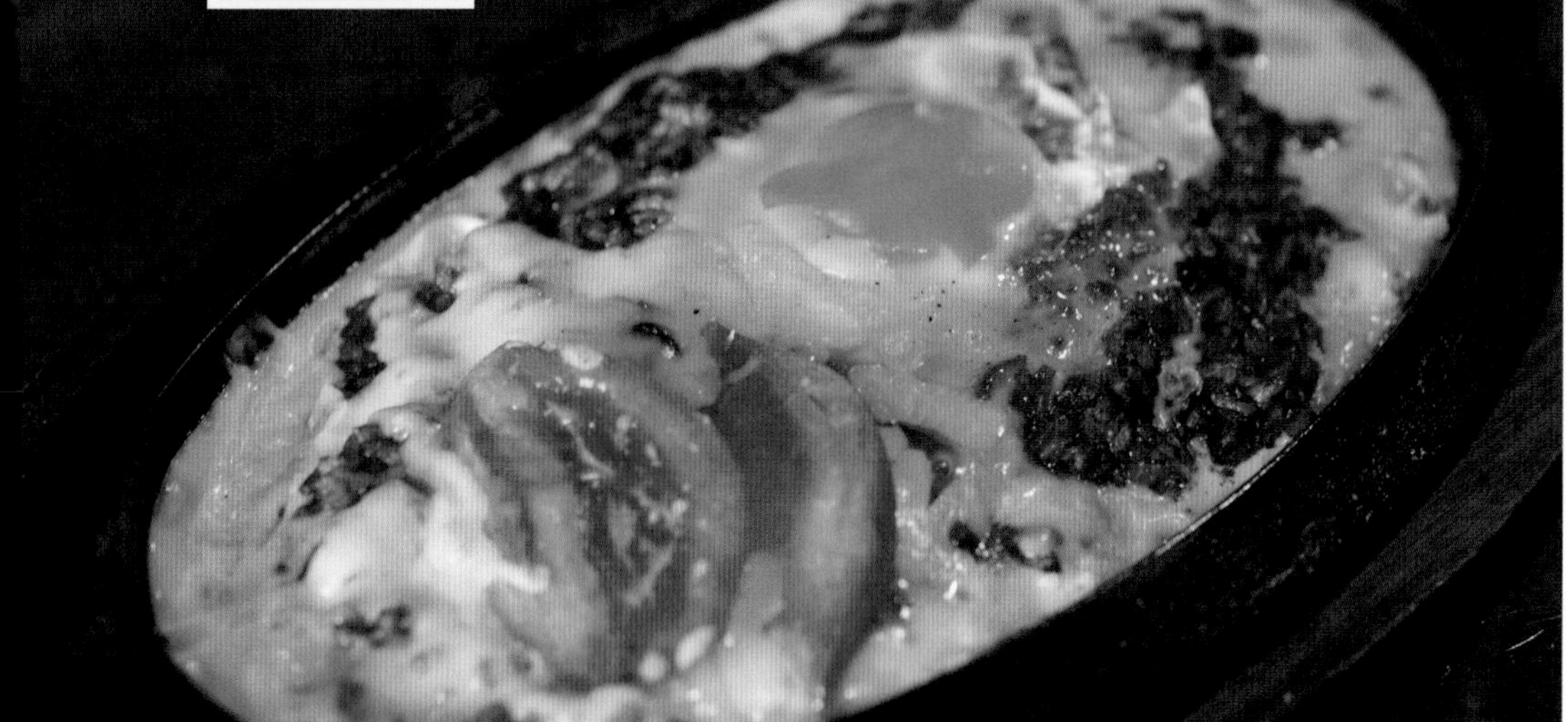

「軽食喫茶ピーマン」の 焼きカレー

950円

Data
けいしょくきっさ ピーマン
所 八戸市十六日町20 2F
☎ 0178-43-8326
営 13:00～23:00 (L.O.22:00)
休 不定休　**MAP：P127 A-2**

上）昔から変わらないままの店内は、肩の力が抜ける居心地のよさ。左）ピアノやギター、スピーカーを備え、毎月第1・3金曜には演奏会が開かれる

右）「ピーマンブレンド（400円）」の豆はコロンビアをはじめ4種類をブレンド。左）マスターがサイフォン式コーヒーを淹れてくれる

「にんにく亭」のハンバーグ定食

780円

光量も抑えめで短時間でも落ち着ける空間。テーブル席は一人客用とファミリー向けとハッキリ別れているので、気を使わずに過ごせる

「カキフライ&エビフライ（2本）定食（800円）」はサクサクの衣にプリプリのエビ、トロリとろけるカキフライが包まれていて、幸福

「生姜焼定食（780円）」はタレの隠し味に秘密のフルーツを使用。甘みに奥行きが出て、このタレに改良してから人気もアップしたという。添えられたスパゲッティが中華風なのもポイント

隠し味にヒミツのフルーツ!

右）厨房に立ち、ハンバーグを焼き上げる店主の下館武志さん。「昔はメニュー数が多かったけど、少し大変になってきた」とも話す。左）壁には店主が友人の画家に学び、描いた見事な油絵が飾られている。表現力豊かで、日展の入選経験もある

隠し味の奥深さが生きるハンバーグ定食のスター

オリジナルを胸にイチから手間暇をかける

東京で修業を積み料理人の道を歩んだ店主、下館武志さんによる洋食店。国産牛と豚を7：3で使用したハンバーグは、試行錯誤した賜物で、隠し味も海外のレシピをヒントにしたというから、その研究熱心さが伺える。弾力やギュッとした肉感がありながらも軟らかく、あふれる肉汁がデミグラスと混ざり合う。それを、地元産あきたこまちを備長炭を入れて炊き上げた艶々のご飯の上へワンバウンド。口の中へかき込むと、目を閉じて噛み締めたくなる。デミグラスソースやサラダのドレッシングなどは、どれも自家製で通常の2倍以上時間をかけるものも。「絵画も料理も、オリジナルをもたないと評価されない」と語る言葉は重く響く。

Data
にんにくてい
所 八戸市石堂2-26-10
☎ 0178-28-2946
営 11:00～15:00、17:00～21:00
休 水曜
MAP：P124 A-1

老若男女に好まれる
あっさり飽きのこない味

「金華楼 本店」の
五目あんかけ焼きそば

820円

平日のみ注文できる「スープ餃子（450円）」は、餃子がスープを含んでジューシー。「五目あんかけやきそば（820円）」は、しっかり焼いた太麺。野菜の旨味が溶け込んだ餡が、麺が隠れるくらいたっぷりかかっている

先代のこだわりを守る
親しみ深い中華屋

港で漁師を相手に、約55年前にスタートしたという金華楼だが、現在は住宅地の一角に本店を構え、常連客を中心に賑わっている。透き通ったスープのラーメンをはじめ、どのメニューも老若男女に好まれるあっさり系の味付けで、価格帯も良心的だ。10年ほど前から始めたという「五目あんかけ焼きそば」は、注文の多い人気メニュー。二代目の中野実さんが、創業者である先代の味を守っている。

「先代はお客さんと接するのが好きでした。僕が出前に行く時も、ただ料理を置いてくるんじゃなくて、一言二言会話をしてくるように言われていました。その当時から親しみやすさのある中華屋だと思います」と優しい眼差しで語ってくれた。

Data
きんかろう ほんてん
所 八戸市青葉1-17-27
☎ 0178-43-5554
営 11:00～20:00
休 月曜
MAP：P125 A-2

ぎっしりの餡を楽しんで

右）「焼餃子（420円）」は、皮が薄くて中はジューシー。口に入れるとふんわりした印象だ。下）「チャーハン（680円）」は、シンプルな具ながら、絶妙なパラパラ感と、飽きのこない王道の味付けでファンが多い。カニ、エビ、五目チャーハンもある

軟らかいレバーに、ほどよい甘みのあるタレが野菜と絡む「レバニラ炒め（780円）」は、スープとご飯がよくすすむ。女性客も多く注文するとか

1）過不足ない卓上セットが金華楼らしい。2）厨房と客席がお互いに見える距離感。「常連さんの顔は覚えています」と中野さん。3）20歳で弟子入りする前、子どもの頃にも家族で金華楼に食べに来たという中野さん。当時の味をいまも守っている

右）店内の壁には赤い短冊メニュー。カウンター席、テーブル席に加えて、畳の小上がりがある。左）八戸市白銀町出身の寡黙な店主の佐々木博さんと、物腰柔らかな妻の照子さん。2人のコンビネーションは客席から見ていて、あたたかな気持ちになる

キャベツを中心に野菜がどっさり入った「中華丼（650円）」。餡にはラーメンと同じ自家製スープを使用。上る湯気に構わず、ハフハフしながら口に運ぼう

これぞ町中華のオムライス!

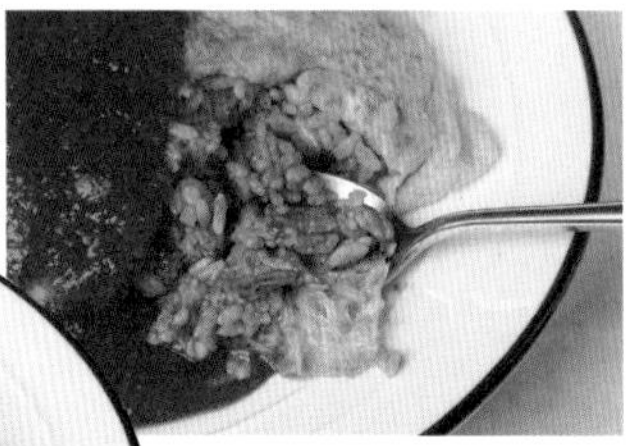

「オムライス（650円）」。薄焼き玉子に包まれているのは、豚こま入りのケチャップライス。添えられた福神漬けにグッとくる

具材は、ナルト、ネギ、チャーシュー、玉子といたってシンプル。美味しく仕上げるコツを聞くと「特別なことはしていないけど、ご飯をよく焼くこと」と佐々木さん。しっかり長めに炒めて水分をとばすのが、パラふわに仕上がる極意なのだ

ピンクのナルトが映える“パラふわ”チャーハン

「洋光食堂」の チャーハン 650円

ボリュームも味も満点 街の良心に会いに行く

地元のチャーハン好きがマイベストに加えるという、隠れた名店。ピンク色のナルトがアクセントのパラふわチャーハンを頬張りながら、サイドメニューの半ラーメンのスープを飲み込む。半ラーメンはボリューム満点で、鶏ガラ、煮干し、昆布、野菜などをじっくり煮出した透明なスープが沁みる味わい。昔ながらの雰囲気が漂う店内で食べれば旨さもひとしおだ。

『洋光食堂』ができたのは50年近く前。何度か形を変えたのち、店名を引き継ぎ中華料理店としてオープンさせたのが、現在の店主・佐々木博さんだ。手伝いに来た娘と共に小学生の孫たちがお店に遊びにくることもあって、まるで店そのものが良心でできているようだった。

Data
ようこうしょくどう
所 八戸市小中野5-12-11
☎ 0178-43-5434
営 11:30 ～ 14:00、17:00 ～ 20:00
休 第1・3火曜
MAP：P125 A-1

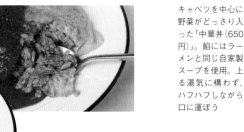

Data
たなぶしょくどう
所 八戸市田向3-3-23
☎ 0178-22-8886
営 9:30～18:00
休 なし
MAP：P125 A-4

現在三代目。家族経営で守りぬく八戸の味

素朴な店構えにそっと扉を開けると、左に岡持ち。奥に落ち着く空間が広がっていて、思わず頬が緩む。二代目の店主夫妻と娘2人で切り盛りし、創業してから50年以上の間、地元住民に愛されてきた。娘の智子さんは「近くに大きな病院があるから、みなさん立ち寄ってくださるんです」と謙遜するが、ラーメンをすすればわかる。間違いなくその美味しさに惹かれているのだ。ラーメンスープやご飯ものにつくスープは、鶏ガラと煮干しがベース。澄んだ旨味を引き出せるように、毎朝、店主夫妻が丁寧に仕込んでいる。ラーメンは創業から受け継いだレシピを守り、スープの煮干しがさりげなく主張。どの時代でも変わらず飲みたくなる味わいだ。

「田名部食堂」の ラーメン 550円

広がる煮干しと鶏ガラの滋味に富んだ味わい

上）親子で並んで厨房に立つことも多い。父と母はラーメンスープを仕込み、娘がチャーハンなどの炒めものとカレー作りを担当している。下）上組町から移転して23年ほど。本棚にはコミックが並び、居心地の良さについ長居したくなる

八戸らーめんの特徴をもった「ラーメン（550円）」。醤油味の澄んだスープに、『中村製麺』の細ちぢれ麺で、トッピングにはメンマ、チャーシュー、ネギ、海苔がのっている。胃に沁み渡って、スープまでゴクリと飲み干してしまう

1

2

漬物が味のメリハリになる

3

1）ラーメンなどでも使用するスープをベースにした「カレーライス（600円）」。ルウにはコショウと隠し味を足して、ほんのり中華風味に仕上がっている。2）型取りされ、紅ショウガと福神漬けでおめかしした「チャーハン（650円）」の愛おしさ。3）スープのトッピングがシャキシャキのネギだけで美味しいのは、出汁が奥深いから

COLUMN

情緒あふれる八戸の名店の数々

八戸にまだまだある美味しくて歴史ある飲食店。
どうしても味わい尽くしたかった貪欲な編集部員が、取材できなかった
悔しさと完全主観で考察。本当は全部紹介したかったです!!

八戸住民の懐かしの味企画 ぶっちゃけ企画ウラ話

『この店のあの名品』の編集担当の河合です。いかがでしたでしょうか？　どのお店も納得の美味しさと真摯にお客さんと向き合う姿で、心がジーンとくるお話をしてくださって、絶対に良い記事にしたい！　と身が引き締まる想いになりました。

実は私には、この企画についてまだ伝え足りないことがある！　なので、勝手ながらコラムのページを作らせてもらいました。リサーチの段階から八戸には魅力的で長く愛されている飲食店がたくさんあり、八戸出身の編集者の口からも、次から次におすすめの店が。これはボリューム満点の企画になるぞ、と意気込んでいたのですが、実はこのページを構成する最高のお店と巡り合うまで紆余曲折の道のりがあったのです。

そもそも八戸でいきなり「雑誌を作るので取材をさせてほしい」なんて図々しいお願いを電話一本で引き受けてもらおうというのも難しいことかもしれませんが、「よくわからないから」、「こわいから」と営業と勘違いされてしまうことや、「いまいるお客さんを大切にしたいので」、「混んでしまっても困る」と切実な想いもあって、取材を断られたその数たるや……！

定食屋、レストラン、焼肉、喫茶店、蕎麦屋、中華、食堂……。50年以上続くお店や、伝説の看板メニューのあるお店。変わり種メニューに定評のあるお店。深夜営業しているお店。安くて旨いと人気のお店など。え～ん、こんなに美味しそうで魅力的なのに、と写真を見ながらご飯を食らう日々でした。

現地で出会った方々からも、取材NGだったお店を「あのお店は？」、「ここ美味しいよ！」と推していただき、やっぱり有名で美味しいんだ!!　と確信するも、もどかしいやら、心苦しいやら（笑）。そんな最中、ワクワクドキドキの八戸取材でしたが、素晴らしい出会いばかりで大感謝です。

今回引き受けてくださったお店は、どこも家族なり手伝っている後継者の後ろ盾があったように思います。逆に断られてしまったお店はご年配のご夫婦二人で手一杯なんてところも、もちろんありました。そういった現実の課題もあるのかな。

私は八戸の若者たちに、「ぜひこの素晴らしい味を繋いでほしい～！」と伝えたいですし、これからも一緒に、八戸をより盛り上げるお手伝いができたらと思います。八戸に行ったら次は噂のあのお店を食べに行こ～っと！

河合のお気に入り1
ほくほくのアジの開き!

ご飯ものも人気なお蕎麦屋さん。まるで実家のような味わいで、お新香の塩加減も絶妙！なんと食後にコーヒーも。店内にはテレビや漫画があり、時間を忘れてしまいました

たっぷりのタケノコがポイント!
河合のお気に入り2

あんかけ丼は、名前に店名がつくほどの自慢の逸品。熱々の肉と野菜とご飯のすべてを一緒に、口いっぱいに頬張って。セットのスープで流し込む

河合のお気に入り3
リーズナブルな価格も魅力的

店内のゲーム台になっているテーブルは、現役で遊ぶことができます。喫煙可の店内には、休憩中のサラリーマンたちがいて、まるでタイムスリップしたような気分を味わえました

——八戸では昔からバーやカクテルが根付いていましたか？

久保　八戸は横丁文化のおかげで酒場に活気があり、昔からカクテルの店も多い街です。いまも80歳を超えるバーテンダーが、現役で活躍されています。

岡沼　色々なバーがある中で、僕は20年ほど前に久保さんの店に通い始め、カクテルが身近な存在になりました。

茂内　私も最初はお客として通っていて、久保さんはいまと変わらず、ショーのようなスタイルでカクテルを作って、楽しませてくれていました。

久保　僕は堅苦しい店が苦手で、個人的にはカラオケがあっても、BGMがジャズじゃなくてもバーはバー。その違いが店の個性で、面白さだと思っています。

——お三方はカクテルの大会で数々の受賞歴をお持ちですが、世界を目指したきっかけは？

久保　僕は料理人出身なので、本場の国で修業するのが、自分の中で当然でした。バー文化の発祥は海外ですし、自然と世界へ目を向けるようになりました。

岡沼　僕らも久保さんの影響で世界大会を目指し始めましたが、海外のバーやカクテルは当時の

陸奥のディープバータウンへ。

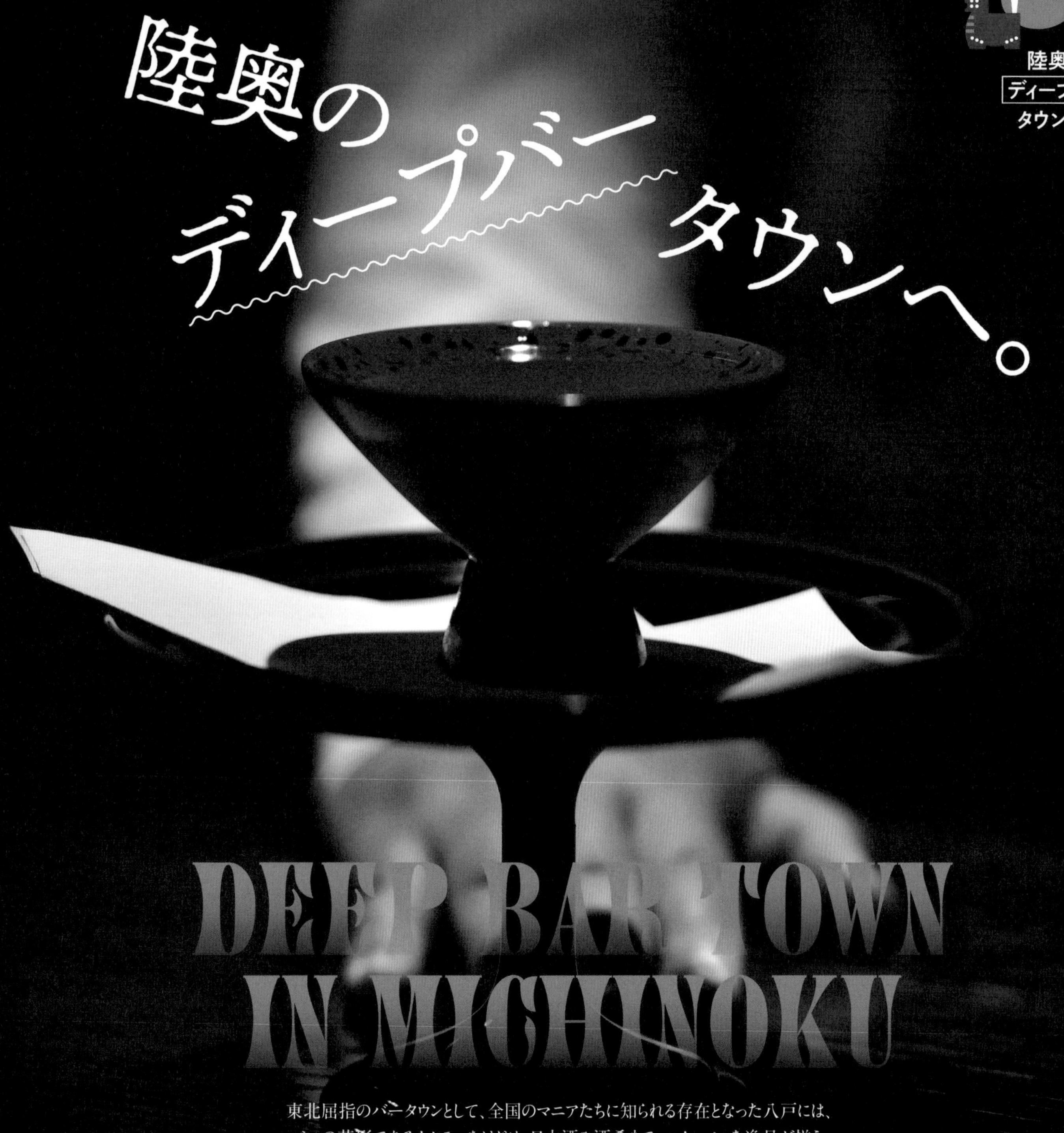

DEEP BAR TOWN IN MICHINOKU

東北屈指のバータウンとして、全国のマニアたちに知られる存在となった八戸には、
バーの花形であるカクテルをはじめ、日本酒や酒肴まで、ハイレベルな逸品が揃う。
酒に恵まれ、酒を慈しむこの街の、最もディープな世界へお連れしよう。

写真＝加藤史人　文＝管野貴之

日本酒ベースの「ジャワメグ（1,000円）」。「Asia's 50 Best Bars」を記念した『ark』のシグネチャーカクテル

「海外で出合うカクテルは、日本とは違い斬新でした(岡沼弘泰)」

日本とはまったく違い新鮮でした。自分の店作りやスタイルにも当然影響を受けました。

茂内　海外から持ち帰ったエッセンスを大会に生かすために、練習してコンセプトやレシピを考える。その繰り返しで技術やクリエイティブ能力が磨かれ、自身の成長になりました。

久保　確かに、世界で勝負するために海外の流行や最新技術を意識してきたことが、僕らの独自性に繋がってきたのかもしれません。その後、八戸で「市長杯」という独自の大会を始めたことも、全国から八戸が注目されるきっかけになりました。

茂内　規模が大きくなるにつれ、全国のバーテンダーの間でも「八戸はカクテルの盛り上がりがすごい」と評判になりました。

岡沼　審査員が第一線で活躍する現役のバーテンダーばかりで、その人たちに自分のカクテルを評価してもらえる機会は、なかなかありませんでした。徐々に県外からも参加者が増えて、年々盛り上がっていきました。

——初心者にとっては、チャンピオンのバーというと、敷居が高く感じますが。

茂内　バーテンダーの語源は〝バーの世話人〟とも言われ、お客様が緊張する必要はまったくありません。居酒屋感覚でラフに使っていただきたいです。

岡沼　お酒や飲み方など分からないことや、知りたいことはバーテンダーが教えるものです。

久保　時々、隣のホテルから部屋着でいらっしゃる方もいますが、うちの店ではどんな服装でも構いません。バーでの作法や飲み方にこだわるのは、僕の趣味に合わないので。

茂内　そのスタンスは、久保さんがお店を始めた頃から、ずっと変わらないですよね。

久保　そのせいか、僕はビギナーの方ほど会話が弾みます。もちろん飲み慣れた方も好きですし、「マティーニを違うレシピで」とオーダーいただければ、100種類でも作りますよ。

岡沼　ひと晩では絶対に飲み切れないですね(笑)。

久保　八戸はカクテルのレベルが、国内でもトップクラスという自負はあります。ただ、僕の店では日本酒もビールも出します。お客様の飲みたいものを頼んでもらうことが一番ですから。

「普段着で本格カクテルを。それが八戸バーの魅力(久保俊之)」

岡沼　お酒の良し悪しや好き嫌いを判断するには、飲み比べが一番です。家で何種類も揃えるのは大変ですし、ビギナーの方ほど一度バーを訪れて、バーテンダーに相談しながら、自分の好みの酒に出合ってほしいです。

茂内　八戸には、カクテルだけでなく日本酒やワインなど、店主のこだわりがあふれる個性的なバーがたくさんあります。その懐の深さが、八戸のバー文化の特徴であり面白さなので、ぜひ色々なお店を覗いてください。

久保　バー独特の堅苦しさがなく、積極的にお客様を楽しませるところも、八戸ならではの特徴だと思います。他の地域から来た方にも「八戸のバーは楽しい店が多い」と言われることに、この街のバーテンダーとして誇りを感じています。

「八戸バー文化の懐の深さと多様性に触れてほしい(茂内真利子)」

八戸カクテル文化入門

歴史ある横丁の街に生まれたカクテル文化が、なぜいま再び開花しているのか。近年の八戸バーシーンを牽引してきた名バーテンダー、『ark LOUNGE&BAR』の久保俊之さんと、その弟子で同志でもある2人が、八戸流のバーの魅力を語り合う。

The Bar Rose Garden
茂内真利子

ark LOUNGE&BAR
久保俊之

SHADOW BAR
岡沼弘泰

1

ark LOUNGE&BAR

アーク ラウンジアンドバー

4

3

1

アートのごとき美しい一杯で満足の上にある感動を体験する

6

5

2

4）2010年にオープンし、東北・北海道で唯一「Asia's 50 Best Bars」にも選出された。5）酒造の現場視察で、約20カ国を訪れた久保さん。写真は蒸留所のみで販売する限定品。6）入り口は本棚を模した扉を横の電話で開けてもらう禁酒法時代のスタイル。チャージは800円

1）世界大会で一位を獲得した「ココ グラッセ」は、マスカルポーネを使用。2）世界に躍進するジョニーウォーカーを表現したカクテル「グロリアス・ウォーカー」。3）「アルティザンパンチ」（すべて1,000円）

「誰も体験したことのないカクテルを作りたい。それが昔から自分の核になっている」と語る、店主の久保俊之さん。元料理人というキャリアを生かし、10年以上前から料理の食材や手法をカクテルに取り入れてきた先駆者だ。さらに、液体窒素を用いて舌触りを変えるなど、当時はまだ日本で珍しかった〝ミクソロジー〟と呼ばれるスタイルもいち早く導入し、独自性の高い一杯を作り上げてきた。その革新性や味が評価され、国内外数々のコンペで優勝を果たした。

また、独創的な演出方法も特徴のひとつ。例えば「アルティザンパンチ」は、名産のリンゴと抹茶やショウガで郷土を表現し、桝の中に仕込んだエッセンスで青森特産のヒバが香る仕掛けを施す。カクテルを口に含んだ瞬間に、鼻から別の香りの要素が感じられ、一体化する。それは〝味わう〟ではなく、〝体験する〟という言葉が相応しい。

味の想像もつかない一杯や未知の体験は、満足を超えた感動を生む。この店のカクテルはそれを改めて教えてくれる。

Data
所 八戸市六日町8
山正ビル2F
☎ 0178-24-5310
営 19:00～翌2:00
休 なし　arkloungebar
MAP：P127 A-1

3

The Bar Rose Garden

ザ バー ローズ ガーデン

美しく淑やかな一杯の中に最高峰の技術を秘める

久保さんが1995年に初めて手掛けたのが、こちらの店。22年前にお客として通い詰め、「久保さんの仕事を楽しむ姿を見て、弟子入りを志願した」という茂内真利子さんが、2005年からオーナーを務める。彼女が掲げるテーマは〝好きの追求〟。カクテルをはじめリンゴの酒にも特化し、「自分の好きなお酒をお客様に広めて共有したい」と日々探究を続ける。

師匠をして「技術とその研鑽

右）華やかなジンの中に抹茶やジンジャーなどが香る「ボタニカルトリップ（1,000円）」。左）リンゴ果汁を発酵させたシードルは、県産をはじめ世界各国の品が揃う

特徴的な赤いバックバーは移転後も健在。チャージは1,000円

② SHADOW BAR

シャドー バー

数あるスコッチの中でも群を抜くスモーキーさに定評があり、リリース史上最高とされる「オクトモア マスタークラス08.3（30㎖ 2,400円）」

洗練された技と懐の深さで
ビギナーから通まで唸らせる

ブルーベリーリキュールに2種類のベリー類とパイナップルのジュースを合わせた、甘酸っぱい「スターゲイザー（800円）」

3

2

1

1）ウイスキーの香りと焼き菓子の味わいで相乗効果を狙ったペアリング提案を、月1種類ずつ計15カ月に渡って行われた（現在は終了）。2）カカオリキュールにキャラメルやミルクを加えた「メルティタイム（800円）」。3）味、スパイスの刺激、ハーブの香りが混然となった複雑な味わいで、人生の"辛酸甘苦"を表現した「EVOLVER（1,200円）」

2006年、久保さんが2店舗目として立ち上げたこの店で、開店時からバーテンダーを務めてきた岡沼弘泰さん。その腕を買われ、2010年に店を受け継ぎオーナーとなり、昨年3月に現在の場所に移転した。

こちらのシグネチャーカクテル「EVOLVER」は、"昨日の自分を超える"をテーマに考案。「バカルディ レガシー カクテルコンペティション2019」で日本一に輝いた一杯もある一方、グラスをチョコレートで飾ったユニークなものも。「バーの敷居を低くして、もっと誰もが気軽に行ける場所したい」という、岡沼さんの想いがカクテルからも伝わってくる。

ウイスキーも豊富に揃えており、市内で人気の『パティスリーYASUHIRO』とコラボしたクッキーペアリングや、テイスティングのワークショップなども企画する。実力者でありながら、バー・ユーザーの裾野を広げる試みに積極的な岡沼さんの店造り。師匠の久保さんが「初心者でも一番楽しめる店」と太鼓判を押すのも頷ける。

Data
所 八戸市三日町30-1 AXISビルB1F
☎ 0178-47-5160
営 18:00～翌2:00
休 日曜
Instagram shadowbar_japan
MAP：P127 A-1

右）特別な日に開けたいという秘蔵酒「アドリアン カミュ デミシークレ」など、シードルを蒸留し樽熟成させたカルヴァドスも県内随一の品揃え。左）「青森県民のDNAで子どもの頃からリンゴ好きだった」と茂内さん。チャージは1,000円

への情熱は随一」と言わしめた美しい所作で作る「ボタニカルトリップ」は、権威ある「ワールドクラス2016ジャパンファイナル」の部門優勝作品。ピクニックをテーマに、メイソンジャーにベースとなるジンのフレーバーに合わせフルーツを添えてバスケットで提供する。

技術力と探究心に裏打ちされた確かな味、発想力や所作、女性ならではの柔らかい接客術、そしてリンゴに込めた郷土愛。彼女が作るカクテルにはそれらの個性が、ひいてはこの店の魅力が凝縮されている。

右）トンカビーンズの甘い香りが漂う「カルヴァドスのカクテル（1,000円）」。左）ジンやエルダーフラワーリキュール、卵白で作る「エルダーフラワーのカクテル（1,000円）」。仕上げにエディブルフラワーを浮かべた美しい一杯

Data
所 八戸市長横町7 マルマンビル3F
☎ 0178-44-0041
営 20:00～翌1:00、金・土曜～翌2:00
休 日曜
Facebook Bar Rose Garden
MAP：P127 B-2

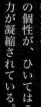

カクテルの世界

“カクテルの街 はちのへ”というフレーズが生まれる遥か以前より、
この地にあり続けるレジェンド店。カクテルへのこだわりはもとより、
個性的な雰囲気も長く愛される理由。一度訪れるとその魅力の虜となる。

天井の名刺は約10年前から。以降「天井に名刺を貼れば出世する」という噂が広まり、県内外からお客が訪れるようになったという

① 洋酒喫茶プリンス

ようしゅきっさ プリンス

1）路地の雰囲気から看板のフォントや色使いまで、どれをとっても昭和ノスタルジー。2）マスターの佐々木さんは、元自衛官という異色の経歴。3）実は下戸だという佐々木さんは、お客の要望には柔軟に対応してくれる。また、新作も多いカクテルは、お客に試飲してもらい意見を聞きながら調整している

長横町れんさ街のベテランが、八戸を色鮮やかに表現

店の扉を開くとまず目に飛び込んでくるのが、天井を埋め尽くす名刺の数々。そして、年季の入ったイルミネーションに照らされたバーカウンターには、派手なシャツのマスターが佇む。創業は１９５７年。現在のマスター・佐々木良藏さんが二代目として、この店で働き始めたのが１９７０年というから、そこからでも約半世紀の歴史を誇る。その歳月が生む特有の雰囲気、佐々木さんの人柄など、店の個性は満載だが、中でもオリジナルカクテルのユニークさは特筆に値する。

「種差」、「蕪島」、「縄文」など八戸の自然・文化・歴史をイメージしたものから、「ヴァンラーレ」、「八戸ダイム」といった、地元スポーツチームの名を冠したもの。さらには、カシオペアクルーズでシェイカーを振ったこともある縁から、「スーパーこまち」、「隼」など鉄道に関するものまで計約20種。ノーチャージで全品1杯５００円という明朗会計も嬉しい。そのラインナップを見ただけで佐々木さんの八戸愛が伝わる、愛すべき一軒だ。

Data

所 八戸市長横町18
☎ 0178-44-1827
営 17:00～24:00
休 なし
MAP：P127 B-1

右）八戸三社大祭の山車から着想を得た「神社・エール」。右から「高欄山車」、「岩山車」、「建物山車」、「波山車」をイメージ。左）青い液色を海、ウズラの黄身を朝日に見立てた「みちのく潮風トレイル」。すべて500円

オリジンなる老舗

1999年に入店し、師匠のオーナー・高橋さんの下で経験を積んだ音喜多さん。「市長杯」では2度の入賞経験をもつ腕利きのバーテンダー

② CRYSTAL HOUSE
クリスタル ハウス

バブル前夜の熱狂を知る、八戸バーシーンの文化遺産

「40年前は街にバーは3、4軒だったと聞いています」と店長の音喜多竜二さん。この店は、1982年創業という歴史に加え、バブル期から栄えた八戸のバー文化を語る上で、欠かせない存在だ。店名は、鏡張りの空間と、1981年出版のベストセラー小説『なんとなく、クリスタル』に由来。流行の最先端を生きる当時の若者を描いたことで、その影響を受けた〝クリスタル族〟を生む社会現象となった作品だが、かつて筋向かいにディスコがあったこの店は、そんな八戸の若者たちが集う最先端の場所だった。

創業当初はダイニングバーで料理をメインにしていたが、当時の流行もあり徐々にカクテルが主軸になっていったという。オリジナルはもちろん、スタンダードなカクテルにも独自のこだわりやレシピがあり、その味は絶品だ。シティポップなど80年代リバイバルが熱いいま、当時の空気を感じられるこの店の魅力と貴重さに改めて気付かされる。カクテルや料理とともに、その雰囲気もぜひ味わいたい。

3

2

1

1）バーボンやエスプレッソを甘めに仕上げた「クラフトマンズ・ブレイク（900円）」。2）スローイングした「ブラディーメアリー（850円）」は、酒のカドが取れて香りが立ち、柔らかい口当たりに。3）メキシコの泉の色をイメージしたテキーラベース「グランセノーテ（850円）」。チャージは800円

5

4

6

4）「焼きカマンベールディップ ガーリックトースト添え（1,000円）」。5）高い位置から注ぎ空気を含ませるスローイングの技。6）醤油ダレにバーボンで樽香や甘みを加えた「バーボンチキン（1,100円）」

Data
所 八戸市鷹匠小路13
ホテルイルヴィアーレ八戸1F
☎ 0178-44-9571
営 19:00～翌2:00（L.O.翌1:30）
休 月曜
crystalhouse_8
MAP：P127 B-2

個性派BAR

酒を味わう上で、その楽しみをより豊かに広げてくれるのが“酒肴”の存在。
飲みたい酒にピタリと寄り添う逸品や、ちびちびとやりたいアテまで、
レストランではなくバーだからこそ味わえる、名作つまみの店をご紹介。

1) 味や香りだけでなくその酒のバックグラウンドまで、会話の中でさり気なく話してくれる上小路さん。柔和な人柄で自身の好みを押し付けず、酒談義にも気軽に応じてくれる。2) オープンは2006年。たぬき小路の元スナックを、ノスタルジックな昭和の雰囲気に改装している。3) BGMは自身の青春時代である80年代の歌謡曲をメインに、お客の世代に合わせ好きそうな音楽もかける

1

OLD SHOES

オールド シューズ

「チャージは1500円で、お通しを何品食べても同じ値段です」とマスターの上小路宏幸さん。趣味で始めた料理はすべて独学。「少しでも酒のアテになれば……」と言うが、玄人はだしの腕前と、酒呑みの心をわし掴みにするその味は、センスと自身が左党である本能が故だろうか。例えば冷奴には、魚介系乾物を数種類使った自家製の食べるラー油といぶりがっこを、大豆の味が濃厚な岩手県『舘豆腐店』の豆腐にのせる。ゴマや豆板醤を利かせ、干し貝柱などの旨味が詰まった味に、そのままでも十分美味しい豆腐を合わせるのだから、控えめに言って最高だ。そんな手の込んだつまみが、箸のすすみ具合や飲みたい酒に合わせ次々と出てくる。

酒の種類も幅広く、アガベテキーラや国産ウイスキーのレアボトル。日本酒にも並々ならぬ想いがあり、マスターの好みだという西日本側の季節酒を中心に銘酒が揃う。どちらも好みの味やその時の気分を伝えれば、ピタリとはハマる一杯が選ばれるが、マスターが語る蒸留所や蔵元の逸話も良いアテに。

必然、酒とつまみの往復が止まらなくなるが、腹が満たされても次は何が出てくるのかと欲が出る。旨い店はつい秘密にしがちだが、そこに楽しさが加わると、途端に人と共有したい衝動に駆られる。そんな底知れぬ魅力がこの店にはある。

Data
所 八戸市鷹匠小路4-7
☎ 0178-47-6499
営 20:00～翌4:00
休 日曜
MAP：P127 B-2

左党の琴線に触れる酒と肴。今日は何に出合えるか、そんな期待に心が躍る

手前から、煮切り酒とイカ肝で漬けた自家製の「イカの醤油辛」。味の良い北海道・虎杖浜の明太子と大ぶりの赤エビを塩麹で漬けた「明太子仕立てのエビの塩辛」。黄身の濃厚さと海苔の風味で淡白な味が引き立つ「ヒラメのヅケ」

手前から、ラグーの濃厚で深いコクが食感の良いリガトーニにしみた「ショートパスタのミートソース」。豆板醤のピリっとした辛さが洋酒に合う「食べるラー油のせ冷奴」。シンプルだが具だくさんの「ほうれん草とベーコンのキッシュ」

右) 甘み・酸味・辛味・渋味のバランスが良く豊潤な味わいの「悦凱陣 オオセト 純米酒 無ろ過生原酒（108mℓ 800円）」。右) 低精米らしい凝縮した米の旨味を、キレのある酸が軽やかにする「亀齢92（108mℓ 800円）」

右) オーク樽の香りと野性的な味わいのテキーラ「パトロン レポサド（30mℓ 1,000円）」。左) 「余市」のピート香と「宮城峡」のバランスの良さを合わせた限定品「ブラックニッカ クロスオーバー（30mℓ 1,200円）」

ベジブロスの出汁や飴色玉ネギ、10数種類のスパイスが重厚なコクを生む「チキンスパイスカレー（950円）」。店主いわく現時点での最高到達点

おつまみ目当ての

② AND BOOKS

アンド ブックス

「人生は一度きり。好きなことをやらないと」と店主の本村春介さんが、自分の〝好き〟を詰め込んだ店。軸となるのは本とスコッチ。4000冊を超える蔵書は毎月変わるテーマ棚など、飾りではなく〝生きた本棚〟であることが伝わってくる。60種類以上揃うスコッチは関連書籍も多数あり、初心者にも分かりやすく店主自作のウイスキーマップもアテンドしてくれるので心配無用だ。店のコンセプトは「○○と本」。○○は酒に限らず、食事やコーヒー、音楽など、お客の好み次第で無限に広がる。その楽しみ方の幅広さこそが、この店の醍醐味。バーではあるがノーチャージで気軽に訪れられる点もありがたい。

難しいことは考えず、自分の“好き”にのめり込む

1）大ぶりでふっくら艶やかな自家製の「カキのオイル漬け（650円）」。2）薫香が控えめなスコッチのハイボールと意外な好相性の「がり（250円）」。3）元デザイナーの本村さん。趣味であるDIYの腕を生かし、店内のインテリアの大半は自作という。4）蒸留所や熟成年数は非公開のミステリアスな一本「スカラバス（30㎖ 1,000円）」

Data
所 八戸市十六日町48-3 本多ビル2F
☎ 090-2275-3791
営 17:30～24:00 休 月・火曜
and_books2018
MAP：P127 A-2

---

③ 酒BARつなぐ

さけバーつなぐ

1）ベーコン、炒め玉ネギ、茹で玉子を使うジャーマンポテト風の「自家製ポテトサラダ（300円）」。2）ゴマ油の風味を生かした「ホタテのオイル漬（400円）」。3）焼き味噌のように濃厚な「サバ味噌煮缶のアヒージョ（600円）」。4）2016年詰めを自家熟成した「獺祭 磨き二割三分（50㎖ 1,200円）」。5）定番から限定まで豊富に揃う「陸奥八仙 赤ラベル（50㎖ 500円）」

酒蔵時代の「唎き酒（きききしゅ）」の経験が、いまも役立つという小笠原さん。チャージはお通し3品で500円

Data
所 八戸市鷹匠小路8-3
P01ビル2F
☎ 0178-85-9158
営 16:00～23:00
（L.O.22:30）
休 日曜（祝前日は営業）
sakebartsunagu
MAP：P127 B-2

蔵人出身の確かな舌が、最適な一杯を選び出す

日本酒好きが高じて脱サラ後に日本酒バーで働き、さらなる探究のため『八戸酒造』で蔵人となった、異色の経歴を持つ店主の小笠原慎さん。日本酒とひと括りにしても多種多様。この店が選ぶのは、出身蔵の「陸奥八仙」に代表されるような、香りが強く、甘み・酸味・旨味の要素が複雑な酒。ワイングラスで提供するのも、それらの要素を楽しむ技だ。全国津々浦々から集めた、店主お墨付きの銘酒は30種類以上揃い、中にはレアな限定酒や自家熟成酒も。日本酒は食中酒との観点から料理にも力を入れ、今後はその数も増やすという。お客と日本酒との出合いを〝つなぐ〟。店名にはそんな意味が込められている。

八戸の「うまし酒」八鶴を造る、八鶴工場に潜入！

八戸の地酒「八鶴」がどのように造られているかご存知だろうか。「一麹、二酛、三造り」で酒造りを行う八鶴工場の、旨さの秘訣を徹底紹介します。

創業は約230年前。伝統ある「八鶴」が造られてきた工場へ行ってみた！

初代河内屋八右衛門が酒造りを始めてから、約230年目になる『八戸酒類』は、「八鶴」や「如空」などの日本酒が人気の酒蔵。自然水と、津軽と南部地方の良質な米を使ってできた「八鶴」は、一般社団法人南部杜氏協会が主催する、南部杜氏自醸酒鑑評会で連続40回優等賞を受賞するなど、味もお墨付きだ。八戸が誇る自慢の地酒、八鶴が造られてきた八鶴工場を見学し、旨い酒作りの工程を見に行こう。

八鶴工場は八戸大火で焼失し、現在の蔵は大正13（1924）年に建てられた

五感で旨味を感じる自慢の酒

まずはおさえておきたい！人気の「八鶴」の3タイプ

お酒のタイプ違いで約10種類ほどのラインナップがある「八鶴」。人気3タイプの特徴を紹介します！

1 大吟醸酒

精米歩合が50%以下で造られる大吟醸酒は、お米を10℃前後の低温で長い時間をかけて発酵する工程を踏む。八鶴の大吟醸酒は、深みのあるフルーティーな甘い香りがありながらも、キリッとした辛口が特徴だ。

「八鶴 大吟醸（1,800mℓ 9,166円）」は、精米歩合40%で深みのある旨さ。冷酒で飲むのが一番のおすすめの飲み方

2 純米酒

原料に醸造アルコールを使わず、米と米麹、水のみを使用した純米酒は、米の旨味をダイレクトに感じられる。青森県産の米を使った八鶴の純米酒は、米の甘みがありながら後味はすっきりとしているので食中酒に◎。

青森県産の「華吹雪」を使用した「八鶴 純米酒（1,800mℓ 2,598円）」は、香りにも味にも米の甘さを感じるお酒

3 本醸造酒

精米歩合70%以下の米を使用した本醸造酒は、米や米麹、醸造アルコールを使って造られる。醸造アルコールを使うことで酒の香りを高める効果がある。八鶴の本醸造酒は、バランスのとれたすっきりとした口当たり。

ロックや冷酒、熱燗や常温、どの飲み方にも合う「八鶴 本醸造（1,800mℓ 2,420円）」。飲みやすい穏やかな味わいだ

上井さんの、ある日のスケジュール

5:30	起床
6:00〜8:00	麹室で麹の温度確認と撹拌
8:00〜9:00	酒母と醪の温度確認と成分分析のためのサンプル採取
9:00〜9:30	朝食
9:30〜17:00	採取したサンプルの成分分析・温度設定・蒸米の仕込みなど
17:00〜23:00	麹室で麹の撹拌
23:00〜	醪の温度確認・自社製品の利き酒をして就寝

八鶴工場
杜氏
上井 裕文さん

トラック運転手から酒造りの道を歩んだ、八鶴工場の杜氏、上井裕文さん。杜氏就任後の八鶴は数々の賞を受賞している

日本酒造りのキーパーソン「杜氏」って？

日本酒造りを仕切る「杜氏」。酒蔵独自の製法で、旨い日本酒造りを目指すことが杜氏の仕事だ。日本三大杜氏の南部杜氏は、盛岡藩や八戸藩、七戸藩を一括した南部藩出身の杜氏たちを総称したことに由来し、現在は南部杜氏を育てる団体もある。

「八鶴」の造り方に迫る！ 手間ひまかけた製法が旨さを生み出す

上井さんに八鶴工場を案内してもらいながら、蔵見学がスタート！
様々な工程を踏んで生まれた酒は、蔵人の努力の賜物です。

歴史ある工場を
私が
案内します！

杜氏
上井裕文さん

STEP 1 原材処理

日本酒造りの最初の工程「原材処理」。米の表面に含まれる脂質やタンパク質などを丁寧に削った後、表面に残った糠を洗い流しながら十分な水を吸わせる作業を行う。米の削りが多いと味わいが淡麗になり、少ないと濃厚な味になる。

上）八鶴の吟醸酒は精米歩合40～50%を使っている。右）洗った米に水を吸わせるホッパー

STEP 2 酒母《しゅぼ》造り

次に水をしっかり吸った米を、甑（こしき）で蒸し上げる作業を行う。その後、30℃ほどの麹室で48時間から50時間かけて蒸米に麹菌を繁殖させて麹を作る。麹の酵素がでんぷんを分解し、酵母菌がブドウ糖を吸収してアルコールを含んだ「酒母」が完成する。

上）蒸す作業で使われる、大型の甑は蔵の中に何台も用意されている。左）蔵人総出で作業を行う麹室

STEP 3 醪《もろみ》造り

酒母と麹、蒸米をひとつのタンクに入れて炭酸ガスで沸騰させる作業、「醪造り」によって本格的なアルコール発酵を行う。一気に仕込むと、酒母の酸が薄くなり、雑菌が増えてしまう可能性があるので、3段階に分けて少しずつ仕込む必要がある。醪は約1カ月かけて発酵していく。

右）500ℓ入る酒母作り用タンクで、12日間かけて酵母菌を増殖させていく。左）7000～9000ℓ入る大きなタンクは、麹を発酵するためのもの。蔵人たちが交代制でかき混ぜる作業を行う

酒を絞れば完成まであと少し！

醪の完成後、酒を搾って原酒と酒粕に分ける作業を行う。現在の八鶴工場では大型の自動圧搾機を使うが、袋に入れて液体を抽出する「袋吊り」が行われることも。

火入れしてビンに詰めたら完成！

自動圧搾機で絞り出された酒は、ビンに詰めて火入れを行う。火入れを行うことで常温でも管理がしやすくなるという。逆に何度も火入れをすると品質が落ちるので、通常の火入れは、1～2回行われる。

我が子のような
大事な
酒です！

右）仕込みの状態が気になり、蔵に泊まって夜中に様子を見に行くことも。手間ひまかけた自慢の日本酒だ。左）大型の加熱器で、60～65℃くらいの温度で火入れを行う

Data
はちのへしゅるい はちつるこうじょう
所 八戸市八日町1
☎ 0178-43-0010
※蔵見学の予約は電話から。
5日前までの予約必須。
営 8:00～17:00
※蔵見学は10:00～16:00（入場）
料 蔵見学はガイドと試飲付きで500円、
ガイドと試飲なしの場合は無料
※酒造期間（10～3月）はガイド付き見学の受け入れ可能日が少ない可能性あり
休 土・日曜
URL https://hachinohe-syurui.com/
MAP：P127 B-1

教えて！ 杜氏の上井さん！

Q 日本酒の美味しさを保つ保存方法って？

A 日本酒は紫外線にとにかく弱く、光を浴びると日本酒の香りに影響が出ます。また、冷蔵保存を心掛けてほしいですね。常温で売られていても冷蔵庫に入れることで熱のダメージを防ぐことができます。開栓したら酸化が少しずつ進むので、なるべく早く飲み終えるのがおすすめです。

Q 上井さんおすすめのおつまみは？

A 地酒というのは、その土地の風土に合わせて造っているので、八戸で獲れた魚を使った刺し身や焼き魚と合わせてほしいです。私のおすすめは自家製の塩辛。新鮮なイカとワタを使い自宅で作った手作りの塩辛は、市販のものと比べ物にならないくらい旨い。ついついお酒がすすんでしまいます(笑)。

☾★地元の呑兵衛と呑み歩く

横丁酒場探訪記

赤提灯からおしゃれなバーまで、地元の呑兵衛が愛する店をハシゴ酒。
横丁の攻略法を指南してもらった。八戸の夜の空気とお酒を吸い込めば、
あっという間にほろ酔い。千鳥足になるころには、すっかり横丁酒場のトリコだ。

写真＝蜂屋雄士　文＝福井晶

みろく横丁

東北新幹線八戸駅誕生に合わせて生まれた屋台村。三日町と六日町をつなぐ通りに26店舗が集まる

たぬき小路

札幌の狸小路を目指し昭和20年代に名付けられた。スナックがひしめき、ご機嫌な呑兵衛が行き交う

五番街

たぬき小路から長横町へ抜ける間にあり、ディープな空気が漂う。映画『五番街の出来事』が名前の由来。

八戸昭和通り

昭和にタイムスリップしたようなぬくもりが感じられる横丁。東北新幹線八戸駅開業を機にその名がついた。

ハーモニカ横町

入り口には木製のアーチ看板。昭和20年代後半から続く歴史があり、居酒屋、小料理屋が多く建ち並ぶ。

長横町れんさ街

長横町からロー丁れんさ街の手前までU字になった横丁。いまはなき映画館に店が連なった“連鎖”が由来。

ロー丁れんさ街

古くは牢屋があり“ロー丁（ろーちょう）”と呼ばれる鷹匠小路と、長横町れんさ街をつなぐ小道。

花小路

みろく横町を横切るように交差し、ビルに飲み込まれるような形になっている。日中は花横市場も開催。

地元の呑兵衛

木下里美さん

おいらせ町（旧下田町）生まれ、八戸出身。地域おこし団体「八戸サバ嬢」代表。八戸市と周辺7町村の情報発信などが仕事。好きなお酒はワイン。

風間一恵さん

八戸出身、Uターン移住6年目。コワーキングとコミュニティオフィス風笑堂を運営しながら「八戸サバ嬢」としても活動。好きなお酒はビール。

横丁から横丁へ 居酒屋からバーまで 夢の5店舗ハシゴ酒

八戸には8つも横丁がある。漁師町で昭和の時代に栄えた横丁も多く、古くから営む酒場も少なくない。ある酒場の主人は「昔はもっと横丁の数があった。漁師や出稼ぎ労働者がガブッと酒を飲み、儲けたお金を使ってね」とも語る。時代は変われど、呑兵衛の気持ちは同じ。「縦横無尽に酒場を渡り歩き、最高の夜を過ごしたい」。それが叶うのが八戸の横丁なのだ。

今回酒場を巡るのは、地元在住の呑兵衛である木下さんと風間さん。2人は地域を盛り上げることを生業とし「八戸（はづのへ）サバ嬢」としても活躍。八戸を含む県南エリアに愛と情熱を注いでいる。サバ嬢は青函エリアで活動する「津軽海峡マグロ女子会」の妹分で、地域イベントの盛り上げ役や各地域の魅力発信などを行う。八戸の酒場はサバ嬢同士で飲みに行くのはもちろん、県外に住むゲストをアテンドすることも。それぞれの色をもつ横丁と酒場を使いこなす彼女たちのハシゴ酒は、初心者のお手本にもなるはず。

二軒目

モグ＠南風堂

Data★
モグアットなんぷうどう
所 八戸市朔日町40
☎ 0178-79-5688
営 17:00～24:00
休 火曜 f nanpuhdo
MAP：P127 B-1

オススメの理由
待ち合わせのサク飲みができ、満席になりにくい早めの時間が狙い目。メニューの幅が広く、お腹が空いていたらしっかりめに食べられるのも嬉しい。（木下さん）

上）クミン、コリアンダーなどたっぷりのスパイスに漬け込んだタイのチキンステーキ「ガイヤーン（1,100円）」。下）店主の外舘真知子さんが一人で切り盛りし、多国籍な料理を自在に繰り出す

上）ビールがすすむタイ料理「えびのトースト揚げ（800円）」。下）トロトロに仕上げた玉子がこだわりの「ごーやちゃんぷるー（880円）」

南の風吹く多国籍料理とオリジナルビールで乾杯

さわやかな水色に塗られた外観。タイやベトナム、沖縄料理などの多国籍なメニューが揃い、南の風を感じるこちらの酒場は、女性人気も高い。人気メニュー・自家製シロップ入りのビールは、スパイスの利いたおつまみと相性抜群。シャンディガフにはレモングラス入りの自家製ジンジャーシロップを使用。1杯だけのつもりが、どんどんすすんでしまう。店主の外舘さんは、この店を営んで15年。実は、八戸にゆかりある写真家を題材にした映画『浅田家！』の登場人物のモデルでもあり、地域のキーパーソン。彼女に会ってパワーをもらうお客も多く、週3で通う常連もいるとか。カウンターに座れば、お客同士のコミュニケーションも弾む、楽しい店だ。

オリジナルシャンディガフ 650円

いちごの生ビール 650円

シャンディガフは自家製ジンジャーシロップを使用。自家製シロップを使用したフルーツのビールは、モモ、ユズなど8種類もある

夕方17時、まだ暗くならないうちに1軒目の『モグ＠南風堂』で待ち合わせ。オリジナルのビールを注文して、さっそく乾杯！ お酒好きの二人とあって、グラスを掲げると自然と笑顔に。「たくさんハシゴすることは、実はあまりない」。「今日はとことんハシゴするから控えめにしよう」。と言いながらも、たっぷりおつまみを注文。ビールがすすめば会話も弾み、「最近、サバ嬢の定例会ができなくて、以前のような飲み会も減りました。こうして飲めて嬉しい」と木下さんの言葉に、風間さんが深く頷く。

何度か店に訪れたことがある木下さんは、「料理もドリンクも幅広くて、同僚や友人などいろんな人と飲みに来れる」と話す。確かに、メニューを見ると「本格トムヤムクン」や「グリーンカレー」などエスニック料理の間に、地鶏使用のからあげや枝豆などの大衆酒場メニューが差し込まれていて、幅広い層に受け入れてもらえそう。

「本当はあれもこれも注文したいし……」と後ろ髪を引かれながらも、サクッと飲んでお会計。店主から「店の並びにある酒場もおすすめ」と周辺の酒場事情もお聞きして、優しく送り出してもらった。

二軒目

旨味処 わらじ

Data★
うまみどころ わらじ
所 八戸市六日町13
なかやビル2F
☎ 0178-38-3736
営 18:00～翌1:00
休 月曜
umamidokoro.waraji
MAP：P127 B-1

オススメの理由
魚と日本酒で一杯やりたいならここ！ ビルの2階にあり、知っていたらツウな隠れ家的酒場で、お酒も料理も八戸名物満載。初めての方にもおすすめ。（風間さん）

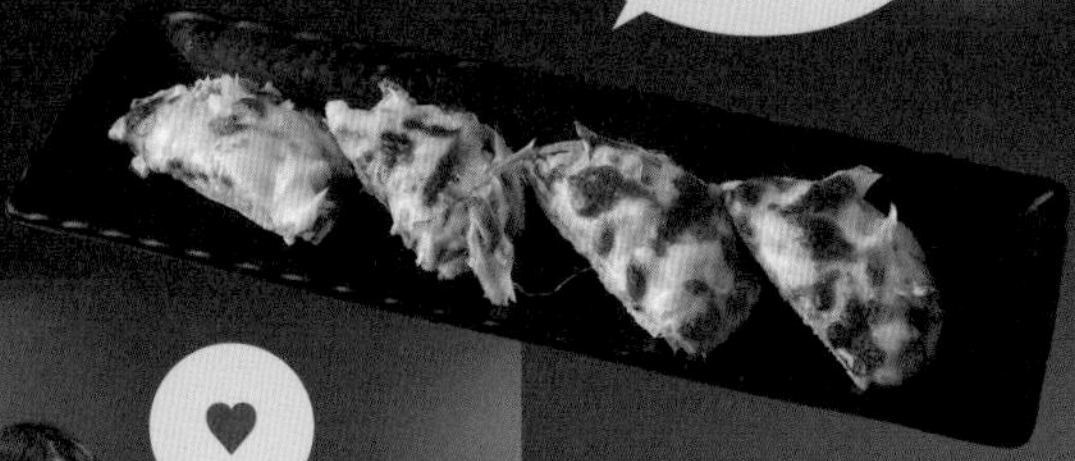

上）八戸産のタラとネギ、チーズをのせて焼き上げた「南部せんべいピザ（680円）」。下）銀サバを大切にしゃぶしゃぶ。にじむ脂に心ときめく

上）薄造りにした銀サバをカツオと昆布の一番出汁でしゃぶしゃぶする「銀さばしゃぶしゃぶ（1,300円）」は自家製ポン酢でいただく。左）その日の極上ネタが揃う「にぎり寿司並（1,200円）」も必食

銀サバに地酒を重ねて。八戸の美味を凝縮、堪能

銀サバ、南部せんべい、地酒……。八戸が誇る地元の美味とじっくり向き合える割烹居酒屋。店主の二ノ久保勝寿さんは、居酒屋や日本料理店で修業を積み、料理の道一筋で歩んできた。みろく横丁で店をオープンし、人気を得て現在の場所へ移転してきた料理人。その腕前はいうまでもなく、魚の鮮度も抜群。看板メニューでもあるサバは、八戸産の銀サバと呼ばれる大きなサイズを仕入れ、そのほかの魚種もなるべく青森県で水揚げされたものを選ぶ。日本酒は15種類ほど揃え、地元産にフォーカス。淡麗辛口の日本酒に、サバの脂の旨味を泳がせて喉に流す。その惚れ惚れするペアリングには感動しかない。地元の名産と地酒が合わないわけがないのだ。

日本酒は「陸奥八仙」など青森の銘柄を中心に限定酒も並ぶ。店主の二ノ久保勝寿さんと地元トークに花が咲く

続いて、みろく横丁のすぐ近くにある「なかやビル」へ。ビールを飲んでテンションがアップした軽い足取りで、ビルの階段を上る。提灯のついた扉が、2軒目の『旨味処わらじ』だ。県外のゲストを案内するのにもぴったりな、地元グルメをゆっくり堪能できるサバ嬢も太鼓判の店。

席に着くなり、2人が迷わず注文したのは「銀さばしゃぶしゃぶ」。ここに来たら必ず注文するメニューなのだそう。美しい銀サバが皿に咲き、鍋から立ち上る湯気は出汁の香りがして、幸福を体現している。風間さんは「陸奥八仙ピンクラベル」を飲んでご満悦。青森県出身の店主と「やっぱり八仙は美味しいよね！」と盛り上がり、近況を話しながらお酒をグビリ。ほろ酔いで「南部せんべいピザ」を頬張り、地元グルメの素晴らしさを噛み締める。ピザの具材は地元産のタラとネギ。和のエッセンスは、日本酒にもマッチする。その味わいに唸るとともに、南部せんべいの万能さに驚く。メニューには〆に食べたい「サバ出汁のせんべい汁（550円）」も。「1軒目に訪ねて、大満足でハシゴせずに解散することも多いです」と木下さんは話すが、夜はまだまだ長い。

ジャケットで選んだクラフトビールやシードルをゴクリ。2階はグループでゆったり過ごせるテーブル席

音楽とスパイス料理とクラフトビールで遊び尽くす

クラフトビールやシードルと、ひとひねり利いたおつまみ。料理は付けダレやスパイスの調合など細部にまでこだわり抜き、アンチョビポテトなど、食べると嬉しい裏切りがあるひと皿も。おしゃべりが大好きな、ユーモアあふれる名物店主・かっぱさんによると、おつまみはどれも無国籍の創作料理。他では食べられないこともあり、それぞれのメニューに熱烈なファンがいるという。食べたいものに合わせて、クラフトビールのペアリングも提案してもらうのも一興だ。BGMも心地よく、どうやら音楽も雑食。ジャンルレスにごちゃ混ぜにする楽しさを表現しているのが、この店のスタイルなのだろう。それに乗っかって自由に飲むのがいいのだ。

毎日おいで!
パクチー山盛り

右）店主の河村"かっぱ"嘉亮さんと、スタッフのいくちゃん。左）クラフトビールは1缶1,100円～。アメリカ、カナダ、ニュージーランドのブルワリーが中心

1

2

3

ディープにハマって♪

1）スパイシーな辛さがビールに合う「ガーリックジンジャーシュリンプ（650円）」。2）パセリたっぷりで甘じょっぱい「アンチョビポテト（600円）」。3）自家製ダレ付きの「パクチー餃子（600円）」

三軒目

無国籍居酒屋 BON

オススメの理由

呑兵衛で知らない人はいない人気店。面白いクラフトビールが揃い、おつまみもひとクセあるものばかり。ハシゴ酒していると、つい立ち寄ってしまう。（風間さん）

Data*
むこくせきいざかや ボン
所 八戸市長横町18
☎ 0178-45-3915
営 18:00～翌1:00
休 日曜
mukokusekiizakayabon
MAP：P127 B-2

そろそろお腹が満たされたので、お酒で遊べる店を求めて長横町れんさ街へ。酔っ払いとすれ違いながら3軒目の『無国籍居酒屋 BON』に向かう。お店に入ったら、メニューや冷蔵庫を見てお酒を注文。BGMの洋楽に耳を傾けながら、缶のデザインとフィーリングに任せて選ぶのも楽しい。「シードルは思ったよりも、スッキリしていて甘くないね」「このビール美味しい！」と2人。飲み比べをすれば、知識がなくても楽しいもの。グラスへ注いで何度でも乾杯したくなる。

この日のお通しは、おつまみ盛り合わせ。ローストポーク、タコスチップと自家製サルサソース、四川風ザーサイのせ冷奴の3種類がのっていて、その豪華さに店の良心が垣間見える。一品メニューも、「ガーリックジンジャーシュリンプ」が予想以上に辛かったり、風間さんお気に入りの「アンチョビポテト」があまりにもクセになる味だったりして、ぐいぐいビールを流し込む。「アンチョビポテト」には大量にバジルを使用していて、秘密の隠し味がなされている。一度ハマると抜け出せず、おつまみとビールの往復が止まらない永久機関が生まれるので要注意だ。

四軒目 八戸

BAR Baron

オススメの理由

一度は訪れたい憧れのバー。落ち着いた大人の空間で唯一無二の世界観にどっぷり浸れる。静かに会話しながら、じっくりお酒を飲みたいときに◎。(木下さん)

Data★
バー バロン
所 八戸市鷹匠小路16-3
☎ 0178-45-0085
営 18:00～翌2:00
(L.O.翌1:30)、
金・土曜～翌2:30
(L.O.翌2:00)
休 月曜、
ほか日曜不定休あり
youmashengyan
MAP：P127 B-2

上）アンティークのライトに照らされた飴色の空間。扉を開けるとガラリと空気が変わり、異世界に来たよう。下）マスターのテクニックを眺められるカウンター席。店内にはテーブル席も

3 2 1

1）スコッチウイスキーの「グレンファークラス 12年（1,100円）」は、ロックで。選び抜いた吹きガラスのグラスとウイスキーにうっとり。2）赤ワインベースのアメリカンレモネード。ライトに照らされたグラデーションが美しい。3）ハイボールにスイートベルモットを加えたイタリアンハイボールは、甘くほろ苦い大人の味

★ ウイスキーとともに育む、大人のためのバー

男爵のロゴ看板が灯るビルの2階。20年続く知る人ぞ知るオーセンティックバーで、格式あるしつらえながら一見客も歓迎。ウイスキーエキスパートの資格をもつバーテンダー・遊馬勝彦さんが優しく出迎えてくれる。スコットランドのシングルモルトウイスキーを中心に300種類のウイスキー（700円～）が味わえるとあって、県外からもお客が訪れる。ウイスキーをひと口いただいて、深呼吸。グラスの琥珀色を眺めるひとときは、癒しそのものだ。「スタンダードカクテルならここ」との呼び声が高く、イチゴやパインなど季節ごとに変わる特製フルーツカクテルも自慢。友人はもちろん、甘い時間を過ごしたい相手としっぽり過ごすのもおすすめ。

研ぎ澄まされたテクニックを眺める緊張感と心地よい会話。初心者でもマスターの遊馬さんがバーの世界へ導いてくれる

夜も酔いも深くなったら、ライトに照らされた細い階段を上って、4軒目の『BAR Baron』の扉を開ける。鷹匠小路は居酒屋が多く賑やかな通りだが、扉の向こうに現れた世界は美しく静か。思わず小声で「素敵」と言葉がこぼれた。高級ウイスキーは鍵のかかる戸棚に並び、バーテンダー越しにラインナップを確認して、心が踊る。初心者なら要望に合わせてお酒を提案してもらえるのもありがたい。

赤ワイン好きの木下さんは、赤ワインベースのカクテルをリクエストし、「アメリカンレモネード」を注文した。風間さんは、せっかくここに来たならウイスキーを使ったドリンクが飲みたい！と、大人の味わいの「イタリアンハイボール」を注文。バーテンダーのスマートな手さばき、バーカウンターのスポットライトがカクテルやウイスキーを照らす様子は、まるでドラマや映画のワンシーンのようで「美しい！」と一同興奮気味。そして胸をなでおろすようにメの一杯を味わい、ゆったりと余韻に浸る。午前3時まで営業しているので、とことん飲むときに「名残惜しくて、もう一杯」ができる店ともいえる。しかし今宵は、もう一軒だけ向かうとしよう。

五軒目 八戸

鶏8

大衆焼き鳥とおしゃれバーの異色ミックス

打ち上げは、それぞれ青森にゆかりのあるお酒を注文して乾杯。大人数OKのソファ席でリラックスしながら八戸愛を語ろう

DJブースがあるおしゃれな内装と、確かな焼き鳥の技術とのギャップに胸を射抜かれる焼き鳥居酒屋。店主の加藤陽介さんは、日本料理店やバーで働いたのち、海外でも経験を積んだ腕利き。焼き鳥は鮮度の高い生肉を日々仕入れ、自ら備長炭で焼き上げる。そのほかの一品料理もグッドクオリティ。スパイス好きで「スパイスカレー（900円）」にもファンが多く、その実力が生きる異国料理もお酒を促進してくれる。青森県産のビールやワイン、日本酒も多く揃え、そのほかのお酒もバーさながらの品揃え。ウイスキーは35種類以上、薬草酒、テキーラなどを用意し、酒飲みのテンションを高める。仲間とわいわいも楽しいが、深夜に飲むだけでも訪れたい店だ。

看板メニューの焼き鳥「おすすめ盛り合わせ（1,600円〜）」は、せせり、ぼんじり、ねぎま、つくねなどを予算とお好みに合わせて。パリッとした焼き目にかぶりつくと、閉じ込めた肉汁がジュワっと広がる。鼻から抜けていく炭火の匂いが香ばしく、すぐさまビールが飲みたくなる

お一人様もどうぞ

上）炭火で焼き上げる。下）焼き台に立つ店主は八戸出身。「地元以上に最高なところはない」と、注文をこなしつつカウンター席のお客とトークする姿から常連が多いのも納得

お肉ガッツリ！

右）鶏料理づくしの「前菜盛り合わせ（写真は3人前2,400円）」。左）バッファローチキンウィングやケイジャンシュリンプなど4種を盛り合わせた「肉料理の盛り合わせ（写真は3人前1,600円）」。注文は1人前から可

オススメの理由

一人酒にも、大人数でわいわいにも対応するオールラウンダー。ウイスキー、ビール、ワイン、日本酒とお酒のラインナップ豊富で、気軽に飲みに行ける。（木下さん）

Data★

トリハチ
所 八戸市三日町38
花小路ビル1F
☎ 0178-20-9835
営 18:00～翌2:00
休 日曜（祝日前は営業）
yakitoritori8
MAP：P127 A-1

〆のバーでハシゴ酒の撮影を終わらせ、打ち上げも兼ねて花小路にある『鶏8』に流れ込む。撮影スタッフも合流させてもらい、青森にゆかりのあるお酒で乾杯！ 愛を込めて、グラスをぶつけ合う。「せっかくなら」とわんぱくに店のイチオシを頼みまくり、溢れ出す肉汁と酒をゴクリ。とろける味わいが新鮮さを物語る「低温調理レバー」や、旨味が染み出す「とりわさ」はワインで。スパイスたっぷりのおつまみはクラフトビールと交互に。「お腹いっぱい」と口々に言いながらも、全員の箸は止まらなかった。胃袋の余白が足りず断念したが、デザートには自家製のバスクチーズケーキがおすすめ。終盤はゆっくりお酒を飲みつつ、八戸について語り合った。

撮影を振り返って「やっぱり横丁呑みは楽しい！」と風間さん。2人とも最初は緊張気味だったが、いつの間にか笑顔に。「取材でお邪魔してみて、さらに店のファンになった」と話し「いい撮影だった！」と大団円。

ひとつの横丁でじっくり飲むもよし、複数の横丁を夜の散歩がてら渡り歩くもよし。いざ横丁へ！ あなただけのお気に入り酒場と、横丁の飲み歩き方を見つけてほしい。

ーパーソンFILE

八戸を支える立役者、八戸への愛がものすごいあの人、八戸からブームを生んだホットパーソン……。
この街で活躍するキーパーソンにスポットを当て、その人の想いや活動を取材してきました。

File Number
001

八戸ブックセンター 所長

八戸を本の街に！
〝市営〟書店の盛り上げ隊長

Profile
1973年八戸出身。八戸市役所職員、まちづくり文化スポーツ部文化創造推進課に在籍、2016年のオープンから八戸ブックセンター所長を務める。

Name
音喜多信嗣さん
Nobutsugu Otokita

本

出版不況と言われる昨今、書店の数は全国的に減少している。八戸とて例外ではないが、そんな中で八戸には自治体が運営する公営の書店『八戸ブックセンター』があるのだ。所長の音喜多信嗣さんが言う。

「本は市民が知識を得たり、好奇心を育むために欠かせないもの。本との出合いの場として自治体が設立するインフラといえば一般的には図書館ですが、本を買って読むことも意義がある体験と考え、2016年に公営の書店を設立するに至りました」

特徴は、売れ筋ではないものも含め、様々なジャンルの入り口となる本をセレクトして並べている点。既存の書店と棲み分けができ、八戸市内の書店を巡ればあらゆる本が揃う。

「当初は八戸のまちづくりや文化力向上に資する施設として計画しましたが、本好きの中には全国の書店巡りを趣味にする人も多く、観光施設にもなっています」と、音喜多さん。

今年9月には八戸を一部参考に、福井県敦賀市にも公設の書店『ちえなみき』がオープン。八戸ブックセンターの影響は拡大中だ。

八戸ブックセンター

はちのへブックセンター
所 八戸市六日町16-2　Garden Terrace1F　☎ 0178-20-8368
営 10:00～20:00、日曜、祝日～19:00
休 火曜（祝日の場合翌日休み）、12月29日～1月1日
URL https://8book.jp/　MAP：P127 B-1

一問一答

Q 八戸といえば何？

海。食べ物。海があって、海産物が獲れるので直に美味しいものが食べられる。

Q 八戸を漢字一文字で例えると？

「本」と言い切れるような街になったら嬉しい。

Q 好きな季節は？

秋。読書の秋であり、八戸の美味しいものは秋に集まっている。イカやサバなど。

Q 八戸関連の、おすすめの本は？

八戸出身の小説家・呉勝浩さんの本が好き。読み始めると止まらない面白さがある。

『八戸ブックセンター』ってどんなところ？

1

2

3

1）ギャラリーでは本に関する展示などを開催している。2）市内外の人に八戸を知ってもらうべく、地元ゆかりの著者の本が充実。著者の紹介なども含めた棚づくりを行う。3）本を吟味できる個室のような空間もユニークだ

この街が大好き！
盛り上げたい！
ずっと支えたい！
未来を変えたい！

八戸で活躍するキー

Key Item

File Number 002

八戸せんべい汁研究所 所長

八戸のご当地グルメをいち早く発信した立役者！

Profile
1964年、八戸生まれ。東京農業大卒。2003年に「八戸せんべい汁研究所」を設立、現在まで事務局長。06年にはB-1グランプリを開催した。

Name

木村聡さん

Satoshi Kimura

せんべい汁

木村聡さんは、ご当地グルメでまちおこしの祭典「B-1グランプリ」を発案するなど、地方のご当地グルメを著名にした先駆者。2003年に立ち上げた「八戸せんべい汁研究所」は、せんべい汁に限らず、八戸の魅力や伝統、文化を幅広く発信する団体だ。

「東北新幹線の八戸駅が開業した頃は、駅名を読めない人が多いほど知名度が低かったため、郷土料理のせんべい汁を使って八戸を発信しようと考えました」と、木村さん。メンバーが一丸となってせんべい汁の歴史や、食べられる店、文化などを徹底的に調べ上げた。そして、店先に旗を立て、マップやホームページを作って情報を発信した。

「八戸の人たちの間でも、地域おこしになるのかと、懐疑的な見方が多かったんですよ。それでも粘り強く首都圏に宣伝をしたり、せんべい汁の歌や踊りまで作りました」

結果、せんべい汁は東北を代表する郷土料理として知名度を獲得。木村さんは、「今後も交流人口を増やし、八戸のブランド化を図っていきたい」と、意気込んでいる。

撮影場所はココ！

八食センター

はっしょくセンター
所 八戸市河原木神才22-2 ☎ 0178-28-9311 営 市場棟、味横丁9:00～18:00、厨スタジアム～21:00 休 水曜（お盆、年末年始、祝日の場合は営業）
URL https://www.849net.com/ **MAP：P124 A-1**

一問一答

Q 八戸を漢字一文字で例えると？

「人」。八戸の人の魅力が一番の宝であると思う。

Q 好きな季節は？

冬。せんべい汁シーズン！年中美味しいが、肌寒い日の方がより美味しさが増す。

Q 思い出の場所は？

八食センター。第1回B-1グランプリの開催地であるから。

Q 家で食べているせんべい汁は？

みそ味、塩味、なんでもいい。お店の数、家庭の数だけ正解。

八戸せんべい汁研究所ってどんな団体？

1

2

3

1）八食センターから始まったB-1グランプリで、八戸せんべい汁研究所は第7回大会でゴールドグランプリを獲得。2）せんべい汁を煮る鍋とパレード。3）認知度は市民の間でも低かったせんべい汁が、B-1を機に郷土の象徴に

八戸せんべい汁研究所
https://www.senbei-jiru.com/

File Number 003

Key Item

株式会社八幡馬 代表取締役

人々の幸せを願いながら〝八幡馬〟を作り続ける職人

Profile

1965年、三沢生まれ。「八幡馬」五代目社長。同社は髙橋さんの祖父が創業しており、現在は八戸市内唯一の八幡馬の製造業者となっている。

Name

髙橋利典さん

Toshinori Takahashi

八幡馬

出産記念や結婚式など、人生の節目に八幡馬を買い求めた読者も多いのではないだろうか。かつて郵便切手のデザインに採用されたこともある八幡馬は、八戸のシンボルとして唯一無二の存在といえよう。その伝統を一心に守り続けるのが、八幡馬の社長・髙橋利典さんだ。

「神様に願いごとをする際、馬を奉納していた文化が発展して生まれたのが八幡馬です。新築記念などにご自身で購入される方も、お孫さんへ贈る方もいますし、企業の贈答品としての需要も高いですね」

生粋の木工職人である髙橋さんは自ら八幡馬のデザインを監修しているほか、その未来を見据えた様々な取組みを行っている。特に、八戸の子どもたちに向けた絵付けの体験教室は好評だ。小学校にたびたび出張しては、その魅力を児童たちに伝えている。

「八戸の魅力を知ってもらう契機になると考え、今後も様々な場面で八幡馬の話をしていきたいですね。八戸に長年住んでいる人はもちろん、転勤で過ごしている人にも、ファンになってもらいたい。そして、将来は当社のお客様になってもらえたら嬉しいですね」

株式会社八幡馬

かぶしきがいしゃやわたうま

所 八戸市沼館2-5-2 ☎ 0178-22-5729

営 8:00 ～ 17:00 休 土・日曜、祝日

URL https://yawatauma.co.jp/ MAP：P124 A-1

一問一答

Q 八戸といえば何?

お祭りや郷土玩具など。文化を大事にする町だと思う。

Q 好きな季節は?

秋。食べ物が美味しい、お酒が美味しい、気候も穏やか。

Q 思い出の場所は?

八戸港ポートアイランド。家族とよく釣りに出掛けている。

Q 八幡馬は家に何体ある?

数えたことがないけれど、事務所の2階が自宅なので“売れる数だけ”ある！

八幡馬の制作現場を覗いてみた

1

2

3

4

1）シンプルな造形と思いきや、かなり複雑な形をしている八幡馬。加工は手仕事による部分がほとんど。2）鑿（のみ）を使って角を整えていく。3）下地の塗りを終えたもの。4）もっとも大変なのは絵付けで、質を維持するのが難しいそうだ。ベテランの職人が絵筆で丁寧に絵付けを行う

Key Item

|一|問|一|答|

Q 八戸といえば何?

八戸港。八戸といえば幼い頃からイカの町で、するめのカーテンがあったのが子どもの頃の原風景だった。

Q 好きな季節は?

夏。三大祭があるから。子どもの頃はよく、おふくろと蕪島を見ていた思い出が。学校行事で海が定番だった。

Q 思い出の場所は?

市場。子どもの頃、海産物が各地に運ばれていく光景を見てトラックに乗りたいという気持ちに。ウキウキした。

Q トラックの魅力は?

トラックの商売は、元手がなくても一匹狼でもできる。何が何でもがむしゃらに稼げる。

デコトラのココがスゴイ!

1

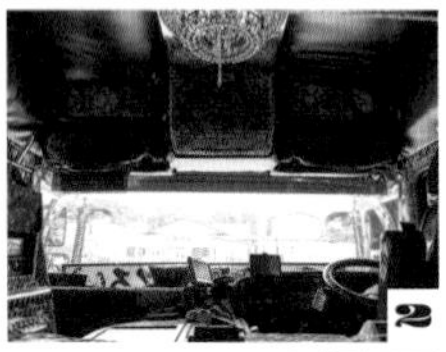

2

3

1) 夏坂さんが主催して行われた、デコトラが全国から大集合するイベント。電飾は夜に引き立ち、車体のかっこよさが増す。2) 夏坂さんのトラックの運転席。自らの愛車を自ら装飾するのが醍醐味。3) 電飾はデコトラの必需品。色のバランスを考え、センス良く飾るのが重要という。細部にまで個性が表れている

File Number

004

株式会社天照運輸 代表取締役

「トラック野郎」でおなじみ
デコトラは八戸発祥だった!

Profile

八戸出身。天照運輸代表取締役。幼少の頃よりトラックに魅せられ、トラック運転手に。トラック愛ゆえにデコトラブームを生み出した仕掛け人。

Name

夏坂照夫さん

Teruo Natsusaka

デコトラ

1975年公開の映画『トラック野郎』で一世を風靡したのが、デコレーショントラックこと、通称“デコトラ”だ。その生みの親として知られるのが夏坂照夫さんである。何を隠そう、『トラック野郎』の鈴木則文監督は、NHKに出演した夏坂さんの姿を見て創作のヒントを得たといわれる。

夏坂さんがデコトラのアイデアを思いついたのは、日本が高度成長に湧く昭和30年代のこと。当時、物流の中心はトラックに移り始め、運送会社の数も急増していた。

「俺はトラックが好きだから、タイヤまわりから隅々まで洗車していたんです。するとお客さんから『あなたの車、キレイだね』と言われて嬉しくなってね。もっと見てもらいたいと思い、電飾やホイルキャップをつけてみようと考えたのがきっかけなんです」

夏坂さんは部品を発注し、持ち前の器用さでDIYを行い、自慢のトラックを飾った。こうしたこだわりがトラッカーたちの間で支持され、追従者が続出。大きな文化に発展したのだ。何より、夏坂さんが八戸の名を冠したトラックで全国を回ったことが、八戸の知名度向上に貢献したのは間違いないだろう。

株式会社天照運輸

かぶしきがいしゃてんしょううんゆ
所 三戸郡階上町蒼前東1-9-2093
☎ 0178-80-1755
MAP : P124 B-2

Key Item
はちまち

File Number
005

はちまち 編集長

深く息ができる故郷の隣人と県外をつなぐ役割に

Profile
八戸出身、東京からUターンして2年ほど。フリーライター、編集者として、大手出版社の雑誌や、WEBメディアなどで活躍中。3児の母。

Name
栗本千尋さん
Chihiro Kurimoto

八戸へ帰る直前、5歳と3歳の子どもを抱えて東京で過ごした日々を栗本さんは「ずっと弱者のような顔をしていた」と振り返る。夫も八戸出身で、心の隅には「いつか帰らなくては」との想いがあった。そんな折のコロナ禍でUターンを決意。マチニワの水の樹で奔放に遊ぶ我が子に、見知らぬおばあさんが微笑む様子を見て、「息がしやすくなった」と話す。ずっと周りに気を使い続けてきたのだろう。現在は仕事の多くをリモートでこなしながら、地元の情報発信にも携わる。WEBメディア『はちまち』について聞くと「雇われ編集長ですが……」と恐縮しながらも、街の人の話をしてくれた。

「八戸の人は地元への愛情が深くて、発信上手の人が多いんです。たまに、私いらないんじゃないか？ って思うくらい（笑）。今後は東京での経験を生かして、もう一歩広く届けるために、街と県外のメディアをつなげていくお手伝いができればと思っています」

実はつい数カ月前に第三子を出産。さらには近い将来、夫が店を立ち上げる予定で、そのサポートも担っていく。彼女の未来は忙しい！ それでも日々を深呼吸で進むのだ。

メディア

撮影場所はココ!

coworking cafe estacion
コワーキング カフェ エスタシオン
所 八戸市番町22-1 番町NDビル1F　☎0178-70-5147
営 レンタルスペース10:00～19:00、カフェ～18:00（L.O.17:30）
休 日曜　URL https://8estacion.jp/　**MAP：P126 D-2**

| 一 | 問 | 一 | 答 |

Q 八戸といえば何?

漁港。第二魚市場の近くで育ったこともあり、魚の独特の臭いを嗅ぐと懐かしくなる。

Q 好きな季節は?

夏。八戸は海も山も川もすぐに行けるので、子どもの遊び場がいっぱい。庭先でのバーベキューも最高！

Q 思い出の場所は?

ラピア。学区内にあったので、学生時代の自分にとってラピアは庭みたいなものだった。

Q お気に入りの方言は?

「しゃっこい」。方言と知らず、上京してからも長らく普通に使っていた（笑）。

仕事現場を覗いてみた

1

2

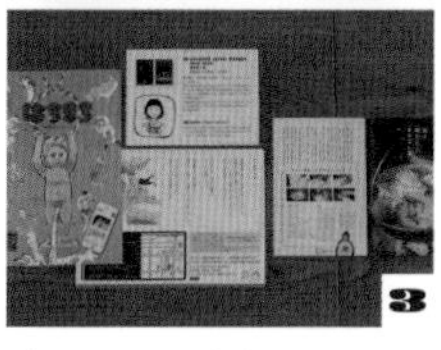
3

1）八戸中心商店街が運営するWEBメディア「はちまち」。隣人同士が手を繋げば「ハチマキのように強くて優しい輪になる」との想いが名前の由来。2）「はちまち」のオフィスでの様子。3）八戸ブックセンターが制作するフリーペーパーのコピーを手がけるなど、八戸に関連する仕事も

はちまち
https://8machi.com/

File Number

006

milcah 店主

|一|問|一|答|

Q 八戸といえば何?

『milcah』。いま一番とがっている花屋だと思うから。

Q 好きな季節は?

秋。実がついて葉が色づくのがmilcahっぽい。一瞬で終わるのが花のよう。

Q 思い出の場所は?

八戸東高校。酸いも甘いも経験した。友達と出会い、自分の壁にぶつかった。充実した時間を過ごした。

Q 好きな花は?

蓮。昔から、あの形と色はなんて素晴らしいんだと感じる。

日常を豊かにする花を
愛する文化を根付かせたい！

Profile

八戸出身。八戸東高校卒業後に上京、大学在学中から東京・中目黒の花屋で修業。2012年に独立、下北沢でmilcahを開業し、後に八戸へ移転。

Name

山田英輔さん

Eisuke Yamada

花屋

花屋の店主ではなく"デザイナー"。それが『milcah』店主・山田英輔さんの肩書だ。それは、「花を使った空間と人のデザインをしたい」という想いがあるから。実家も花屋で、幼い頃から花は身近な存在だったというが、大学2年の夏休み、フランス旅行で花のかっこよさに目覚めたことがきっかけだったという。上京後、山田さんが東京・下北沢に開いた店はたちまち話題となった。そして2018年に、生まれ育った八戸へ移転した。「当初からネットやメールでの注文が多かったため、東京にこだわる必要がないと思いました。また、自分で花を育てたいという想いもあり、八戸に戻りました。山に分け入って野山の花を摘んだり、農家からいただいた野菜を使うなど、幼い頃から八戸に当たり前にあった花をアレンジをしてみたいですね」

山田さんによれば、八戸は花に親しむ人が多い環境という。しかし、花屋の数は年々減少しており、後進を育てたいという想いも抱いているそうだ。そして「フランスのように気軽に花を買い求め、愛でる文化を八戸に定着させていきたい」というのが、山田さんの夢なのである。

『milcah』ってどんな店?

1

2

3

1)「Milcah（ミルカ）とは聖書に出てくる女性の名前です」と山田さん。2）元々は喫茶店だった店舗を活用。秘密基地のような空間で、黒、グレー、茶色など、花の色が映える内装も見どころ。3) オランダやベルギーの花瓶を販売。「花屋だった人が制作している花瓶なので、花屋目線でも魅力的」だとか

milcah

ミルカ
所 八戸市長者1-1-8　☎ 0178-22-8784
営 11:00～19:00、日曜～18:00
休 木曜、ほか不定休あり　milcah_flower　MAP：P126 D-4

タウン形成外科クリニック 石原信浩総院長
スペシャルインタビュー

高品質な美容医療を地域の身近な存在へ

八戸を筆頭に東北に6院、東京に1院を展開する、『タウン形成外科クリニック』。総院長の石原信浩医師は、美容医療を地域に根付かせることと、修正医療を重視する。美容医療に長年関わる立場から、その想いを語ってもらった。

写真＝松永光希　文＝山内貴範

美容医療をもっと身近に

近年、美容医療のクリニックは全国に広がり、身近な医療になりつつある。対して、20年以上前、東北地方では長らく美容医療を専門に扱うクリニックは少なく、診察のたびに東京に通う患者も珍しくなかった。そこで、「東北でも都心と遜色のない高いレベルの美容医療を提供したい」という想いを抱き、八戸を筆頭に東北に6院を展開するのが『タウン形成外科クリニック』総院長の石原信浩医師だ。

「学生時代から東北の自然や温泉に触れる機会があり、馴染みの深い土地柄でした。私は自分の持てる技術で美容医療を身近にしたいという想いで、初めて郡山にクリニックを開いて、現在に至っています」

十三日町に構える八戸院は、2年前に開院した最新のクリニックだ。八戸は商業や経済の中心地であり、文化度が非常に高い土地であることや、周辺地域の患者さんの要望もあって、満を持してこちらで開業することになった。

最新が最善とは限らない

医療技術は日進月歩である。新しい技術が世界各地で開発され、石原医師のもとにも業者が売り込みに来る例が多いという。しかし、石原医師はこうした最新の技術に対し、懐疑的なことも少なくないそうだ。

「25年以上、美容医療に携わっていますが、数年経ってから『あの技術は実は効果がなかった』とか、『患者さんに健康被害を及ぼしかねないことがわかった』というケースを何度も見て

石原医師が伝えたい3つのこと

1. 東北で美容医療を提供する想い
2. 最新＝最善とは限らない
3. 修正治療で患者さんを救いたい

Profile

石原信浩 医師

1989年、順天堂大学医学部卒業。医学博士。2000年に郡山でタウン形成外科クリニックを開院し、現在は総院長、医療法人きびたき会理事長。日本美容外科学会専門医。これまでに第88、93、94、100回日本美容外科学会、第5回東方美容外科学会ではチェアマンを務めた。

石原医師は患者とのコミュニケーションを重視し、カウンセリングを重ねて施術の内容を決めていく

きました。そこで私は、医学的な根拠があるだけでなく、世界中に治療が浸透して安全性が確立され、どなたにでも安心しておすすめできる美容医療を提供しています」。患者のことを想い、〝最新よりも最善〟の治療を重視するのが、石原医師の流儀である。

「患者さんも何かと新しい技術に飛びつく傾向がありますが、当院では診察の際に丁寧な説明を心掛けています」

「修正治療」がライフワーク

石原医師がライフワークとして取り組んでいるのが、修正治療である。修正治療とは、他院で失敗した美容医療を、最良な形にもっていくことをいう。美容医療が日本全国に浸透し、患者の人数が増えた一方で、「失敗してしまった」という声が聞かれることも増えた。しかしながら、美容医療は失敗の定義が難しいと、石原医師は話す。

「医師の技術が未熟で十分な手術ができず、希望とは違う見た目になったり、傷や後遺症が残るケースもあります。また、患者さんの理想が高いがゆえに満足が得られなかったケースもあり、千差万別です。しかし、どのような例であっても、患者さんから申し出があった際は親切丁寧に対応するのが、ベテラン医師の責務と考えます」

東京の表参道院では、90％が修正治療の患者だという。また、大阪、名古屋、福岡などの都市部では、無料の相談会を毎月実施している。ちなみに、希望者の80％が瞼の二重や豊胸などの修正の相談である。石原医師は転院を繰り返す相談者に対し、もう手術を受けないようにと促すこともある。患者の気持ちを第一に想い、寄り添える美容医療が石原医師の理想なのだ。

「かつては美容医療を健康な人が望むのは贅沢だ、高望みだといわれていました。いまでは外見のコンプレックスを解消し、前向きな人生を送り、生活の質を上げるために必要な医療と考えられ、病気から救ってもらった以上の満足感を得られる人も多いです。今後も当院のスタッフは一丸となって、美容医療に真摯に向き合っていきます」

タウン形成外科クリニックは

東北に6院、東京に1院展開しています

東北地方に6院を開設。八戸院は2020年に開院した。「東北で美容医療を希望される方に、地域密着の誠実な美容医療を提供していきたい」というのが、石原医師の信念だ。一般的な美容医療のほか、他院で受けた手術の修正治療の依頼も随時受け付けている。

八戸院

所 八戸市大字十三日町15 八戸フラワーエイトビル5F
0120-107-868 診 10:00～19:00、日曜、祝日～18:00 休 なし MAP：P127 A-1

八戸院

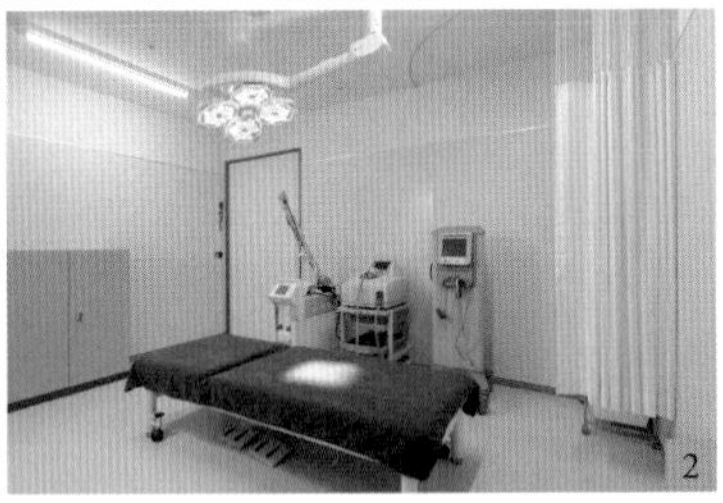

1）八戸院は八戸の中心地・十三日町にある。提携駐車場も用意しているから便利。広々としたロビーは解放感と高級感があふれる。2）明るい雰囲気の施術室の様子。3）半個室のパウダールーム完備で化粧直しもスムーズ。女性目線を大切にし、過ごしやすい空間に工夫されている

青森院
所 青森市新町1-8-8 アセントビル3F
0120-107-286（全国共通）

仙台院
所 宮城県仙台市青葉区中央1-3-1 AER16F
0120-107-286（全国共通）

いわき院
所 福島県いわき市平字白銀町9-1 グランパークホテルパネックスいわき1F
0120-107-455

盛岡院
所 岩手県盛岡市盛岡駅前通15-5 ワールドインGENプラザ5F
0120-107-286（全国共通）

郡山院
所 福島県郡山市駅前2-3-10 セントラルビル6F
0120-107-286（全国共通）

表参道院
所 東京都港区北青山3-6-19 三和実業表参道ビル8F
0120-107-286（全国共通）

日常を彩る

地元の人こそ行くべき!

“ユートリー”へおんでやぁんせ!

八戸市民に馴染みのある、駅直結の『ユートリー』。
建物には宿泊施設やおみやげショップ、貸会場まであるのをご存知でしょうか?
市民や企業におすすめの施設についてご紹介します。

写真=蜂屋雄士　写真提供=VISIT はちのへ　文=高橋さくら

welcome! youtree

SHOP

青森県の特産品が約2000品!

充実のラインナップが揃うおみやげショップへ行こう!

ユートリー1階にあるおみやげショップは、青森県内の特産品が約2000点ラインナップ。広々とした店内は、商品の種類ごとにコーナーがあり、地酒や特産物を使ったお菓子、八戸の伝統工芸「南部菱刺し」で作ったコースターなどが並ぶ。他にも南部せんべい製造の実演コーナーでは、せんべいが作られる様子を見ることができる。地元の人も知らない八戸のおすすめ商品がたくさんあるので、ぜひ一度訪れてみてはいかがだろうか。

ショップの入り口にはお店おすすめの商品ベスト3が並べられる

staff voice

青森県内の特産品を取り揃えてお待ちしております!

店長 VISIT はちのへ 根城英忠さん

Check!

要チェック!　おすすめのコーナーはこちら!

おみやげショップのスタッフが厳選した、
来たらぜひ見てほしい、注目のコーナーを紹介します!

staff voice

全国の特産品を用意した物産展は毎月実施中!

副店長 VISIT はちのへ 小笠原めぐみさん

大人も子どももワクワクできる場所

地酒・ジュース corner

「八戸酒造」、「八戸酒類」と開発した日本酒も!

八戸で生まれた日本酒やワイン、クラフトビールやジュースなどが並ぶコーナー。豊富なラインナップなので、ギフトだけでなく毎日の晩酌用にもおすすめだ。呑兵衛は要チェック!

新鮮な魚で作られた製品が並ぶ!

水産加工品 corner

このコーナーの一番の目玉は「〆サバ」

サバやイカなどを使った製品を置く「水産加工品コーナー」。館鼻岸壁朝市に出店しているサバ専門店『マルカネ』の商品や八戸で獲れた真イカを100%使用した塩辛などが並ぶ。

今日はどのせんべい汁にする?

八戸せんべい汁 corner

店に並ぶせんべい汁は、八戸イチの品揃え

このコーナーにはせんべいだけでなく、数種類のせんべい汁セットや、汁もの用のせんべいが並ぶ。手軽に食べられるカップせんべい汁なども。お酒のおつまみにもおすすめだ。

and more!

地酒が楽しめる日本酒コーナーも

地酒コーナーには、日本酒の試飲機が! 青森県の地酒5種類から1カップ(20mℓ)100円でお得に試すことができる。試飲した日本酒は地酒コーナーでも販売されている。飲みすぎ注意!

試飲機には「八鶴」や「如空」、「陸奥男山」などの人気のお酒が並ぶ

Data

所 八戸市一番町1-9-22 1F
☎ 0178-70-1111
営 9:00 ~ 18:00
休 12月30日~ 1月1日
URL http://www.youtree.com/sokubai.html
MAP : P124 B-1

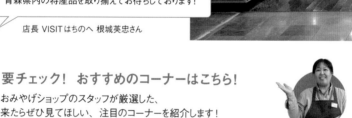

staff voice

私たちがご案内します！

ホテルスタッフ 福山さん（右）／聖前さん（左）

welcome! youtree

HOTEL

知ってます？　6・7階は宿泊施設！

清潔で広いお部屋で快適に過ごそう！

ゆっくり旅の疲れを癒せる広々とした空間。窓を開けると八戸市の絶景が

八戸駅から直結している、ユートリーの宿泊施設。雨の日でも濡れずにチェックインできるのが魅力的だ。ユートリーが閉館する18時以降でも八戸駅2階の連絡通路と直結しているので、仕事で帰りが遅くなってしまった……というビジネスマンの利用におすすめ！　すべてのプランにモーニングセットが付いてくるのも嬉しいポイント。8階の展望室や宿泊部屋からは、八戸市が一望できてゆっくりくつろげるホテルと好評だ。

Data

所 八戸市一番町1-9-22 6階・7階
☎ 0178-27-2227
営 チェックイン15:00 ～ 24:00 チェックアウト翌朝10:00
URL https://visithachinohe.rwiths.net/r-withs/tfi0010a.do

宿泊プラン例

◎ ドトールコーヒー朝食サービス付き シングル（禁煙）1泊1人6,000円

◎ 厳選！特産品お土産プラン シングル（禁煙）1泊1人9,300円

and more!

400台以上収容可能な駐車場も完備！

八戸駅からアクセス可能な駐車場。料金は7時から22時が1時間、160円（以後は30分ごとに80円）で、22時から翌朝7時までは1時間まで80円（以後は30分ごとに40円）と良心的だ。

大きな駐車場は、最大で418台の車が収容可能

プリペイトカードでさらにおトクに

よく駐車場を利用するなら、プリペイドカードの購入がおすすめ。10,000円分が7,000円になるなど、お得なのでぜひ！

welcome! youtree

SPACE

用途に応じて部屋選び

バリエーション豊富な会場が揃ってます！

ユートリーには、会議や展示会などで使えるホールや会議室を貸し出している。最大480人収容可能な大ホールから16名ほどが入れる会議室なども用意。役員会や研修などに使用したい方は、ぜひお問い合わせを。

Data

所 八戸市一番町1-9-22 1・4・5・8F
☎ 0178-27-2227
営 9:00 ～ 21:00
料 会議室 5,500円～、多目的大ホール 44,000円～
※使用する部屋や時間帯によって変動あり
URL http://youtreekaigi.com/visit/

8階にある多目的中ホールは、最大130人が収容可能。床が絨毯で暖かい雰囲気が好評

VISITはちのへメンバーズ、会員募集中！

法人や事業主が入会できる、VISITはちのへメンバーズ。
会員になると、VISITはちのへから様々な特典が受けられます！

特典① おみやげショップでのお買い物代金5%割引

特典② ユートリー立体駐車場プリペイドカード代金5%割引

特典③ ユートリー施設の利用割引　など、多数

staff voice

ご入会お待ちしています！

VISITはちのへ 小林祐介さん

お問い合わせはこちら！

隣のQRコードからVISITはちのへのサイトにアクセスし、入会申込フォームに記入してVISITはちのへメンバーズの一員になろう！

八戸印の美食案内

山海の幸に恵まれた八戸には、まだ見ぬ美味しいひと皿が眠っているはず。和洋中からスイーツまで、至福のグルメスポットにご案内しましょう。

写真＝加藤史人　文＝菅野貴之

この街でしか出合えない、未知なる美食はまだまだある!

「シャモロックの松風」、「アワビの酒蒸し」、キャビアを添えた「フカヒレの胡麻酢和え」など、旬の地元食材が贅沢に盛り込まれた先付

3

2

1

1）前菜やお造りも付く「すき焼き懐石コース（1人前8,800円～）」では、倉石牛のサーロインやトモサンカクが堪能できる。2）階上町産ヒラメ、大間産マグロのカマトロ、陸奥湾産ホタテなど、お造りには県内の豊かな海の恵みが満載。3）夏が旬の木モズクに走りのイクラを合わせた酢の物

日本料理一筋35年の包丁技が冴える

4

5

4）「関東出身の私には魅力的に映る豊かな地物も、八戸の方には定番のものなので、全国から集めた食材をお出ししています」と伊東さん。5）店内は全席個室で、黒を基調とした和モダンの空間。6）「陸奥八仙（1合1,210円）」や「十四代（1合2,200円）」など県内外の季節酒や銘酒を揃える

6

八戸印 1

食材を通じて季節感のみならず
〝驚き〟や〝感動〟を与える日本料理

お料理 七草

おりょうり ななくさ

この地に暖簾を構えて15年。いまでは「ハレの日や大切な人を招く席なら七草で」と愛される、地元屈指の日本料理。15歳で日本料理の道へ進み、本場の流儀を知るため関西に渡って10年腕を磨いた店主・伊東広通さんは、法隆寺を望む懐石料理の名店『西大和さえき』で、二番手まで務めた実力派だ。地元銘柄牛のすき焼きも評判だが、その時期だけの旬の味覚を贅沢に用いたおまかせコースがこちらの真骨頂。「県外の方には豊かな地物を、地元の方には関西のハモや九州のクエなど、普段は召し上がる機会の少ない食材をご用意しています」と伊東さん。ゲストに応じて食材を変え、料理を通して季節感だけでなく、驚きや感動も届けることが信条。それができるのも、修業時代に培かった関西の仲卸しとの太い人脈のなせる業だ。

Data
所 八戸市番町3 NCビル1F
☎ 0178-44-7793
営 11:30 ～ 14:00、
17:00 ～ 22:00
休 日曜、ほか祝日不定休あり
nanakusa.hachinohe.aomori
MAP：P127 A-1

上）汁ではなく具材が主役の「いちご煮」は、八戸産のウニとアワビをたっぷり使う贅沢なひと品。左）約600gもある大ぶりなキンキを、一夜干しにして旨味を凝縮させた「キンキの姿焼き」。すき焼きを除き、料理はすべて13,200円コースの一例

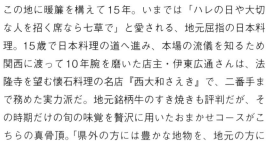

鮨ダネは決まった価格の中で最善の素材を選び、最高の仕事を施す。整理されたタネ箱にも主人の丁寧な仕事ぶりが伺える

八戸印 2

熟練の巧みな技が光る
本格江戸前鮨を町場価格で

鮨まつさか

すしまつさか

Data
所 八戸市市川町桔梗野上2-23
☎ 0178-79-6105
営 17:00 ～ 23:00
※電話での予約推奨
休 不定休
MAP：P124 A-1

凛としたカウンターで出迎えてくれるのは、職人歴45年の店主・松坂広美さん。かつて帝国ホテル内の『なか田』で磨いた腕で、地物の鮮度だけに頼らず、〆る、煮るといった江戸前の仕事を丁寧に施している。県産米「まっしぐら」を使うシャリはほろりとほどけ、コメの甘みと鮨ダネが一体となる絶妙な塩梅。「つまみや刺身で終わってほしくない」と酒肴は小鉢で用意され、普段は大ぶりのシャリも、頼めば小さめに握ってもらえる。日本酒は5～6種類を常時入れ替え、地元銘柄を置かない点もこだわりだ。カウンターはわずか6席というプライベートな空間や、骨董店を営む奥様が選ぶ器や酒器のもてなしで、贅沢な気分に浸らせてくれる。品書きに時価はなく、価格は至って良心的なの安心して訪れたい。

1）箸で切れるほど軟らかい「タコの桜煮（900円）」。ツメの甘みと柚子の香りに日本酒（1合650円～）がすすむ。2）スルメイカは江戸前らしい「煮イカ（1貫300円）」に。生にはないムチっとした食感や濃い旨味などの魅力が開花する。3）店は郊外にあるが、松坂さんの腕に惚れ込む常連客は県外にも多い

3

2

1

7

6

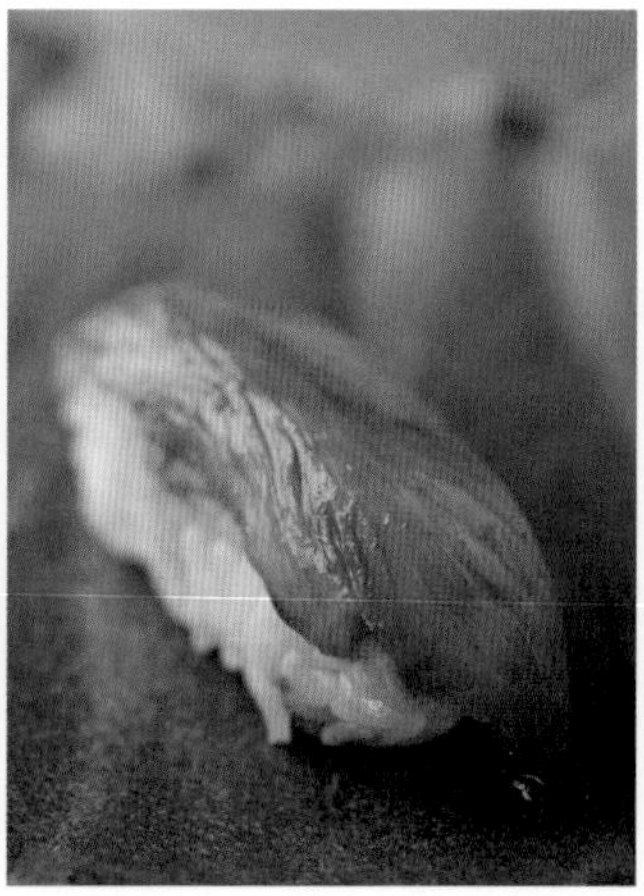

5

4

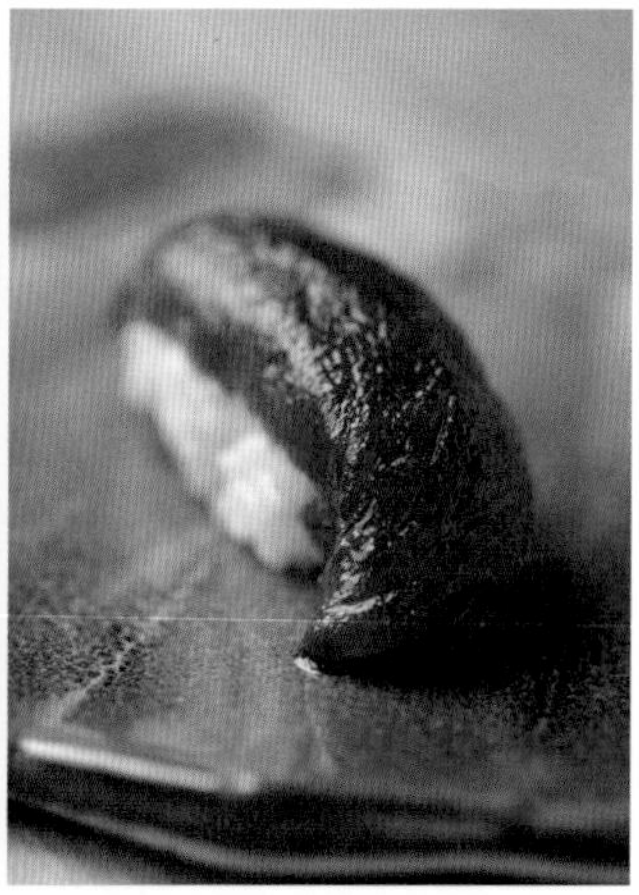

4）軽く漬け込むことで、ねっとりした食感と赤身の香りを両立させた本マグロのヅケ（1貫300円）。5）ムラサキウニの香りや甘みが引き立つ塩でいただくウニ（1貫850円）。6）昆布〆で香りや旨味を重ねたヒラメ（1貫450円）。7）コリコリとした食感が心地良い北海道産のツブ貝（1貫450円）

八戸印 3

ハーブやスパイスが心を掴む〝香りのフレンチ〟

La Maison Pot d'Etan

ラ・メゾン ポデタン

岩手県安比高原にあった『シェ・ジャニー』のスーシェフを7年務め、多くの料理人に影響を与えた巨匠・春田光治氏の薫陶を受けたオーナーシェフの三浦祐紀さん。この場所に店を構えたのは20年前だが、2020年の改装を機にビストロからラ・メゾンに店名を改め、料理もコースのみとなった。コンセプトは「古典料理を大切にし、フレンチの技術と地元の食材で八戸の季節を表現した料理」だが、古典フレンチの重たい印象は皆無。素材の風味や旨味を生かし、ハーブやリキュール、スパイスを巧みに使った、“香り豊かな料理”がシェフの真骨頂だ。ハチノスの煮込みやブイヤベースなど、師匠から受け継いだ南仏の味を軸にしながら、白神山地産の熊の掌を使ったテリーヌのように、食材にインスピレーションを得た新たな味にも挑戦している。

右）店内には、酒瓶をシェードにしたライトが優しく灯る。左）魚のアラやヒラツメガニの旨味を凝縮した濃厚なスープに、ペルノーで香り豊かにフランベしたタチウオとホタテを浮かべた「クラッシック・ブイヤベース」。時折弾ける黒コショウが良いアクセントに

Data
所 八戸市番町2
☎ 0178-22-3383
営 11:30～14:00（L.O.13:15）、18:00～22:00（L.O.20:00）
休 日曜　podetan00
MAP：P127 A-1

4

3

2

1

5

1）驚くほどジューシーで軟らかく仕上げた「スペイン風ハチノスの煮込み」。2）豚と鴨、トリュフのパテを熊の掌で包む「月の輪熊のテリーヌ」は、ハーブたっぷりのラヴィゴットソースで。料理はすべてディナー5,720円コースの一例。3）各国の料理を柔軟に取り入れる三浦さん。4）旧家の蔵をセルフリノベーションして店舗に利用。5）魚介との相性が良い「キュヴェ マリー クリスティーヌ プロヴァンス ロゼ（グラス990円）」

3

2

1

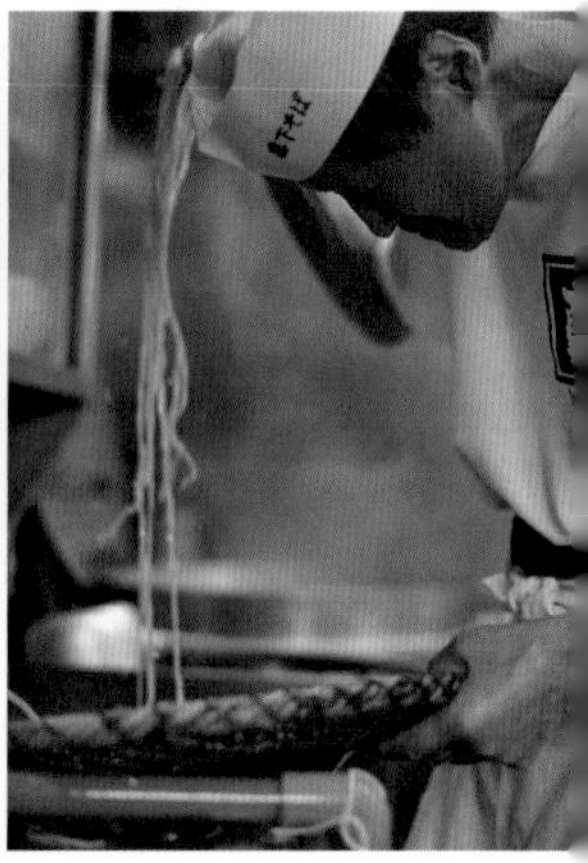

4

1）手打ち蕎麦は断面が真四角になるよう1.2㎜に切り揃え、熱の入り方を均一に仕上げる。2）修業先から受け継ぐ「芝海老のかき揚げ（1,550円）」は、衣の中からエビがゴロゴロと現れる。3）「蕎麦屋の天ぷらは衣が命」というこだわりの天重とせいろのセット「と重（2,000円）」。天重には創業以来継ぎ足しのタレを使用。4）キリリと辛いかけ汁に鴨の旨味が豊かな「鴨南そば（1,350円）」

法被の"藪"の字が
直系店の証!

屋号に「やぶ」を掲げる店の中で、『かんだやぶそば』の直系は東北・北海道エリアではここのみ

八戸印 4

『かんだやぶそば』直系の中でも全国屈指の歴史を誇る名店

八戸 やぶ春

はちのへ やぶはる

「とにかく3回は食べてほしい」。1977年、創業当時の店主・田中裕さんの嘘偽らざる心境だ。田中さんが修業を積んだ『かんだやぶそば』は、東京屈指といわれる江戸蕎麦の老舗。その味は当時の八戸で食されていた蕎麦とは似て非なるもので、お客からの厳しい声も少なくなかったという。それから約40年余り、微調整は加えながらも江戸前の伝統を守り続け、いまでは八戸を代表する蕎麦屋となった。供される蕎麦の割合は、蕎麦粉10に対して小麦粉1の外一。そこに全卵を加え、のど越しをより滑らかに仕上げる。さらに、かけ汁はサバ節、盛り汁なら亀節と、異なる出汁を使用。かえしは醤油と砂糖を混ぜ込み2週間ほど熟成をかけ、盛り汁は出汁と合わせてから3日間湯煎にかけて、丸みのある味に仕上げるという手間のかかりようだ。そのこだわりを、積み重ねた歴史とともにじっくりと味わいたい。

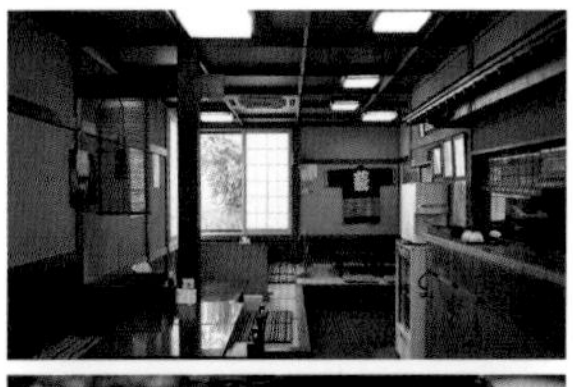

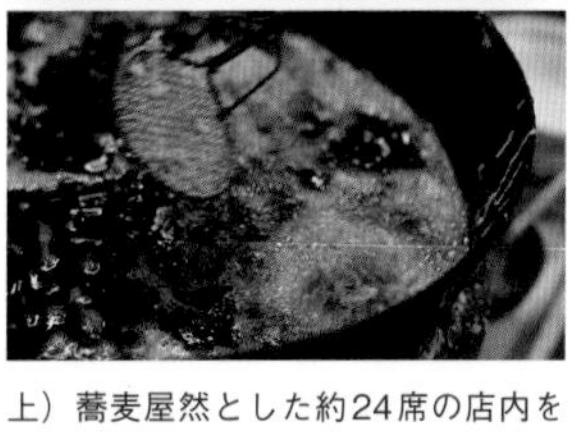

上）蕎麦屋然とした約24席の店内を夫婦二人で切り盛りする。下）揚げ油は江戸前らしくゴマ油100%。天ダネをエビだけに限定することで、クリアな香りが際立つ天ぷらに仕上げている

Data

所 八戸市内丸3-5-8
☎ 0178-43-8612
営 11:30～15:00
休 月・火曜（祝日の場合は営業）
MAP：P126 D-2

1）十和田産の馬刺しは、軟らかな内ももを使用し、淡泊な赤身の味わいが堪能できる。2）八戸沖で夕獲れしたスルメイカのイカ刺し。新鮮で透き通った身は、胴、ミミ、ゲソで食感が異なり、濃厚なゴロは醤油に溶くのがおすすめ。3）ナスや海鮮、ひき肉、豆腐などを、豆板醤でピリ辛に炒めた女将オリジナルの「ナス辛」。料理はすべて4,000円コースの一例で、写真は3人前

3

2

1

八戸印 5

章
あきら

“ご馳走”とは何か。その答えがここにある

創業1948年と界隈の飲食店では屈指の老舗で、基本的に料理は予算に応じたお任せのみ。食材は女将が早朝から開店直前まで、時には県をまたいで集めた最高のものばかり。腕を振るう品々は、どれも女将の愛情とボリューム満点で提供され、「もうお腹いっぱい。来て良かった」というお客の声が喜びだという。「料理屋だからお酒では儲けない」と、酒は生ビールのみだが、持ち込み自由で料金も無料。大切な客人を迎えるため、方々へ馬を走らせ食材を調達したことが“ご馳走”の語源というが、次から次へと惜しげもなく供されるこの店の料理は、まさにそう呼ぶに相応しい。「美味しいものを食べて、好きなお酒を飲んで帰ってもらえるのが一番」と笑う女将。お客が心配になるほど採算度外視したもてなしの心が、今夜もまた訪れる人を虜にする。

4

地元民お墨付き！
八戸きっての優良店

6

7

4）玉ネギやトマトを敷き詰め、1人前約150gの倉石牛をうず高く積み上げた名物料理の「トマトすき焼き」。〆の雑炊も絶品だ。5）三陸産ウニ、県内産マグロ、初物のサンマ、キンメダイなど10種類の「お刺身盛合わせ」。6）料理や価格もさることながら、女将・青山いく子さんの人柄が最たる魅力。7）夕暮れ時の長横町れんさ街。予約客が続々と押し寄せる

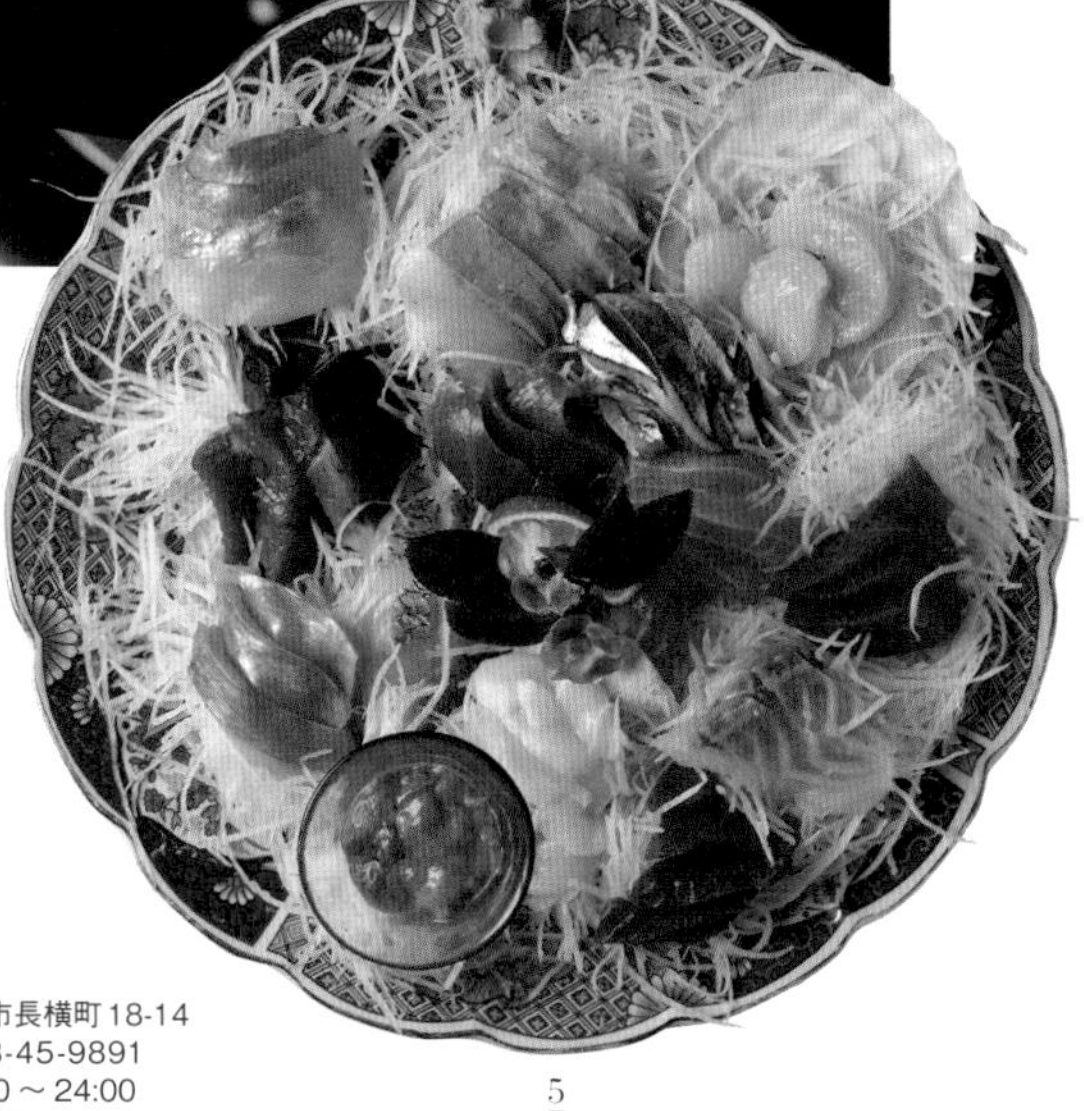
5

Data
所 八戸市長横町18-14
☎ 0178-45-9891
営 18:00～24:00
休 日・月曜
URL http://washoku-akira.com/
MAP：P127 B-2

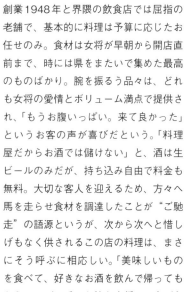

紫キャベツとレンコンのピクルスやヒヨコ豆のフムスなどを美しく重ね、味と食感の重層感が楽しい「野菜の前菜盛り合わせ クリュディテ（1,450円）」。ワインはグラス900円～

4

5

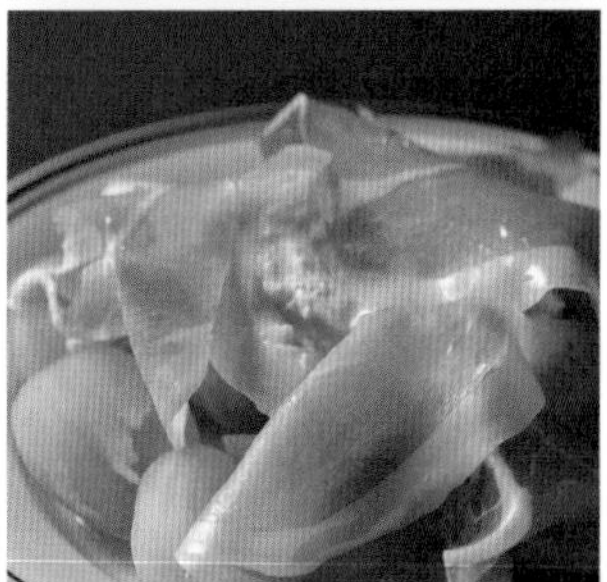

6

4）「3皿を2人でシェアしてお酒を楽しめば十分満足できる量」と石橋さん。ハーフポーションの提供も行う。5）「イタリア産ブッラータチーズとシャインマスカット 生ハムのマリネ（1,450円）」。6）ビール（1,100円～）はフランスやスウェーデン、ワインは南アフリカやチェコなど、珍しい地域の酒が揃う

八戸印 6

いつも新たな発見や驚きと
出合える八戸の新名店

日曜は"アペロの日"で
16時にオープン！

2

knot

ノット

以前はこの近くでカフェを営んでいた石橋圭太さんが、「もっと料理に力を入れたい」とミシュラン店のシェフのもとで研鑽を積んだ後、『knot』をオープンした。目指したのは、ふらりと立ち寄れる気軽さで、レストランクオリティの料理が楽しめる店。週2～3回変わるアラカルトには、素材の持ち味を追求したシンプルで力強い料理が並ぶ。例えば、王道の「ステーキフリット」には、地元でも知る人ぞ知る「さめっ娘牛」を使用。肉を休ませずに焼きたてを提供することで、熱々を頬張った時のあふれ出す肉汁を楽しませてくれる。「料理もお酒も他店にないものを」と、自然派ワインやクラフトビールが豊富に揃い、感度抜群のシェフが提案する、料理ペアリングもこの店の一興だ。

1

1）黒毛和種の経産牛を再肥育して赤身の旨味を特化させた「さめっ娘牛」は、熟成肉のような風味。2）色鮮やかな青いドアが目印。3）シンタマを塩・コショウ・エシャロットのみで肉の味を引き立てた「八戸さめっ娘牛 希少部位のステーキフリット（200g 3,500円）」

3

Data
所 八戸市番町45-4
さかしたビル2F
☎ 0178-24-3787
営 18:00～24:00、
日曜16:00～22:00
休 月曜　bistro_knot
MAP：P127 C-3

4

屋号を染め抜いた白い暖簾が清々しい

八戸印 7

割烹仕込みの丁寧な酒肴と選りすぐりの美酒を味わう

哲

てつ

気の利いた旨い料理を肴に一献傾けたい。そんな時に訪れたいのがこちら。「うちの店では、料理が美味しいことは最低限のスタートで、そこから何ができるかを大事にしています。自分が納得できないものは決して出さない」と言い切る店主の姿勢には、料理人としての揺るぎない自信と矜持が伺える。例えばこの日仕入れた走りの松茸も、割って虫食いがあるものは惜しまずはねる。単なる素材自慢にならないのは、出汁の塩梅から味の含ませ方まで、確かな感性と技術があればこそ。いずれも丁寧に作り上げた逸品が揃い、地元のみならず県外からの食通も唸らせている。また、「日本酒が好きで和食を選んだ」と言うほど酒には並々ならぬこだわりも。店主自らが利き酒し、本当に美味いと納得した銘柄だけを常時20種類ほど揃えている。

1）走りの松茸に前沖の天然ヒラメを合わせた「松茸土瓶蒸し（自価）」。2）この日の松茸は500gで約30,000円という岩手県産。3）脂がのった生の八戸前沖サバを浅〆にした名物の「鯖棒寿司（1,980円）」。旬の時期以外は最盛期に船上凍結したものだけを使い、通年で提供。4）1階はカウンター席、2階は個室

2

1

3

滋賀県産を使用した「すっぽん小鍋（2,860円）」。旨味が凝縮された料亭級の味わいを、1～2人前の量で手軽に楽しめる

Data

所 八戸市六日町25
☎ 0178-45-6547
営 18:00～22:30
休 日曜、祝日
MAP：P127 B-2

八戸印 8

ホテル中華の技を落とし込むワンランク上の町中華

ちゃぷすい

ちゃぷすい

店主・阿部司さんは『仙台国際ホテル』出身で、「中華料理世界大会」で入賞経験を持つ腕利きの料理人。「若い頃は本場の食材や味を追求していましたが、いまはこだわらないことがこだわり」と、町の中華料理店として毎日でも食べ飽きない味を重視する。何を食べても旨いと評判だが、名物は「鉄鍋麻婆」の2品。「麻婆豆腐」は豆板醤を利かせたインパクトのある辛さがある一方、「麻婆茄子」は旨味を重視。花椒油の香りと黒コショウを利かせ、辛さが苦手でも食べられる味わいに。味を再構築してもピタリと決めてくるあたりに、店主の実力の片鱗が垣間見える。

Data

所 八戸市旭ヶ丘3-1-5
☎ 0178-25-8989
営 11:30～14:30、17:30～20:30
休 不定休
MAP：P125 C-4

右）生野菜に炒めた豚肉とマイタケをのせた、酒にもご飯にも合う「ちゃぷすい特製サラダ（1,100円）」。左）麺を香ばしく焼き上げ、エビやホッキ貝、イカがたっぷり入った「海の幸の塩味あんかけ焼きそば（1,200円）」

立ち上る湯気が食欲を刺激する

右）料理が冷めにくく、香りや辛さをより引き立てるため、熱した鉄鍋に移し替えて提供する。上）挽き肉や中華スープの旨味をしっかり吸ったナスが、舌の上でとろける「麻婆茄子（1,200円）」

1）「時代やお客様の変化に柔軟に合わせることを大切にしています」と田中さん。2）近海本マグロの大トロや八戸産アワビやウニなど、こだわりの天然物が11貫並ぶ「極み握り（4,840円）」。3）日替わりの地元銘柄3種類を各70㎖で楽しめる「青森の地酒飲み比べ（1,100円）」。4）漁期が解禁されると契約する鮫地区の漁師から、毎朝獲れたてが届く「うにアワビ丼（5,280円）」。5）カニの身とネギ・シイタケ・三ツ葉をベシャメルで合わせ、ケチャップ風味のソースをかけた「カニの甲羅揚げ（1,210円）」は、創業時から続く洋風の名物料理

4

2
3

5

1

その日一番の魚を寿司や創作料理に！

八戸印 9

三代愛される
天然地魚割烹

ぼてじゅう

ぼてじゅう

八戸前沖や近海の天然物にこだわる寿司割烹。大阪からこの地に移り住んだ初代が関西料理の看板を掲げ、地場の海産物で料理屋を始め50年余り。地元で好まれる味を探究し、時には洋食の要素も取り入れながら、現在のスタイルを確立してきた。「素材にこだわり、和食の流儀にとらわれず、旨い料理を出す」と、初代からその信念を受け継ぐのは三代目・田中大将さん。畏まった席にも相応しい割烹然とした料理や雰囲気ながら、ピザやグラタンのような日常的で飾らない料理まで美味しい。その懐の深さこそ長きにわたって愛される同店の魅力だ。

Data
所 八戸市鷹匠小路4-3
☎ 0178-43-1961
営 11:30～14:00、17:00～22:45（L.O.21:30）
休 なし　sushi.botejuu
MAP：P127 B-2

八戸印 10

こだわり生地の
ナポリピッツァ

Cammina Per Terra

カンミナ ペル テッラ

Data
所 八戸市堤町8-2
☎ 050-8881-0355
営 11:30～L.O.14:00、18:00～22:00（L.O.21:30）、日曜11:30～L.O.14:00
休 木曜　camminaperterra
MAP：P127 C-3

1

ピッツァ職人が腕を振るうカジュアルイタリアン。生地は素材からこだわり、粉はピッツァ専用の「サッコロッソ」を使用し、塩も銘柄を指定して取り寄せる。さっくりと手ごねし、長時間をかけて寝かせるのがポイント。生地同士が自然にまとまるのを待つことで、モチモチながら歯切れの良い生地に仕上げている。ピッツァは全7種類あり、1,100円～と破格の設定も魅力的。ランチには単品価格でスープとサラダまで付くので、本格ナポリピッツァを気軽に楽しむことができる。

1）東京や三沢のピッツェリアで6年間修業したシェフの坪大地さん。2）「ハーフ＆ハーフ（1,800円）」は組み合わせを自由に選べる。写真はマルゲリータとヴェルデルーナ。3）常に納得いく仕上がりになるよう生地は少量で仕込み、高温短時間で焼き上げる

2

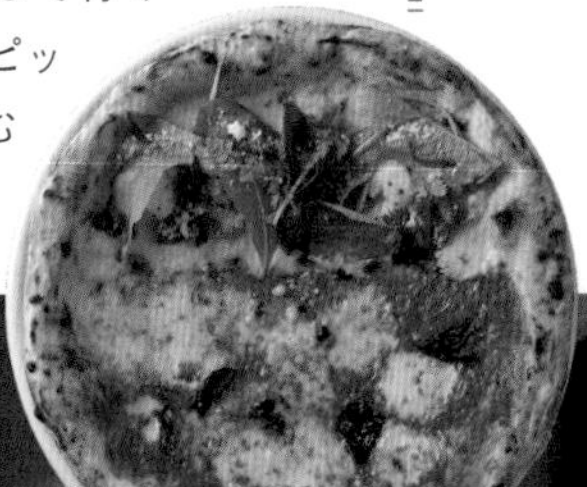

4）じっくり火入れしたニンニクがアサリの旨味を引き立てる「ボンゴレロッソ（1,200円）」。5）「ランチコース（2,400円）」の前菜プレート。この日はフリッタータ、レーズンバター入りバケット、ピクルスなど。ワインはイタリアをメインに、フランスやアルゼンチン産などグラス750円～提供

5

4

3

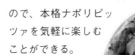

5

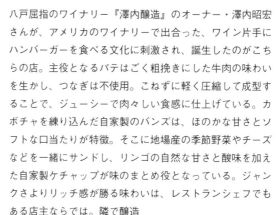

4

八戸印 11

Bronze Grill

ブロンズ グリル

ワイン片手に豪快にかぶりつく
クラフトバーガー専門店

Data
所 八戸市柏崎2-10-8
☎ 0178-38-1812
営 11:00 ～ 16:00（L.O.）
休 月曜、第1火曜
bronzegrill
MAP：P126 F-2

八戸屈指のワイナリー『澤内醸造』のオーナー・澤内昭宏さんが、アメリカのワイナリーで出合った、ワイン片手にハンバーガーを食べる文化に刺激され、誕生したのがこちらの店。主役となるパテはごく粗挽きにした牛肉の味わいを生かし、つなぎは不使用。こねずに軽く圧縮して成型することで、ジューシーで肉々しい食感に仕上げている。カボチャを練り込んだ自家製のバンズは、ほのかな甘さとソフトな口当たりが特徴。そこに地場産の季節野菜やチーズなどを一緒にサンドし、リンゴの自然な甘さと酸味を加えた自家製ケチャップが味のまとめ役となっている。ジャンクさよりリッチ感が勝る味わいは、レストランシェフでもある店主ならでは。隣で醸造するワインやシードルとの相性は言わずもがなだ。

1

1）醸造家やシェフなど多彩な顔を持つ店主の澤内さん。2）カボナータがソース代わりの「ジビエバーガー（800円）」は、鹿肉入荷時の限定品

3

2

3）地物の生タラを使った「フィッシュ＆チップス（850円）」は、自家製タルタル、ケチャップ、ビネガーを添える。4）県産リンゴに洋梨、イチゴを加えて醸造する「アオモリMixシードル（1本1,900円）」。5）カマンベールやゴルゴンゾーラなど4種類のチーズの、濃厚で複雑な風味と味わいがワインにも合う「ダブルクワトロチーズバーガー（1,450円）」

八戸印 12

割烹金剛

かっぽうこんごう

八戸の味覚を京の技で
昇華した会席料理の名店

屋台寿司を原点として1931年に創業した、八戸を代表する老舗割烹のひとつ。伝統を重視した会席料理には、現在の料理長・東山幸生さんのルーツでもある、京都の味や技がふんだんに生かされている。八戸の気候や食文化にも合わせ、塩味や出汁の濃さなどには丁寧な配慮が施され、八戸らしい味わいに仕上がっているのが特徴だ。さらに、いちご煮やせんべい汁など郷土料理も充実。その味のクオリティの高さは、県内外はもとより国外からの来客も多いこと、そして何よりも店の長い歴史が証明している。こちらの魅力を存分に味わうならコース料理が一押しだが、手頃に楽しみたい時には昼のランチ会席や弁当などもおすすめ。全席個室で人数に応じて部屋の広さも選べる上、ホスピタリティにも優れているため、親戚との会食や仕事での接待などにも間違いのない一軒だ。

上）旬の走りの食材を盛り込んだコースの前菜4品。上から時計回りに生イクラの醤油漬け、八戸産毛ガニ、車エビ・アワビ・からすみ、八戸産ホタテの真砂和え。下）京都の料理店で10年の修業経験を持つ料理長の東山さん

Data
所 八戸市鷹匠小路18 金剛ビル4F
☎ 0178-46-3322
営 11:30 ～ 14:00、17:00 ～ 21:00
※ディナーは予約制
休 不定休 kongou_group
MAP：P127 B-2

お好みや予算など
何でもご相談ください

1

2

1）しっかりとした脂、きめ細かな赤身が特徴のブランド牛「八戸毬姫牛」で仕立てた牛鍋。2）一夜干しで適度に水分を抜き、旨味が凝縮した「キンキの塩焼き」。より脂がのる冬場は煮付けで味わうこともできる。3）入手が困難な大間産本マグロの中トロも、業者との長年の信頼関係で直接仕入れられる。（料理はすべて11,000円コースの一例）

3

3

2

1

1）有頭エビの旨味が味の決め手の「海老のアヒージョ（800円）」。2）右から「マッシュルームのフライ（400円）」、「嶽きみとクリームチーズ（380円）」、「豆のスパイス煮とソーセージ（350円）」。3）やや甘口のシェリーにも合う「バスクチーズケーキ（450円）」。4）独学でバル料理を作ってきた髙橋さんだが、本場スペインに渡って自身の味に確信が持てたという。5）シラーとスペイン固有品種モナストレルを使った、スパイシーでしっかり重めなワイン「デムエルテ」

5

八戸印 13

毎日通っても飽きの来ない欧風立ち飲み

スペインバル LiBER

スペインバル リベル

一杯だけでも気軽に寄ってください

4

ショーケースにズラリと並んだひと口サイズの料理が可愛い、立ち飲みスタイルのスペインバル。「メニューは気分次第。定番もありますがいつ来ても新しい料理を揃えたい」と店主の髙橋幸司さん。これまで作ったレシピは300を超え、いまもその数は増え続けている。豊富なのは料理だけでなく、スペイン産ワインを筆頭に「値段で選んでほしくないから」とグラスワインは800円均一、10種類以上あるシェリーも600円～と良心的。ハシゴで気軽に立ち寄れる、使い勝手の良さも嬉しい。

ピンチョスをはじめ10数種類が並び、料理によっては注文後に温めて熱々を提供してくれる

Data
所 八戸市六日町37 オラクルセンター 1F
☎ 0178-79-6891
営 17:00～24:00、日曜15:00～
休 月・火曜　spanishbarliber
MAP：P127 B-2

八戸印 14

店主の目利きと手技が赤提灯のレベルを覆す

酒肴だるま

さけさかなだるま

大ぶりな地物を尾頭付きで!

日本有数の漁師町とあって旨い魚介を楽しめる居酒屋には事欠かないが、中でもとびきり活きの良い魚が揃うと評判なのがこちらの店。「魚は鮮度と質が命。だから、仕入先には毎日足を運び、直に魚を見て買い付けしています」と店主の佐々木さん。馴染みの魚屋を回り、毎朝ハシゴして隅々まで吟味する。ほかでは見かけない珍しい鮮魚も扱い、時には「夕獲れイカ」がその日の夜に並ぶことも。店で出すのは常に、そのお眼鏡にかなった素材だけ。それを、和食一筋約25年の店主が高級割烹と見紛う逸品へと仕上げる。必然、酒も旨くなるというものだ。

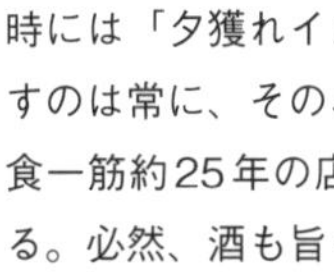

Data
所 八戸市鷹匠小路1
☎ 0178-38-0328
営 18:00～23:00（L.O.）
休 不定休
MAP：P127 B-2

1

4

3

2

1）脂のりが良く味に深みのある県内産を使った「キンキンの煮つけ（半身1,800～2,200円）」。2）右からキンメ、カジキ、本マグロの「本日の刺身3点盛（1,280円）」。日本酒は1合850円～。3）刺身なら数切れが限界というたっぷりの脂を、焼くことで適度に落とした「アブラボウズの西京焼き（1,100円）」。4）刺身で提供できる鮮度が自慢の「活穴子の薄造り（800円）」。コリコリとした食感の身は、淡白だが脂がよくのっている

福岡の『フランス菓子16区』で5年間、実家で10年以上修業を重ね、コンテスト入賞や海外での経験も豊富な津曲さん

贈答品に焼き菓子は人気です！

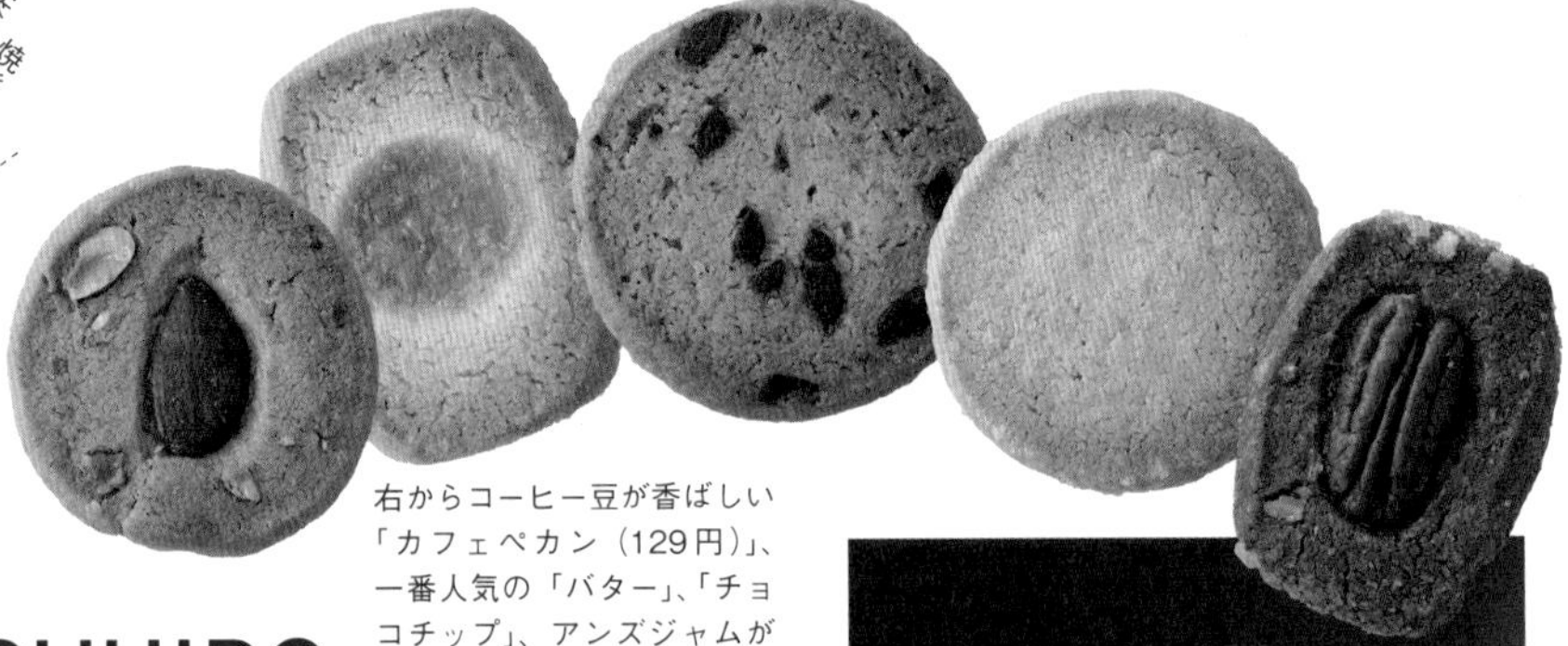

右からコーヒー豆が香ばしい「カフェペカン（129円）」、一番人気の「バター」、「チョコチップ」、アンズジャムがのる「ティービス」、「アーモンド」（各118円）

八戸印 15

パティスリーYASUHIRO

パティスリーヤスヒロ

名店のDNAに修業経験を融合

店主の津曲泰弘さんの父は、兵庫の『ケーキハウス・ツマガリ』を営む、現代の名工と呼ばれる匠。幼い頃から味覚や感性を磨き、自身も菓子作りの研鑽を積む中で、現在の味を作り上げた。「どのお菓子も素材を大切にし、自然な味や風味に仕上げています」と、食材へのこだわりはひと際強い。店の代名詞でもあるクッキーには、北海道産発酵バターやシチリア産のアーモンドプードルをたっぷり使用。約10種類が並ぶケーキ類も洋酒を抑えたものが多く、いずれも厳選した食材自体の美味しさを引き出した、風味豊かな味わいが評判だ。

濃厚な味の卵「緑の一番星」と砂糖、牛乳のみで作る「ヤスヒロプリン（338円）」。上層はブリュレのように濃く、下層はあっさり軽く滑らかな味

Data
所 八戸市根城7-1-26
☎ 0178-51-6618
営 8:30～18:00
休 水曜 yasuhiro_shop
MAP：P124 A-2

右）マスカルポーネクリームでイチゴの果肉とジャムをサンドした「ハートフレーズ（421円）」。左）カスタードクリーム入れた和栗のゴロゴロ感と、イタリア産マロンペーストの層が楽しめる「マロンショート（529円）」

1

八戸印 16

時空

じくう

視覚的な楽しみも味わいたい！

和の伝統素材を用いた見目麗しいスイーツの数々

「もし安土桃山時代に洋菓子店があったら」。そんな空想を元に、2022年6月『割烹萬鱗』の敷地内にオープンした、独創的な和スイーツを提供するこちらの店。和三盆は徳島県、抹茶は静岡県など、伝統的な素材を厳選しながら、現代的な“映え力”のあるビジュアルで早くも話題となっている。その美しさもさることながら、素材の持ち味を邪魔しない、極めて控えめで上品な甘さも人気の理由。和モダンな雰囲気のシックな店内には、クッキーや焼菓子などを含め全商品は約40種類、季節感のある生菓子は12種類ほどが並び、どれも手土産に最適だ。

上）プリプリの食感が心地よいほうじ茶の葛切りに、白玉と十勝産あずきを添えた「宇治 焙茶（480円）」。下）南部町産のたまり醤油が隠し味のチーズケーキ「醍醐（480円）」

4

3

1）ほうじ茶の葛餅を抹茶のムースで包み、抹茶のスポンジケーキをまぶした「苔玉（530円）」。まるで苔に落ちた雫のような葛餅が美しい。2）手土産などもスタッフが相談に乗ってくれる。3）コーヒーではなく抹茶を使った和のティラミス「意匠（580円）」。4）購入したスイーツを、抹茶（550円）などと一緒に楽しめるイートインコーナーもある

2

Data
所 八戸市柏崎1-1-41
☎ 0178-24-1025
営 10:30～16:30、イートイン11:00～16:00
休 日・月曜
jiku_banrin
MAP：P126 D-1

apple pie

【アップルパイ】

**コロンとした可愛いフォルム
こんがり焼かれた絶品スイーツ**

手のひらサイズのアップルパイ（1個360円）は、食べ歩きにもお土産にもおすすめ。リンゴは青森県産で、その時期に旬の品種を使用する。贅沢にカルピスバターを使ったパイ生地は、店名と同じく432層で構成。時間が経っても美味しい！

焼いた後に塗るのはあんずのジャム。リンゴのジャムよりも香り高く、食べた時の甘酸っぱさがクセになる

冷めても美味しい!

撮影時の品種は紅玉。強めの酸味を持ちつつ、濃厚な深い甘みが特徴のリンゴを使っている

おうち時間を楽しくする♪

“432factory”の可愛いお菓子はもう食べた？

2022年8月、八食センター内にオープンした『432factory』。シンプルな素材で本格的な味のお菓子は毎日でも食べたくなる! おうちでゆっくり楽しみたい、見た目もキュートな商品を紹介します。

写真＝蜂屋雄士　写真提供＝432factory　文＝高橋さくら

432 Factory

おすすめは お店で焼き上げたアップルパイ 甘酸っぱいジャムと サクサク食感がたまらない！

お店の顔となっている「アップルパイ」。できたてを求めて開店と同時に訪れる“ファン”も多い。こんがりと焼き色のついたアップルパイは見るだけで食欲をそそられる。

店内のオーブンで焼くアップルパイは、素材から出た水分をオーブン内で抜く工程を行う。この作業で、カリっとした絶妙なひと口が生まれるのだ。また、生地に使うカルピスバターのおかげで、通常のバターを使うよりもくどさなく食べられる。

ご来店お待ちしてます！

『432factory』を営む田中さん夫妻

右）焼き上がったらたっぷりとあんずのジャムを塗る。左）店内には香ばしい香りが漂う

見るだけで食べたくなる！

右）ディスプレイされたお菓子。左）注目の溶けない「葛アイス」はリンゴやざくろなど6種類ほど用意されている

**味はもちろん、見た目も◎
ギフトにもおすすめのラインナップ**

『432factory』の商品だけでなく『ヒビノス林檎園』のリンゴジュースも並ぶ。パッケージから可愛いお菓子は贈り物にいかがだろうか。

【フロランタン】

甘さ控えめで上品な味わい 丁寧な味に心を奪われる

1 アーモンドヌガーとクッキーの食感が美味しい「フロランタン（1個250円）」。アーモンドの香ばしさも感じられて甘すぎない、"大人のお菓子"だ。

【バウムクーヘン】

しっとりした口当たりと フワフワの優しい生地

2 一層ずつ丁寧に焼き上げた「バウムクーヘン（1個200円）」。誰でも食べやすい王道のプレーンに加えて、風味が上品なゴマ味もおすすめ。

【ケーキ】

白いベールに包まれた 贅沢なケーキを召し上がれ

3 「ウィークエンド シトロン（1,350円）」の表面にかかった甘いソースは、レモン風味のケーキにぴったり。お洒落な箱入りで贈り物に選ぶ人も多い。

【モチーヴ】

もっちり×サクサクの 不思議な新食感

4 サクサクとモチモチの食感が楽しい「モチーヴ（1個250円）」。オートミールとドライフルーツが入っていて、お菓子でも罪悪感がなく食べられる。

package

3

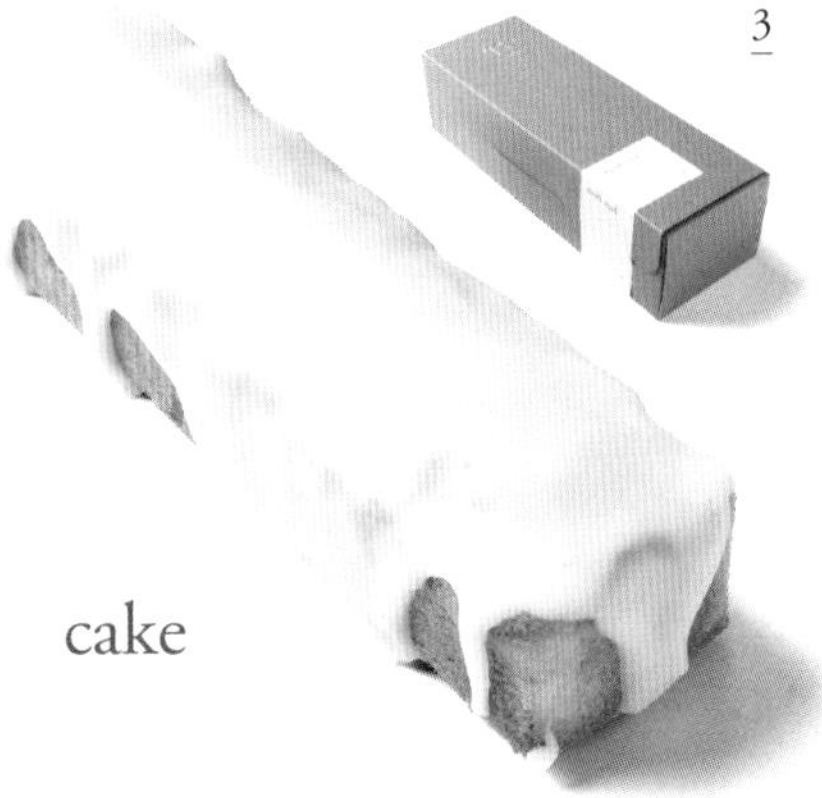

cake

レモンが香って気付けばペロリと食べてしまう

1

florentin

通常のフロランタン（下）の他、ショコラ味（上）も人気

4

mochi-ve

ベリーが盛りだくさんのモチーヴは抹茶味（下）も

baumkuchen

2

バウムクーヘンはプレーンタイプとゴマ味

日常に彩りを与える 洗練されたお菓子作り

素材の味を楽しめるお菓子作りを目指して八食センター内にオープンした『432factory』。青森県内で獲れた魚や野菜、地酒やお土産などが並ぶ八食センターで、グレーを基調としたシンプルでお洒落な内観はひと際目を引く存在となっている。

〝日常使いできる、地元に愛されるお店を作りたい〟。そんな想いで日々店頭に立つのは、オーナーの田中さん夫妻。「八食センターという八戸の食文化の中心とも言える施設で、自分たちも価値のある、ここだけしか味わえないスイーツを提供したい」と田中寿一さんは話す。商品開発のコンセプトは「高級感、素材そのまま、健康的」の3つ。目指しているのは、毎日食べられるようなシンプルで健康的な味であるものの、見た目は高級感があって食べているだけで贅沢な気持ちになるお菓子。『432factory』のアップルパイは、美味しいのはもちろんだが、保存料を一切使用していない健康的なスイーツだ。他にも南部せんべいにチョコをかけたお菓子や、ニンニク味噌味に味付けした、お酒のつまみにぴったりなお菓子など、ユニークな商品も並ぶ。どの商品を食べても思わず笑顔になってしまう品々をぜひ味わってほしい。

History :

実はあの『しみず食品』から生まれた店なんです

八戸市民なら知っている人も多い、人気の「いか墨カスター」や「どら焼き」などを作る、昭和29年創業の『しみず食品』。同社が自社ブランドとして新しい取り組みを始めようと、30～40代女性をターゲットにオープンしたのが『432factory』だ。『しみず食品』と同じく長年愛される店を目指す。

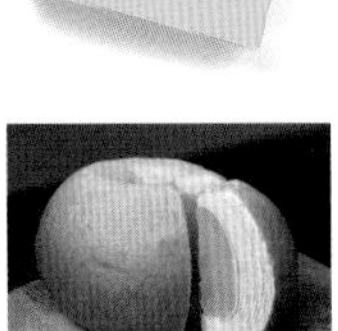

しみず食品の「完熟林檎のバウムクーヘン」

Data

よんさんにファクトリー

所 八戸市河原木字神才22-2 八食センター内

☎ 080-2367-6151

営 9:00～18:00（八食センター市場棟に準ずる）

休 水曜（八食センター市場棟に準ずる）

URL https://432factory.jp/

MAP：P124 A-1

HACHINOHE AREA MAP

八戸エリアマップ

美味しいものや歴史ある建造物、
疲れを癒せる銭湯などであふれる八戸市。マップを片手に市内を巡ってみよう！

八戸市全域

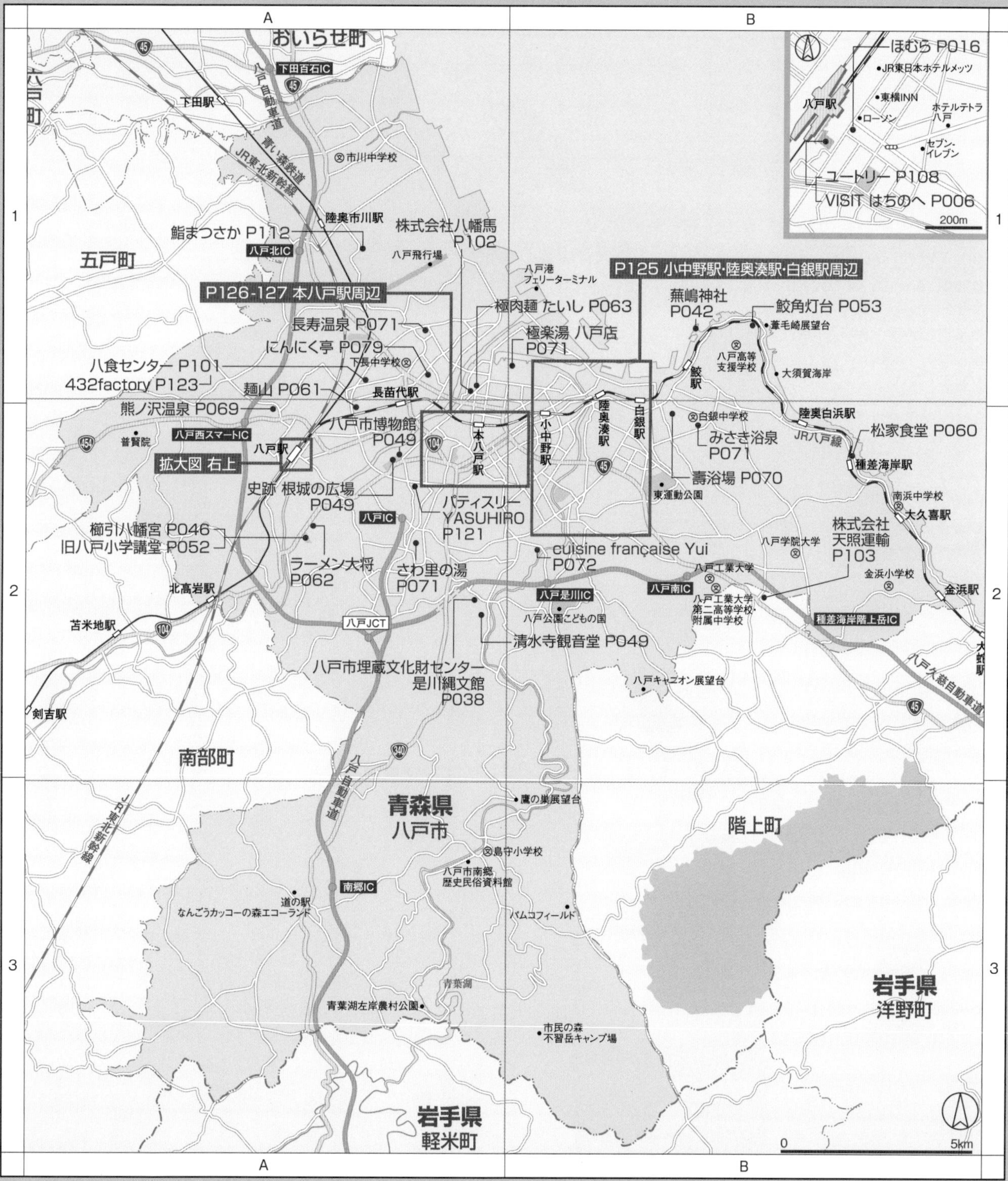

A
B
1
2
3
おいらせ町
下田百石IC
下田駅
八戸自動車道
青い森鉄道
JR東北新幹線
市川中学校
陸奥市川駅
鮨まつさか P112
八戸北IC
株式会社八幡馬 P102
八戸飛行場
五戸町
八戸港フェリーターミナル
P126-127 本八戸駅周辺
P125 小中野駅・陸奥湊駅・白銀駅周辺
極肉麺 たいし P063
極楽湯 八戸店 P071
蕪嶋神社 P042
鮫角灯台 P053
葦毛崎展望台
八戸高等支援学校
大須賀海岸
長寿温泉 P071
にんにく亭 P079
下長中学校
八食センター P101
432factory P123
麺山 P061
長苗代駅
熊ノ沢温泉 P069
八戸西スマートIC
普賢院
八戸駅
拡大図 右上
八戸市博物館 P049
本八戸駅
小中野駅
陸奥湊駅
白銀駅
鮫駅
白銀中学校
みさき浴泉 P071
陸奥白浜駅
JR八戸線
松家食堂 P060
種差海岸駅
壽浴場 P070
東運動公園
史跡 根城の広場 P049
パティスリー YASUHIRO P121
八戸IC
櫛引八幡宮 P046
旧八戸小学講堂 P052
ラーメン大将 P062
さわ里の湯 P071
cuisine française Yui P072
八戸学院大学
株式会社天照運輸 P103
南浜中学校
大久喜駅
八戸工業大学
八戸工業大学第二高等学校・附属中学校
金浜小学校
金浜駅
八戸是川IC
八戸南IC
種差海岸階上岳IC
八戸公園こどもの国
北高岩駅
苫米地駅
八戸JCT
清水寺観音堂 P049
八戸市埋蔵文化財センター 是川縄文館 P038
八戸キャニオン展望台
八戸久慈自動車道
剣吉駅
南部町
鷹の巣展望台
青森県
八戸市
階上町
島守小学校
八戸市南郷歴史民俗資料館
南郷IC
道の駅 なんごうカッコーの森エコーランド
バムコフィールド
青葉湖
青葉湖左岸農村公園
市民の森 不習岳キャンプ場
岩手県
洋野町
岩手県
軽米町
0
5km
ほむら P016
JR東日本ホテルメッツ
東横INN
ホテルテトラ八戸
ローソン
セブン-イレブン
ユートリー P108
VISIT はちのへ P006
200m

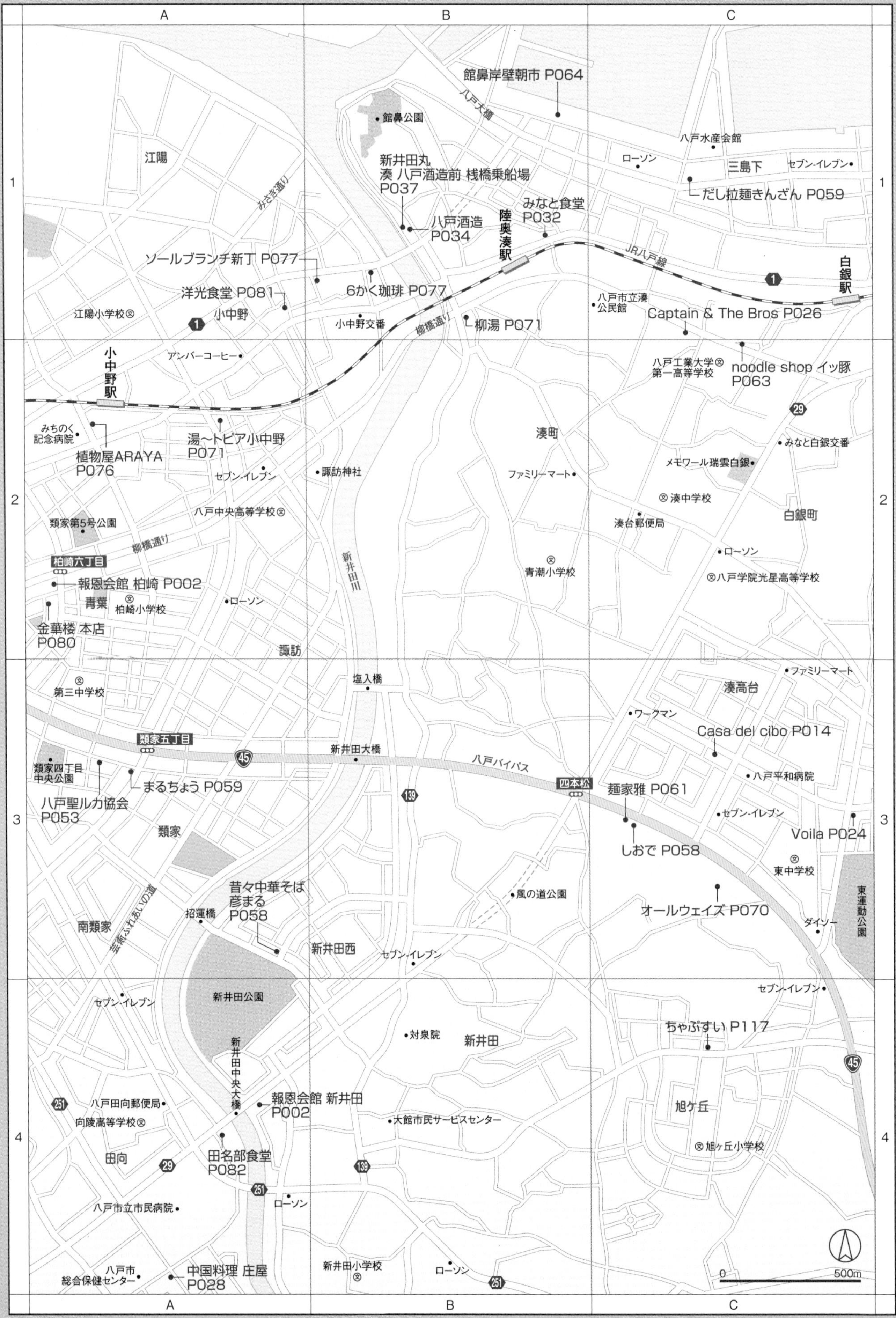

A
B
C
1
2
3
4
館鼻岸壁朝市 P064
八戸大橋
館鼻公園
八戸水産会館
ローソン
三島下
セブン-イレブン
だし拉麺きんざん P059
江陽
新井田丸
湊 八戸酒造前 桟橋乗船場
P037
八戸酒造
P034
みなと食堂
P032
陸奥湊駅
JR八戸線
白銀駅
みさき通り
ソールブランチ新丁 P077
6かく珈琲 P077
洋光食堂 P081
小中野
江陽小学校
小中野交番
柳橋通り
柳湯 P071
八戸市立湊
公民館
Captain & The Bros P026
八戸工業大学
第一高等学校
noodle shop イッ豚
P063
小中野駅
アンバーコーヒー
みちのく
記念病院
植物屋ARAYA
P076
湯~トピア小中野
P071
湊町
みなと白銀交番
メモワール瑞雲白銀
ファミリーマート
セブン-イレブン
諏訪神社
湊中学校
白銀町
類家第5号公園
八戸中央高等学校
湊台郵便局
柳橋通り
ローソン
八戸学院光星高等学校
柏崎六丁目
報恩会館 柏崎 P002
青潮小学校
新井田川
青葉
柏崎小学校
ローソン
金華楼 本店
P080
諏訪
第三中学校
塩入橋
ファミリーマート
湊高台
ワークマン
類家五丁目
新井田大橋
Casa del cibo P014
八戸バイパス
類家四丁目
中央公園
まるちょう P059
八戸平和病院
四本松
麺家雅 P061
八戸聖ルカ協会
P053
セブン-イレブン
Voila P024
類家
しおで P058
東中学校
昔々中華そば
彦まる
P058
風の道公園
東運動公園
オールウェイズ P070
芸術ふれあいの道
招運橋
南類家
ダイソー
新井田西
セブン-イレブン
新井田公園
セブン-イレブン
セブン-イレブン
ちゃぶすい P117
対泉院
新井田
新井田中央大橋
報恩会館 新井田
P002
八戸田向郵便局
旭ケ丘
大館市民サービスセンター
向陵高等学校
田名部食堂
P082
旭ケ丘小学校
田向
ローソン
八戸市立市民病院
新井田小学校
ローソン
八戸市
総合保健センター
中国料理 庄屋
P028
0
500m
1
29
45
139
251

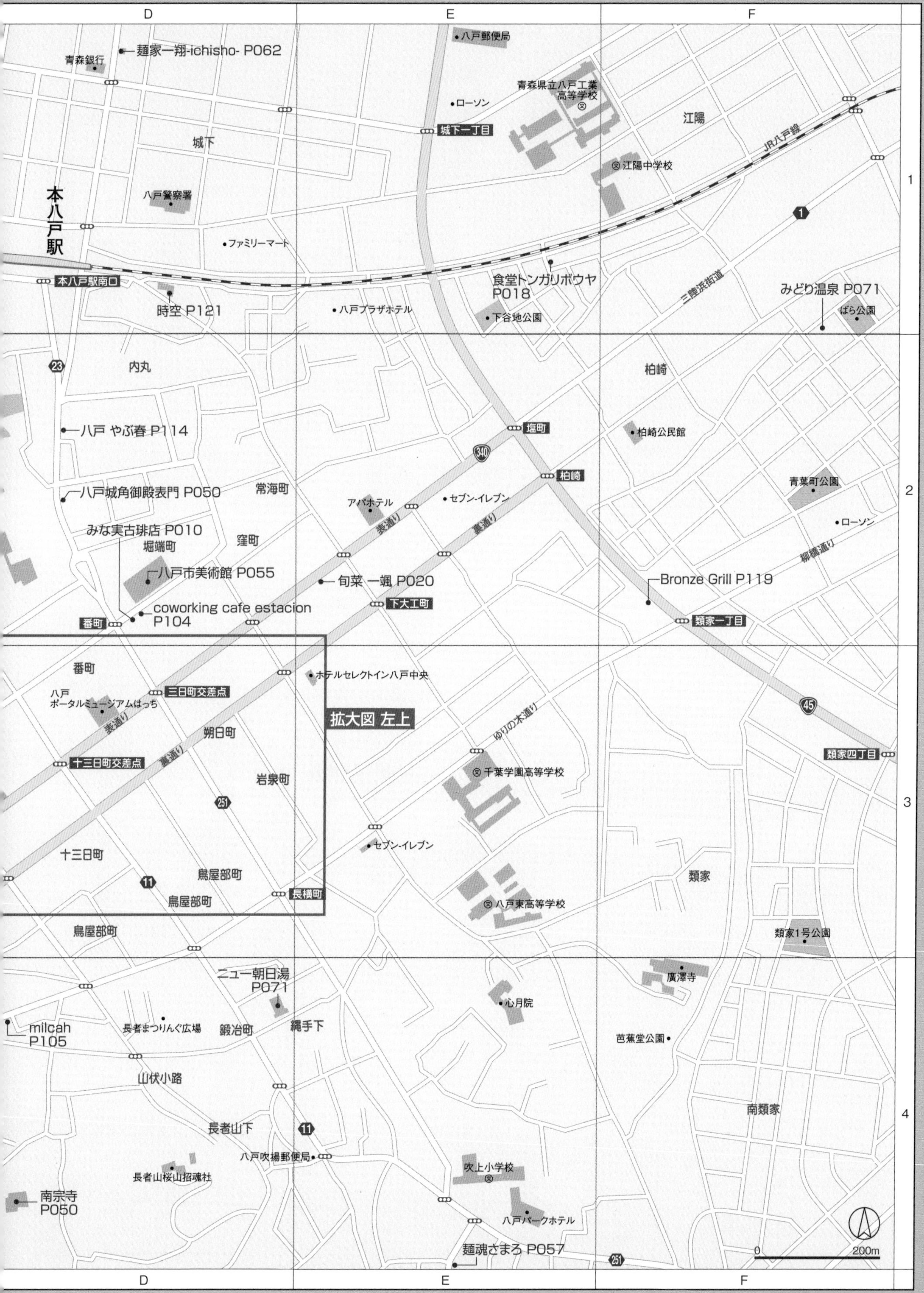
D
E
F
八戸郵便局
麺家一翔-ichisho- P062
青森銀行
青森県立八戸工業高等学校
ローソン
城下一丁目
江陽
JR八戸線
城下
江陽中学校
1
本八戸駅
八戸警察署
1
ファミリーマート
本八戸駅南口
食堂トンガリボウヤ P018
三陸浜街道
みどり温泉 P071
ばら公園
時空 P121
八戸プラザホテル
下谷地公園
23
内丸
柏崎
塩町
八戸 やぶ春 P114
柏崎公民館
340
柏崎
八戸城角御殿表門 P050
常海町
アパホテル
セブン-イレブン
2
青葉町公園
表通り
裏通り
ローソン
みな実古琲店 P010
堀端町
窪町
柳橋通り
八戸市美術館 P055
旬菜 一颯 P020
Bronze Grill P119
下大工町
coworking cafe estacion P104
番町
類家一丁目
番町
ホテルセレクトイン八戸中央
三日町交差点
八戸 ポータルミュージアムはっち
拡大図 左上
45
ゆりの木通り
表通り
朔日町
類家四丁目
十三日町交差点
裏通り
千葉学園高等学校
岩泉町
251
3
セブン-イレブン
十三日町
鳥屋部町
類家
11
長横町
鳥屋部町
八戸東高等学校
鳥屋部町
類家1号公園
ニュー朝日湯 P071
廣澤寺
心月院
milcah P105
長者まつりんぐ広場
鍛冶町
縄手下
芭蕉堂公園
山伏小路
4
南類家
長者山下
11
八戸吹場郵便局
吹上小学校
長者山桜山招魂社
南宗寺 P050
八戸パークホテル
麺魂さまろ P057
251
0
200m
D
E
F

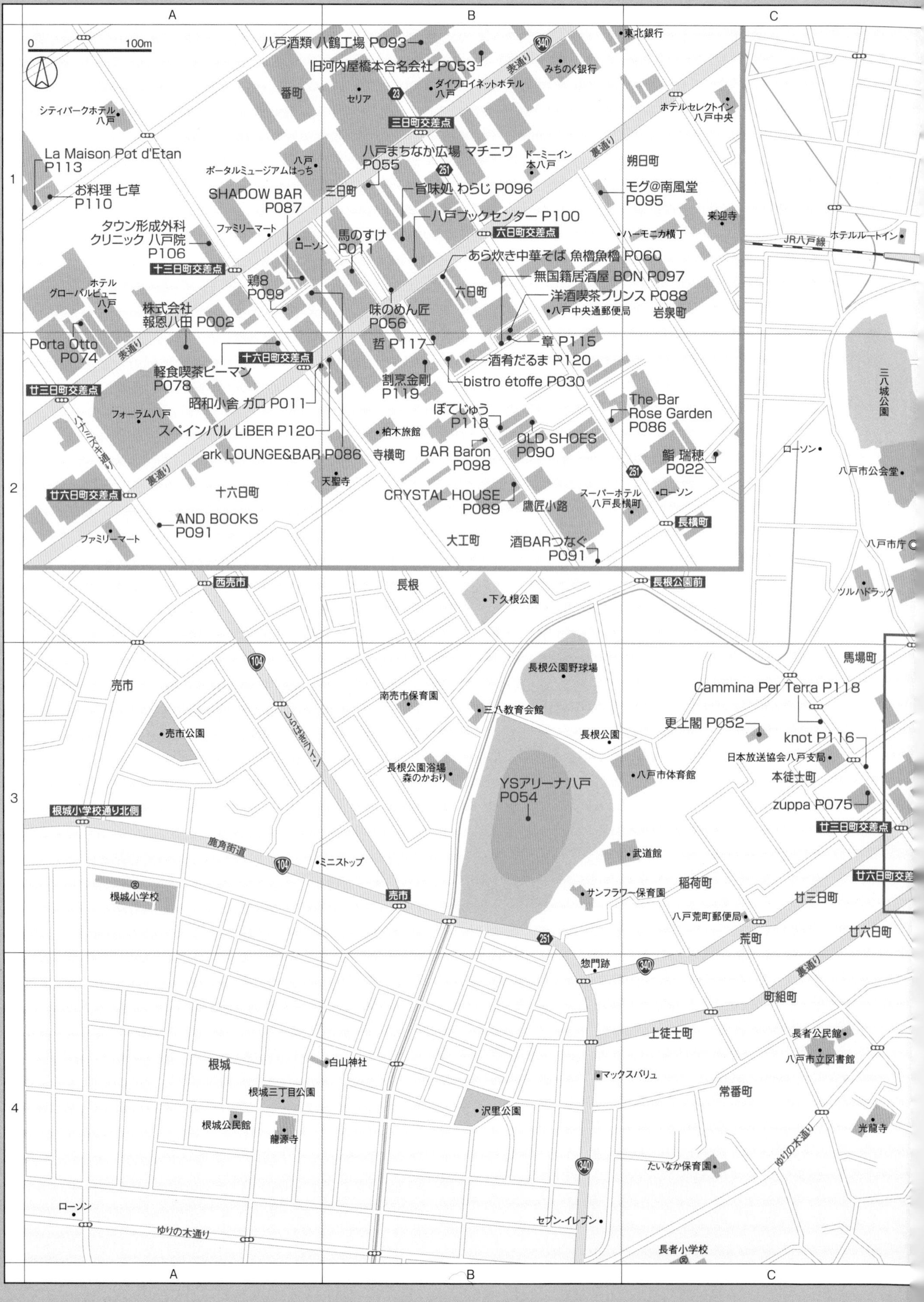
A
B
C
1
2
3
4
0
100m
八戸酒類 八鶴工場 P093
旧河内屋橋本合名会社 P053
東北銀行
みちのく銀行
表通り
番町
セリア
ダイワロイネットホテル八戸
シティパークホテル八戸
三日町交差点
ホテルセレクトイン八戸中央
La Maison Pot d'Etan P113
お料理 七草 P110
八戸ポータルミュージアムはっち
八戸まちなか広場 マチニワ P055
ドーミーイン本八戸
裏通り
朔日町
SHADOW BAR P087
三日町
旨味処 わらじ P096
モグ@南風堂 P095
八戸ブックセンター P100
来迎寺
タウン形成外科クリニック 八戸院 P106
ファミリーマート
馬のすけ P011
六日町交差点
ハーモニカ横丁
ホテルルートイン
JR八戸線
ローソン
十三日町交差点
あら炊き中華そば 魚檀魚檀 P060
鶏8 P099
無国籍居酒屋 BON P097
ホテルグローバルビュー八戸
六日町
洋酒喫茶プリンス P088
株式会社報恩八田 P002
味のめん匠 P056
八戸中央通郵便局
岩泉町
Porta Otto P074
哲 P117
章 P115
十六日町交差点
軽食喫茶ピーマン P078
酒肴だるま P120
廿三日町交差点
割烹金剛 P119
bistro étoffe P030
三八城公園
昭和小舎 ガロ P011
The Bar Rose Garden P086
フォーラム八戸
ぼてじゅう P118
ハナミズキ通り
スペインバル LiBER P120
柏木旅館
OLD SHOES P090
ark LOUNGE&BAR P086
寺横町
BAR Baron P098
ローソン
鮨 瑞穂 P022
天聖寺
八戸市公会堂
廿六日町交差点
十六日町
CRYSTAL HOUSE P089
スーパーホテル八戸長横町
ローソン
鷹匠小路
AND BOOKS P091
長横町
ファミリーマート
大工町
酒BARつなぐ P091
八戸市庁
西売市
長根
長根公園前
下久根公園
ツルハドラッグ
馬場町
長根公園野球場
売市
Cammina Per Terra P118
南売市保育園
三八教育会館
更上閣 P052
売市公園
長根公園
knot P116
日本放送協会八戸支局
長根公園浴場 森のかおり
八戸市体育館
本徒士町
YSアリーナ八戸 P054
zuppa P075
根城小学校通り北側
廿三日町交差点
鹿角街道
武道館
ミニストップ
稲荷町
廿六日町交差点
根城小学校
サンフラワー保育園
売市
八戸荒町郵便局
廿三日町
荒町
廿六日町
惣門跡
裏通り
町組町
上徒士町
長者公民館
八戸市立図書館
根城
白山神社
マックスバリュ
根城三丁目公園
常番町
沢里公園
光龍寺
根城公民館
龍源寺
ゆりの木通り
たいなか保育園
ローソン
セブン-イレブン
ゆりの木通り
長者小学校
A
B
C

我が街の暮らしを
3倍楽しめる本

八戸本

Hachinohe Complete Guide

編集部の

よもやま写真館

取材中はもちろん、合間の時間も
八戸の美味しいものや美しい風景を
存分に楽しませてもらいました！ 八戸、最高です……

美味しいものがたくさん！

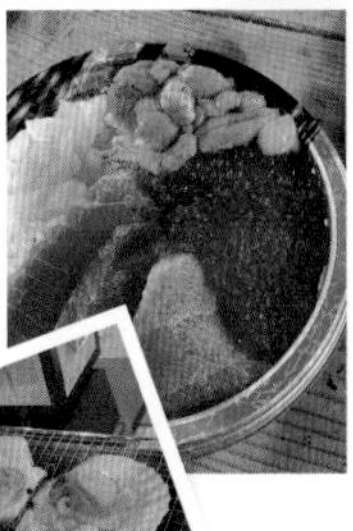

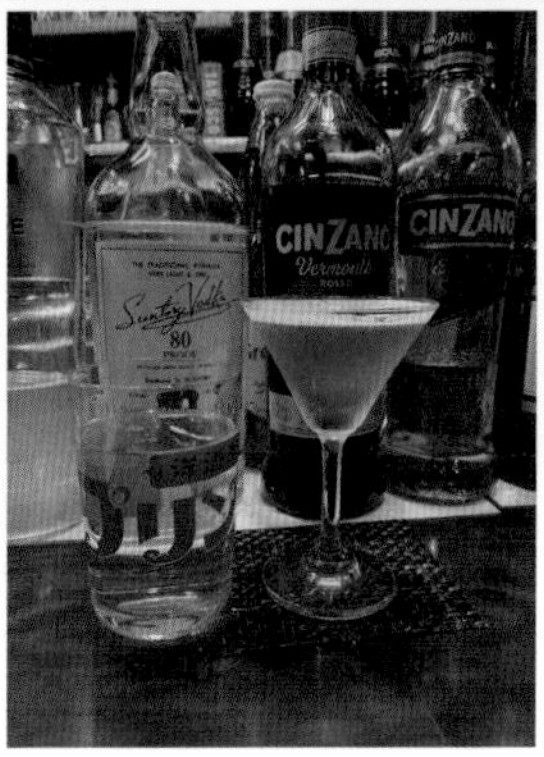

EDITOR'S VOICE

笹木靖司

美味しいものにあふれ、自然豊か。情熱をもった人がいて、語り継ぐ歴史がある。そんな素敵な街、八戸の本を作りたいと思ったのは2016年。その後、八戸出身の編集者が入社するミラクルもあり、皆様にお届けできる日を迎えました。感無量です！

河合彩夏

取材で朝5時に起きたり、毎日何軒も回って現地でアポ取りもして（白目）！ 皆さまに支えられた毎日でした。街本シリーズで、念願の地元の雑誌を作る先輩を見てエモくなるとともに、故郷があるっていいな〜と単純にうらやましくなりました！

高橋さくら

取材後の楽しみは、八戸の新鮮な魚を使った料理と一緒に満足するまで地酒を飲むことでした(笑)。おかげで帰宅後は"八戸シック"に陥っています……。実際に取材に行き、八戸の魅力や地元の人の温かさに触れて、思い出に残る一冊になりました！

大津愛

18歳で八戸を飛び出した私が、まさか編集者として帰ってくるなんて……！ と、驚いています。そして本当に嬉しいです。私の大好きなお店やスポットもたくさん載っているのですが、取材を通して初めて知ることも多く、住んでいたのに意外と知らないことが多いんだな……と感じました。この本をきっかけに、ぜひ八戸の魅力を再発見してください。そして自慢しましょう！ こんなに愛の詰まった八戸に生まれて本当によかったです。

STAFF

Editor in Chief
笹木靖司　Yasushi Sasaki

Editor
大津 愛　Megumi Otsu
島貫朗生　Akio Shimanuki
佐藤由実　Yumi Sato
河合彩夏　Ayaka Kawai
高橋さくら　Sakura Takahashi
弥富文次　Bunji Yatomi

Art Director
矢部夕紀子　Yukiko Yabe
ROOST Inc.

Designer
鈴木雄一朗　Yuichiro Suzuki
一柳篤臣　Atsuomi Ichiyanagi
渡邊真生子　Maoko Watanabe
大村裕文　Hirofumi Omura
牧野友里子　Yuriko Makino
ROOST Inc.

DTP
ROOST Inc.

Advertising Section Associates
佐藤香央里　Kaori Sato

Publisher
渡邊真人　Masahito Watanabe

発行
株式会社EDITORS
〒158-0096
東京都世田谷区玉川台
2-17-16 2F
☎ 03-6447-9441（編集・広告）

発売
株式会社二見書房
〒101-8405
東京都千代田区
神田三崎町 2-18-11
☎ 03-3515-2311（営業）

2023年1月10日　第一刷発行
2023年1月25日　第二刷発行
2024年2月20日　第三刷発行

発行人　渡邊真人
編集人　笹木靖司

印刷・製本　株式会社堀内印刷所
Printed in Japan

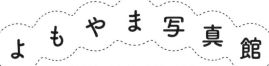